SISTA RAP BIBLE

シスタ・ラップ・バイブル

ヒップホップを作った100人の女性

クローヴァー・ホープ

押野素子 訳

河出書房新社

THE MOTHERLODE
100+ WOMEN WHO MADE HIP-HOP
CLOVER HOPE
ILLUSTRATIONS BY RACHELLE BAKER

Table of Contents 目次

INTRODUCTION:
NICE FOR a GIRL
女子にしては上出来

「女性ラッパー」という言葉ができたきっかけは自分だと、ロクサーヌ・シャンテは確信している。

1985年、ニューヨークのマリオット・マーキスで開催されたニュー・ミュージック・セミナー。MCの最高峰を競う毎年恒例のフリースタイル・バトル『MC Battle for World Supremacy』が、同語の生まれたきっかけだ、と彼女は断言している。シャンテは1984年に「Roxanne's Revenge」のヒットを放つと、15歳にして既にラップ・バトルのレジェンドとなり、史上初の女性ラップ・スターとなっていた。彼女は優勝候補だった。しかし、最終ラウンドに進出すると、同じく下馬評の高かったビジー・ビーに敗北を喫した。「勝ちを奪われた」としか形容しようのない判定だったが、シャンテには残念賞が用意されていた。「女子にしては上出来」という、皆の誉め言葉だ。

シャンテが勝ちを奪われたのは明らかだった。後年、審査員の1人だったカーティス・ブロウは、ヒップホップ界で既に確立されていた事実を認めた。ラップ初のヒット・シングル（「Christmas Rappin'」）を生んだブロウは、わざとシャンテに低い点数をつけたのだ。他の審査員は、彼女に8点、9点、10点をつけていたが、ブロウの採点はわずか4点。どれだけ対戦相手を上回るパフォーマンスをしようと、女性がラップ・バトルで優勝するのは好ましくないと考えたためである。

シャンテによれば、このようにラップ・バトルで男性以外のチャンピオンが誕生する可能性があったからこそ、「女性ラッパー」という概念が生まれたという。「私はただの『凄いラッパー』だった」と彼女は2016年、ジェゼベル（ウェブサイト）に語っている。「そうしたら、こう言われたの。『なあ、シャンテ。お前が凄いラッパーだってことは俺たちも分かっているが、史上

最高の女性ラッパーってことで、手を打ってくれないか？』って」。2018年には、DJヴラッドにこう語っている。「私の前には、『女性ラッパー』なんて肩書はなかった。誰もがただの『ラッパー』、『MC』だった」。

なお、「女性ラッパー」という言葉は、1985年のバトル前にも登場している。ボストン・グローブ紙は1980年、ザ・シークエンスを「3人の女性ラッパー」と紹介したが、グループ名を「シークインズ（Sequins）」と誤記していた。とはいえ、シャンテのオリジン・ストーリーの正当性が失われることはない。彼女はあのバトルで、自分が男性とは同じ基準で評価されないことに気づいた。女性である彼女の方が劣っている、という先入観を抱かれていたのだ。そしてこれが必然的に、歴史の流れを作っていった。

この頃までに、ヒップホップとラップは、カルチャー（前者）とビジネス（後者）という、全くの別物になっていた。男性ラッパーは「ラッパー」だったが、ラップする女性は、才能があっても「ラッパー」とは呼ばれなかった。女性には乳房がある。本人にその気があれば、胸を強調してアピールすることもできる。だからこそ、別の称号が必要だった。彼女たちは、男社会に入ろうとしていた。メインストリーム・メディアでは、女性がラップをすること自体が驚くべきことであり、勇敢なことだと考えられていた。「女性ラッパー」という言葉が出てくると、「男性中心の」というフレーズも一緒に登場することが多いが、これは女性がヒップホップという領域の中に最初から存在しているわけではなく、男性だけの領域に「入れてもらった」ことを暗示している。

フィラデルフィア・インクワイアラー紙は1985年、「男性中心の音楽である『ラップ』を、自分たちの解放の言語とする女性が増えている」と報じた。また、ニュ

ーヨーク・デイリー・ニュース紙は1991年に、「下に見られることに辟易した女性ラッパーたちは立ち上がり、反論している」という記事を掲載した。

「『女性ラッパー』じゃなく、ただのラッパーだと思ってもらえると嬉しいけれど、ヒップホップは男社会だからね」。2004年、ラッパー／プロデューサーのアンジェラ・ゾーンことアンジ13はシカゴ・トリビューン紙に語っている。

「女性ラッパー」は、「自身を単なるラッパーだと考え、たまたま女性という性別を自認している」女性たちには馴染まない言葉だった。残念ながら、「女性を自認するラッパー」と言うのはあまりにぎこちないため、本書では「女性ラッパー」を使用する。少なくとも、「フィメール（女性）」と「エムシー（MC）」を組み合わせた世界最悪の言葉「フェムシー」よりはマシだろう。フェムシーよりもさらに不快なのは、イギリスのラッパー、レディー・ソヴァリンが、「女性版エミネム」を意味する「フェミネム」というニックネームをつけられたことだ。

女性がマイクを握るためには、あらゆる策を講じなければならなかった70年代を経て、80年代には黄金時代が訪れた。その後、女性ラッパーはレーベルの中で形ばかりの存在となった。音楽業界は、何十年にもわたって女性を搾取し、徐々に隔離することで、シャンテのような多くのラッパーの成功を阻んでいた。2006年にヴァイブ誌の取材でセントルイスに飛んだ私は、ペネロペ・ジョーンズにインタヴューした。ペネロペは当時25歳。ネリーがユニバーサル・レコード傘下で主宰していたフォ・リール・エンターテインメントと契約していた。当時のラッパーは、少なくとも女性を1人、クルーに入れており、ペネロペはネリーのアーティストだった（ただし、麻薬密売の共謀罪で起訴された後、レーベル契約を解除された）。ネリーがシーンに登場し、童謡「Old MacDonald Had a Farm」をクラブ向けのトラックに変えた「E.I.」をヒットさせるまで、セントルイスのラップは注目されていなかった。ネリーのようにセンセーションを起こしたいと語っていたペネロペは、同市出身のエボニー・アイズの名前を挙げた。エボニー・アイズは、キャピトル・レコードから2005年にアルバムをリリースしたが、その後は失速していた。

「彼女がああなるのは見たくなかった。もっと成功するって、心から思っていたから」とペネロペは語っている。「彼女に起こったことを目の当たりにして、女性ラッパーの境遇を知ってしまうと、怖くなってしまう。女性ラッパーはあまり成功しないって、そのことばかり考えてしまう」。女性ラッパーが多くの作品をリリースしていた当時、トリーナ、イヴ、ミッシー・エリオット、レミー・マー、ショーナは何百万枚ものレコードを売っていた。しかし、ペネロペが考えていたように、彼女自身が成功する確率は低かった。結局、彼女は1枚もアルバムをリリースしていない。その後、14年ものあいだ、女性ラッパーがグラミー賞を獲ることはなかった。この時期はまた、メジャー・レーベルと契約している女性ラッパーの数が底を打っていた（80年代後半から90年代前半の40人に対し、2010年は3人）。音楽業界の想像力が欠如していたために、女性ラッパーはほぼ全滅状態に陥った。

> **❝**
> **「女性ラッパー」は、「自身を単なるラッパーだと考え、たまたま女性という性別を自認している」女性たちには馴染まない言葉だった。**
> **❞**

チャートの首位やメインストリームの会話に女性ラッパーが登場しない状況が何年も続いた後で、ニッキー・ミナージュはラッパー、ポップスター、エンターテイナーとして世界的な成功を収めると、自身の立場を明確に述べた。「私はもう自分を女性ラッパーだとは思っていない」と彼女は2014年、MTVニュースに語っている。「自分のことはラッパーだと思ってる……偉大なラッパーと一緒に仕事をしてきたし、偉大なラッパーと対等にやってきたし、彼らにもリスペクトされてる。だから、彼らがラッパーを自認しているように、私も自分をリスペクトして、ラッパーを自認するべきだと思ってる」。

男性と同じ指標に基づいて、自分の名声や商業的な成功を判断したい。ニッキーはそう思っていたが、シャンテと同じように、女性として別のレッテルを貼られ、「女性ラッパー」とみなされることで、「最高のラッパー」の議論から外されることを知っていた。はっきりとした結論は出ないと言うのに、ラップ・ファンが好んで交わす議論である。

ラップをする女性たちが「女性ラッパー」という呼称を拒否してきたことを考えると、私も本書で「女性ラッパー」という言葉を使うのをためらった。しかし、女性がラップで記録を作るたび、それが祝福に値する画期的な出来事であっても、男性が最高の称号を得る職業の中では、その功績は埋もれてしまう。こうした場合、「女性ラッパー」は名誉の印となる。1993年、MCライトはゴールド・レコード（50万枚以上のセールス）を獲得した初の女性ラッパーとなった。1995年には、ソルト・ン・ペパが女性ラッパーとして初めてグラミー賞を受賞した（同年、クイーン・ラティファも最優秀ラップ・ソロ・パフォーマンス部門でグラミー賞を受賞している）。レコード会社が「女性ラッパーは売れない」と考えていた時代に、ダ・ブラットはプラチナ・ディスク（100万枚以上のセールス）を獲得した。ローリン・ヒルは1998年、ビルボード誌のホット100チャートで、シングル第1位を獲得した初の女性ラッパーとなり、カーディ・Bは3枚のシングルを同チャートのナンバーワンに送り込んだ最初の女性ラッパーとなった。

2019年、より多くの女性が変化を訴えた。ヒュース

トン出身のラッパー、ミーガン・ジー・スタリオンはジャンルを超えてファンを魅了し、「Hot Girl Summer」という楽曲とスローガンを広めた。「私は女性で、私はラッパー。でも、女性を枠にはめるために使われるなら、女性ラッパーという言葉は好きじゃない」と彼女はW誌のインタヴューで私に語った。「私をカテゴライズしようと思ってるなら、女性ラッパーとは呼ばないで。私はアーティスト。たまたま女性で、ラップしてるってだけ」。また、この年には「The Brew Podcast（ブリュー・ポッドキャスト）」が極めて胡散臭い「史上最高のラッパー50人」をツイートした。このリストの中には女性が1人もおらず（ローリン・ヒルすら入っていなかった）、インターネットで広く物議をかもした（まるでこのリストに権威があるかのように）。皮肉なことに、この頃はニッキー・ミナージュ、カーディ・B、ミーガン・ジー・スタリオン、リゾ、サウィーティー、ノーネーム、シティ・ガールズ、キャッシュ・ドール、ドージャ・キャットなど、多くの女性が活躍し、プロジェクトをリリースし、ファンベースを築いている時期だった。トレンドを作り出す女性ラッパーが1人もいない状況が10年以上続いた後、こうして多くの女性が自分のイメージや音楽をコントロールするようになっていたのだ。

メインストリームにおける成功モデルは、依然としてセックス・アピールに大きく頼っていたが、ようやく選択肢が増えた。なお2019年は、1997年と並んで7人もの女性ラッパーが、ビルボードのホット100チャートにランクインしている。より多くの女性がラップ業界に参入し、同ジャンルの中心的存在となった今、「女性ラッパー」という言葉の使い方を問い直し、性差別的な意識に挑戦するのにちょうどいいタイミングが訪れている。

『The Motherlode』という本書のタイトル（原題）は、1991年にヨーヨーがリリースしたデビュー・アルバム『Make Way for the Motherlode』に由来している。本書は、数世代にわたる女性ラッパーの栄枯盛衰を記しており、一部はラッパー本人の言葉で綴られている。アイコン的存在の女性もいれば、あまり知られてはいないものの、ヒップホップの基礎と発展に極めて重要な役割を果たした女性たちもいる。完全なバイオグラフィーを書

WHenever a Woman BroKe a RecorD in Rap, IT WaS a milestone WORTH CeLEBRaTinG THaT WOULD OTHerwise GeT LOST.

女性がラップで記録を作るたび、それは祝福に値する画期的な
出来事だ。そうしなければ、男性が最高の称号を得る職業の中で、
その功績は埋もれてしまう。

くよりも、曲であれ、スタイルであれ、ムーヴメントで
あれ、私は各ラッパーがもたらした貢献に焦点を当てた
いと思った。プロデューサー、ディレクター、ライター、
スタイリストのコメントも掲載した。ヒップホップを共
に作り出した黒人女性やラテン系女性の視点から、ヒッ
プホップ史が語られている。

　最後に、リュダクリスとの逸話を紹介したい。2008
年、私はXXX誌のカバーストーリーのため、ラップ・
スターと俳優の両立について彼に話を聞いた。ニュー・
アルバムや、ラッパーとして過小評価されていることな

どについて話していると、インタヴューの最後に、彼は
思い違いをしていたことを認めた。
　「俺は人を見た目で判断はしないけど、それでも心の中
にある固定観念とか、無意識の中にある本能のせいで…
…『この娘にヒップホップの何が分かるんだ？』なんて
思っていた。大勢の人にそう言われるだろ？」（答えは
「イエス」）。彼はこう続けた。「でも、こうして話してみ
て、君がどれだけヒップホップのファンなのかが分かっ
てきた。それをリスペクトしている」。
　彼は私に、「女子にしては上出来」と言っていたのだ。

THE FIRST WOMEN

女性ラッパー第1号は？

　ヒップホップ界で最も静かなバトルは、「女性ラッパー第1号は誰なのか？」という未解決の疑問から始まった。70年代は、多くの女性ラッパーが活躍していた。スウィート・ン・サワーは、ヒップホップの父として知られるDJクール・ハークのもとで活動しており、ペブリー・プーというMCも、ハークの傘下にいた。しかしハークは、「第1号」の称号を別の女性に与えている。かつてメルセデス・レディーズに所属していたMCスマイリーだ。ファンキー・フォー・プラス・ワンのメンバーだったMCシャーロックは、これに異議を唱えた。彼女は数十年にわたる混乱に言及し、間違いだと思う点を指摘すると、この問題に書面で決着をつけた。「私が初の女性MCで、最高の女性MCだってことは、ニューヨークの誰もが知っていた」と、シャーロックは2010年の回顧録『Luminary Icon... : The Story of the Beginning and End of Hip Hop's First Female MC』に記している。これ以上、誤解の余地などないタイトルだ。「草分けの1人」、「女性初の著名MC」と呼ぶだけでは不十分だ、とシャーロックは語っている。70年代前半、彼女はヒップホップの創設者かつMCであり、Bガール（DJ、MC、グラフィティに次ぐヒップホップ・カルチャー4大要素のひとつ、ブレイクダンスをする女子）でもあった。「『有名』って言葉では片づけられない。私はそれ以上の存在だった。後に続いた全ての女性MCの基礎を築いたのだから」と彼女は語る。「ニューヨークの公園やクラブで、誰よりもたくさんパフォーマンスしていた。ニューヨーク中を回って、あちこちの州を旅して、ブロンクスで起こっていることを知らない人たちに、ライミングやMCスタイルを伝えていたの」。なお、メルセデス・レディーズのシェリー・シェアは、シャーロックに同意している。「私はブロンクス生まれだけど、第1号って言えるのは、シャーロックだけ」。

　エルヴィス（ロックを発明したわけでもないのに、「キング・オブ・ロック」と呼ばれている）のようなリスペクトを得ることのなかったヒップホップ界の女性たちにとって、第1号として知られるということは、レガシーを守ることと同義だ。彼女たちは公私の場で定説に反論し、女性MC第1号についてだけでなく、クルーのメンバーとしてではない初のソロ女性MCは誰かなど、副次的な称号についても議論してきた。

　MCの人気を測るビルボード誌のチャートもなければ、ヒップホップを取材するメディアやSNSも存在しなかった70年代、逸話や記憶が後に証拠の役割を果たした。また、イヴェントのフライヤーやカセットテープ、貴重なヴィデオといった物的証拠が、彼女たちの地位を固めることもあった。

　ペブリー・プーは、ハーキュロイズ（DJクール・ハークのクルー）に入ったことをキャリアの出発点としている。彼女は14歳の頃、ドクター・ボンベイというMCに連れられてブロンクスのシーダー・パークを訪れ、ハークのためにライムしたことがきっかけで、クルーに加入したそうだ。「クール・ハークはヒップホップの父だから、私が女性初のソロ・ヒップホップ・アーティスト」と彼女は言う。

　クール・ハークは「ヒップホップ界のアインシュタイン」と呼ばれていた。1967年に12歳でジャマイカからブロンクスに移住した彼は、サウンドシステムに関する造詣が深かった。1973年8月11日、妹のシンディ・キャンベルは、セジウィック・アヴェニュー1520番地の娯楽室で、「バック・トゥ・スクール・ジャム」を開く。このパーティでDJをしていたハークは、レコードの「ブレイク（ヴォーカルが抜けて、リズムだけが流れる箇所）を引き延ばした。単純だが、とてつもなく大きなイノベーションである。彼はディスコ（当時人気のあったブラック・ミュージック）に手を加え、新しいものを作り出した。こうして彼は、女性（妹）のおかげでヒ

ップホップを生んだ男となったのだ。

　人気DJ（グランドマスター・フラッシュ、アフリカ・バンバータ）もハークのスタイルを取り入れ、スクラッチ（DJグランド・ウィザード・セオドアが生み出したテクニック）などを加えた。ブロンクスの子どもたちは、MC（後にラッパーと呼ばれるようになる）に憧れ、MCになろうとした。コーク・ラ・ロック（クール・ハークのMCで、ヒップホップMC第1号とも言われている）や、バンバータのユニヴァーサル・ズールー・ネーションのクイーン・ケニアなどがいたが、シャーロックによれば、「クイーン・ケニアは告知係だった。『さあやっちゃえ、バム！』なんてことは言っていたけれど、ライムをするMCじゃなかった」という。

　たくさんのショウをやったMCは、ブロンクスで有名になった。MC名がフライヤーに載り、ブロンクス中に貼り巡らされたのだ。彼らは公園や校庭、コミュニティ・センター、ハウス・パーティでパフォーマンスした。こうして、カルチャーとして始まったヒップホップは、利益を生む産業へと発展していった。

　ペブリー・プーは、兄が所属していたマスター・ドン・アンド・ザ・デス・コミッティーのメンバーとしてパフォーマンスしただけでなく、エンジョイ・レコードから何枚かレコードもリリースした。例えば1982年のシングル「Funkbox Party, Part.1」では、「Well, ladies, if you got a man（レイディーズ、彼氏がいて）/ And he's making all the money that he can, throw ya hands in the air.（彼が稼ぎまくってるなら、両手を高く挙げて）」とラップしている。（マスター・Pは、同曲のフックに出てくる「uhh!」の部分を「Make 'Em Say Uhh!」でサンプリングした）。ペブリー・プーはまた、1985年にソロ・シングル「A Fly Guy」をリリースしている。

　2005年10月、ニューヨーク州上院を代表し、当時ブロンクス地区の上院議員だったルベン・ディアス・シニアは署名入りの手紙をペブリー・プーに送った。州の公印が押されていたその手紙には、彼女が「女性初のソロ・ヒップホップ・アーティスト」であると記されていた。

　「物理的な記録なんてなかったけれど、それぞれ自分の

立ち位置は分かっていたはず」とペブリー・プーは語る。「自分の功績を盛りたくなる人もいるでしょう。誰もはっきり言わず、本人も語らせてもらえなければ、歴史は修正できない」。

　女性初のソロMCは誰か。デビー・Dの記憶は異なる。『『クール・ハークと一緒にマイクを握ったから、私はソロ・アーティスト』ってワケにはいかないでしょ」と彼女は語る。「私がタイヤを交換したからって、整備士になれるわけじゃないのと同じ」。ソロ・アーティストになる前、デビー・DはDJパティ・デューク＆ザ・ジャジー・5 MCズのメンバーだった。当時、知名度を得るには、クルーに所属するのが一番だったからだ。1981年末に、彼女はワンダ・ディー（著名なビートボクサー／DJ）とニューヨーク州、ニュージャージー州、コネチカット州をツアーした。1984年にはMCシャーロック、リサ・リーと3人組のアス・ガールズとして映画『ビート・ストリート（Beat Street）』に出演すると、DJマーリー・マールのジュース・クルー・オールスターズに加入。マーリー・マールのプロデュースによる「Tom, Dick and Harry」と「The Other Woman」をソロ・アーティストとしてリリースした。

　2017年、デビー・DはInstagramに昔懐かしいヒップホップ・イヴェントのフライヤーを投稿し始めた。彼女は自らの経験をもとに、名前、会場、アートワークをキャプションで分析している。「初期のヒップホップ・フライヤー（79年以前）は、パーティを主催する人が作り、（グラフィティ・）アーティストが手描きしていた」と、あるキャプションには書かれている。ブロンクスのTコネクションでのバースデー・パーティを宣伝したピンクのフライヤーなど、彼女の名前が入ったフライヤーも豊富だ。1980年9月12日付のこのフライヤーは、コーネル大学のアーカイブに保管されている。同アーカイブにはこの他にも、1976年から1984年までに作られたヒップホップ・イヴェントのフライヤー1000枚以上が保存されている。デビー・Dは、自称「フライヤー研究家」なのだ。

　「細かい点まで語れるのは、パイオニアだけ」と彼女は語る。「あの時代を生きていなければ、パイオニアの半

Debbie D
デビー・D

◆ ◆ ◆

NEVER FORGET（功績）：
「男性クルーから飛び出してソロになった初の女性MC」を自称している。

WHO SHE IS（略歴）：
デビー・D（デボラ・フーパー）は、1976年にハーレムからブロンクスのウェブスター・ハウスに引っ越し、1977年からMCを始めた。その後、DJパティ・デューク＆ザ・ジャジー・5 MCズに加入。DJワンダ・ディーとショウを行い、DJマーリー・マールのジュース・クルーのメンバーにもなった。

LISTEN（必聴トラック）：
「Tom, Dick and Harry」で、デビー・Dは「First of all, it's you that makes us feel（そもそも、あんたが言い始めたんだよ）／ That we're always going after（私たち女が追いかけてるのは）／ Yo' dollar bill（あんたの金だって）」と、金持ち自慢をしながら、女性のことをゴールド・ディガー（金目当てのヤツら）と呼ぶ男性の皮肉を指摘している。

◆ ◆ ◆

分も知らないでしょうね。私は公園やクラブで、彼らと一緒にパフォーマンスしていた」。また、ペブリー・プーについては、「彼女の名前が載ってるフライヤーなんて、20枚どころか5枚もないはず」と話している。

こうしたフライヤーは、ヒップホップの広まりを示すと同時に、誰が最初にカルチャーを発明したのか、そして誰が評価を受けるべきかを明らかにしている。平均的な音楽ファンにとって、女性ラッパーのタイムラインはMCライトやソルト・ン・ペパ、あるいはそれ以降、つまりデビー・Dの時代よりもずっと後に始まっている可能性が高いため、どんな些細な事実でも神聖だ。私も少数の友人に、最古参の女性ラッパーで思いつくのは誰かを訊いてみたところ、予想通り、答えは年齢によって偏っていた。最も多い答えは、MCライトだった。10人中1人（30代後半）は、初の女性ラップ・スターとされるロクサーヌ・シャンテを挙げ、ミレニアム世代の2人はクイーン・ラティファを挙げた。

過去に、シャーロックは自分が第1号だと主張する女性たち（ペブリー・プーを含む）に連絡を取り、訂正を呼びかけた。2020年3月、シャーロックはFacebookでライヴ配信を行い、デビー・Dがオンラインやインタヴューで主張していたタイムラインを覆し、シャーロックが「最も著名で最も成功した」初期の女性MCである、というデビー・Dの評価すら退けた。「デビー・Dであろうと誰であろうと、自分が初の女性ラッパーの1人だって自称する人の主張を受け入れるつもりはない。私がクラブや公園でライムを始めた時、彼女たちの誰も、フロアや第一線にはいなかったから」とシャーロックは語る。「1977年の冬から1978年の夏の終わりまでのあいだで、シャーロック以前に活動していたことを証明できる、正当で細工のない証拠を持っている女性MCは、決して見つからないはず」。

称号の中には、議論の余地のないものもあれば（「クイーン・オブ・ソウル」といえばアレサ・フランクリンしかいない）、曖昧さを残すものもあり（私も本書の中でそうしている）、後者では「考えられている」、「知られている」といった言葉が使われる。というのも、歴史とは支配集団が事実と判断した事柄であるからだ。誰も記録を取っていない場合、そこには必ず矛盾した事実が存在する。ヒップホップが人種差別と貧困から生まれたアートフォームでプラチナやゴールドを生み出し、「自分たちのもの」と呼べるカルチャーを運営する力を黒人男性に与えた一方で、ヒップホップの内部にいた女性たちは、認められるために2倍の努力をして闘わなければ

ならなかった。

　ヒップホップへの貢献が、かすかな記憶としてしか存在しない世代の女性たちにとって、少なくともオンラインで自分たちの歴史をアーカイブできることは有益だ。デビー・Dは、Twitter、Facebook、Instagram、SoundCloud、YouTubeなど全てのSNSプラットフォームに加えて、自身のウェブサイトにも「第1号」としてのレガシーを記録した。彼女は自身に加え、ペブリー・プー、メルセデス・レディーズ、リサ・リー、MCシャーロックをヒップホップの女性リーダーに挙げ、「ムーヴメントの母たち」と呼んでいる。「一連の作品を見て、記録を見れば、同じ女性たちが出てくる」と彼女は語る。「それには理由がある。私たちが、誰よりも注目を浴びていた。つまり、私たちはヒップホップの女性リーダー」。

　ロクサーヌ・シャンテが他の女性たちに門戸を開いた人物として認められ、ラジオ・スターになったことを後に不快に思う女性MCもいた。ヒップホップの黎明期に名を馳せた人は、全員がオリジネーターだ。しかし、決定的な称号や答えがあるというのは素晴らしいことで、シャーロックはその理由について、説得力のある主張をしている。彼女にとって、「答えがない」というのは受け入れがたい答えなのだ。

　「ライターは、安全策を取りたいんでしょ。だから議論する代わりに、『シャーロックは初期の女性MCのひとり』と書く。その方が楽だし、穏便に収まるし。でもそれ、私には受け入れがたい」と彼女は語る。「それをやられると、女性MCにまつわる本当の歴史や、男性支配のジャンルで初めて女性MCになった私の歴史が奪われてしまう。自分が誰かを示すものだから、称号は大切。それが自分のブランドってこと。女性の歴史に対する自分の貢献だから、重要なの。ニッキー・ミナージュはこれだけの年数、女王として君臨していたとか、トリーナはこれだけの年数、女王として君臨していたっていうのは重要だし、カーディ・Bがグラミーを取ったことも重要。みんな、ヒップホップに貢献して、障壁を打ち破ってきた女性たちなのだから」。

　こうした議論や解釈は、些細なこととして片づけられてしまうかもしれない。しかし、事実を徹底的に論じる中で生じる緊張感が、より具体的な歴史を形成するのだ。たくさんの「初」が集まり、論争が永遠に続くとしても。

PEBBLEE POO
ペブリー・プー

◆　◆　◆

NEVER FORGET（功績）：
「女性初のソロ・ヒップホップ・アーティスト」を自称している。

WHO SHE IS（略歴）：
ペブリー・プー（ペブルズ・ライリー）は、母親が殺害された後、13人のきょうだいとともにブロンクスで祖母に育てられた。DJクール・ハークのハーキュロイズに加入する前は、スモーク・ア・トロンズというブレイクダンシング・クルーのメンバーとして活躍。ブロンクスの第22中学校時代は、タレント・ショウでスティーヴィー・ワンダーの「Superstition」の45回転レコードを78回転でかけながら、それをバックに踊った。1980年には、兄のドネル（別名マスター・ドン）率いるデス・コミッティーに加入した。

LISTEN（必聴トラック）：
ブギー・ボーイズの「A Fly Girl」のアンサーソングをレコーディングしてほしい、とプロファイル・レコードの創始者であるコーリー・ロビンスから依頼され、ペブリー・プーは1985年にソロ・シングル「A Fly Guy」をリリースした。

◆　◆　◆

MC SHa-ROCK

MCシャーロック

◆ ◆ ◆

NEVER FORGET（功績）:
女性で初めて有名になったMCだと考えられて
おり、本人もそう自負している。

WHO SHE IS（略歴）:
MCシャーロック（シャロン・グリーン）は5歳
の頃、母に連れられて3人のきょうだいとともに
ノースカロライナ州ウィルミントンの自宅を後に
し、虐待を繰り返す気性の荒い父のもとを去った。
8歳でブロンクス、さらにハーレムに移り、詩人の
ニッキ・ジョヴァンニや歌手のベティ・ライト
の作品に触れた。その後、再びブロンクスに引っ
越すと、ウェブスター・アヴェニューにあるワン
ベッドルームのアパートに住んでいた。1978年、
ファンキー・フォー・プラス・ワンの結成に携わ
った。

LISTEN（必聴トラック）:
史上最長のラップ・ソングのひとつ「Rappin'
and Rocking the House」は16分近い超大作で、
2020年のポップ・ソングの約5曲分に相当する
が、同曲でMCシャーロックは「ファンキーな
ビート」に乗って、「Four of them fellas（4人
の輩たち）/ Plus One is me（プラス・ワンは
私）」とラップしている。

◆ ◆ ◆

初期シーズンの『サタデー・ナイト・ライブ（Saturday Night
Live)』は、主に白人の音楽ゲストを起用していたが、時には例外
もあった。例えば1975年12月（シーズン1）でリチャード・プラ
イヤーがホストを務めた回では、詩人のギル・スコット・ヘロンが
パフォーマンスした。それから3週間後、俳優のバック・ヘンリー
のホスト回では、ビル・ウィザーズが「Ain't No Sunshine」を歌
った。当時、アメリカで最もクールな深夜バラエティ番組とされて
いた『SNL』に出演するということは、そのアーティストが「ジ
ュース（パワー、リスペクト）」を持っていた、ということだ。

1981年2月14日、『SNL』の第6シーズン。ブロンディのリー
ド・シンガー、デビー・ハリーは番組をホストし、11分のセット
を披露した後、ファンキー・フォー・プラス・ワンにステージを譲
った。ハリーは共通の友人であるフレッド・ブラスウェイト（通称
ファブ・5・フレディ）を介して、同MCグループと知り合ってい
た（なお、グランドマスター・フラッシュによれば、フレディは「ダ
ウンタウンの白人と、ブロンクスのブラック・カルチャーの橋渡し
役」だったという。つまりフレディは、ヒップホップとメインスト
リームの音楽業界を繋ぐ重要な存在だったのである）。

ハリーはこの日の追加ゲストを「全米最高レベルのストリート・
ラッパー」と紹介した。「ストリート・ラッパー」という言葉は分
かりにくかったかもしれないが、これは全米でテレビ放送された初
のラップ・パフォーマンスとも言える快挙だった。ステージの中央
には、MCシャーロックがいた。この時の彼女は、妊娠約3カ月。
フューシャピンクのトップスに、真っ白なフリンジ付きのカウボー
イ・ブーツを合わせ、4人のバンドメイトと一緒に動いていた。グ
ループがシングルの「That's the Joint」をパフォーマンスするあい
だ、DJブレイクアウトはごく控えめに、画面の下1/3に映っていた。
『SNL』のお偉方たちは、このパフォーマンスに関して「神経質

になっていた」とブロンディのギタリスト、クリス・スタインは2015年、ワックス・ポエティックス誌に語っている。「スクラッチングについて説明しようとしたことを覚えている。全く何も知らない人に対して、それが何なのかを言語化しようとするのは、本当に難しかった」と彼は語っている（スクラッチングとは、DJがレコードを再生しながら、レコードを前後に動かすことで聞こえる音のこと）。

パフォーマンスは大反響を呼んだ。ネットワークテレビを通じて、アメリカの家庭にラップが放映されただけではない。黒人女性がその最前線に立っていた。それまでヒップホップを知らず、見たこともなかった視聴者が、MCシャーロックを通じてヒップホップを知ったのだ。また、ちょうどこの頃、ラップは全米で急速に勢いを増していた。『SNL』の放送から5カ月半後、ヴァイアコムは革新的なテレビ・ネットワークを立ち上げる。ミュージック・ヴィデオを中心とした同ネットワークは、MTV（ミュージック・テレヴィジョン）と名づけられた。しかし、MTVがヒップホップ番組「Yo! MTV Raps」を開始したのは、それから7年後にあたる1988年だ。同番組のホストは、お馴染みのファブ・5・フレディ。今回の彼の仕事は、ヒップホップの世界とテレビ視聴者（主に若い白人男性）との橋渡しを務めることだった。

「ジェイ・Zみたいな人が、『サタデー・ナイト・ライブ』で初めてファンキー・フォーを見た時、歴史的な出来事だと思ったって、自伝（『Decoded』）に書いている。私たちの歴史を知らず、私たちがどうやってあそこまで辿り着いたかを知らなくても、ヒップホップ・アーティストにとって、あれがどれだけ大きな出来事だったかってことが分かるでしょ」とシャーロックは語っている。

ブロンクスがヒップホップ発祥の地であり、ファンキー・フォー・プラス・ワンのようなクルーを生んだ地であることの意義を理解するには、同区がどれほど荒れていたかを思い出す必要がある。作家のジェフ・チャンが著書『ヒップホップ・ジェネレーション（Can't Stop Won't Stop: A History of the Hip-Hop Generation）』で「廃墟の火」と形容していたように、70年代に相次

いだ火災により、荒廃したビルや店舗が大量発生した。これにお粗末な予算編成、ネグレクト、不手際な行政が相まって、ブロンクスには見放された街区ばかりが並び、ほぼ居住不可能な状態となった。しかし、ブラック・アサシンズやサヴェージ・スカルズなど、60年代に活動していたギャングは解散し、クルーとして再編成された。地元の地名を冠したクルーも結成され、彼らはダンス、DJ、タギング（グラフィティ）、音楽（DJクール・ハークが主導）といった、非戦闘的な活動に重点を置くようになった。

1977年、ニューヨーク大停電をきっかけに「爆買い」が起こり、未来のDJたちが魔法のようにターンテーブルを「相続」すると、地元の公園でジャム・セッションを開催し始めた。「DJの機材は安いもんじゃないから、停電中は誰もが『買い物』に行っていたよ」と語るのは、ガイ・トッド・"ラヒーム"・ウィリアムズだ。ファンキー・フォー・プラス・ワンのオリジナル・メンバーだった彼は、同グループを脱退後、グランドマスター・フラッシュ・アンド・ザ・フューリアス・ファイヴに加入した。「電気が復旧したら、誰もが機材を持っていたんだ」。

シャーロックがブロンクスのエヴァンダー・チャイルズ・ハイスクールに入学する直前の夏、JJという男子が彼女にブレイクダンスを教えた。この頃は、まだMCも未経験だったシャーロックだが、それもすぐにマスターできると思っていた。ある日、DJブレイクアウトとブラザーズ・ディスコ（シャーロックの兄弟、ダーネルの通称）がブレイクアウトの家の地下室でオーディションを行うと、シャーロックが現れた。彼女は自己紹介をしてから、部屋にいた男たちとライムの応酬した。また、彼女はこの日、KKロックウェルとキース・キースに出会った。

ファンキー・フォー（またはファンキー・フォー・プラス・ワン。なお、ファンキー・フォー・プラス・ワン・モアとしても知られている）のオリジナル・メンバーは、シャーロック、KKロックウェル、ラヒーム、キース・キースだ。1978年の結成以来、デスティニーズ・チャイルドも顔負けのメンバーチェンジを繰り返した。

NOT ONLY WAS RAP BEAMED INTO AMERICAN HOUSEHOLDS VIA NETWORK TV, BUT A YOUNG BLACK WOMAN WAS AT THE FOREFRONT.

ネットワークテレビを通じて、アメリカの家庭にラップが
放映されただけではない。黒人女性がその最前線に立っていた。

1979年にはラヒームとシャーロックが脱退し、MCジャジー・ジェフとリル・ロドニー・Cが加入。シャーロックは自著の中で、同グループを「グラディス・ナイト＆ザ・ピップスのフッド版」と称している。その後、リル・ロドニー・CとKKロックウェルは脱退してデュオを結成。ジャジー・ジェフ、キース・キース、シャーロック（復帰して、グループの「プラス・ワン」となっていた）、新メンバーのアイキー・Cがグループに残った。

全盛期のファンキー・フォーは、ブロンクスのTコネクションやハーレム・ワールド・クラブといった人気クラブでショウを行っていた。彼らをはじめ、グランドマ

スター・フラッシュ・アンド・ザ・フューリアス・ファイヴ、コールド・クラッシュ・ブラザーズといったクルーによるMCのストリート・バトルは、ユニットの一員であることが重要な時代に、ヒップホップ・バトルの伝統を発展させた。クルーは有名になるためのチケットであり、女性にとっては実力を証明するチケットでもあった。「ニューヨークでは、誰のサウンドシステムにも入れなかった。それぞれにクルーがいて、クルー以外は入れてもらえなかったの」とシャーロックは語る。「クラブや公園でパフォーマンスするためには、有名なクルーのメンバーになる必要があった」。

ファンキー・フォーはエンジョイ・レコードと3カ月ほど契約し、1979年に「Rappin' and Rocking the House」をリリース。その後、シルヴィア・ロビンソンのシュガー・ヒル・レコードに移籍し、「That's the Joint」をレコーディングした。『SNL』のようなギグをやるたびに、彼らはニューヨークを越えてヒップホップの知名度を高めていった。ツアーを開始するほどの成功を収めた彼らだが、シャーロックが妊娠すると、他のメンバーは計画の頓挫を懸念した。しかし、金銭面での対立や、シュガー・ヒルとの契約問題（シュガー・ヒルに所属していたほぼ全てのアーティストが直面していた）など、その他にも内部で問題があり、これが口論に発展すると、グループは解散に至った。ファンキー・フォーは女性MCを擁した最初のラップ・クルーと考えられているため、MCシャーロックはヒップホップ・クルー初の「ファースト・レディ」となる。クルーに女性を入れることが、より計算された戦略へと発展する前の話である。「多くのグループが、女性を入れようとしていた。私みたいにライムできる女の子をね」とシャーロックは語っている。

1990年代から2000年代にかけて、レコード・レーベルは大物ラッパーとそのクルーの影響力を利用すると、「大物の庇護を受けたラッパー」として女性アーティストを売り出し続けた。リル・キムはノトーリアス・B.I.G.、フォクシー・ブラウンはLL・クール・Jとジェイ・Z、イヴはドクター・ドレーとDMX、トリーナはトリック・ダディ、レミー・マーはファット・ジョー、

ニッキー・ミナージュはリル・ウェインを介してデビューしたのだ。こうした支配体制（これを支配体制と見るかどうかにかかわらず）によって、男性が権力を維持し、男性の視点から価値があると思われる女性を宣伝することが可能となった。男性からの承認が、成功の鍵を握ったのである。女性ラッパーは、アクセサリーだとみなされることが多かった。

ファンキー・フォー・プラス・ワンが解散すると、MCシャーロックはデビー・Dとリサ・リーと女性MCトリオを組んだ。3人はアス・ガールズとして、1984年の映画『ビート・ストリート（Beat Street）』でパフォーマンスしている。しかし、これがシャーロックのキャリアの絶頂となった。シャーロックの記憶によれば、1983年か1984年にソロ・アーティストとしてレコーディングしていたという。ザ・シークエンスのアンジー・B（後にアンジー・ストーンと改名）をシンガーとしてフィーチャーし、セックス・ピストルズのマネージャーとして有名だったマルコム・マクラーレンがプロデュースを手がけたが、リリースはされなかったという（シャーロックはまた、90年代にマーク・ザ・45・キングのプロデュースで「The Circuit」という曲をレコーディングしている）。ラップがライヴからレコードへと移行したことで、ヒットを作れない初期のラッパーは淘汰されてしまった。「公園やクラブでラップするMCを卒業して、ソングライターやレコーディング・アーティストにならなきゃいけないことを、俺たちの大半は理解していなかった」とウィリアムズ（ラヒーム）は語っている。「ラップのパイオニアとなった第一世代がヒット・レコードに恵まれず、音楽カタログとなるほどの作品群を持たないのは、これが理由だ」。

MCシャーロックは、2019年にテキサス州警察官としての仕事を引退すると、ヒップホップのパイオニアとして、また全米ネットワークのテレビに出演した数少ない初期のMCとしての功績を記録に残すため、伝記映画の企画に乗り出した。なお、ファンキー・フォー・プラス・ワンの次に、『SNL』が音楽ゲストとして招いたラップ・アクトは、5年後のRun-D.M.C.だった。

WANDA DEE
ワンダ・ディー

1920年代、ジョセフィン・ベイカーは、自分の後に続く全ての女性エンターテイナーのためにロードマップを描いた。グラマーとグリッツ（華やかさ）を作り出したの。独自のメイクアップ・ラインに、ロングヘアのポニーテール、衣装、キャットスーツ、バナナ・ダンス。網タイツにジャケットを合わせてお尻を出したまま、鎖につないだチーターと通りを歩く。彼女は全てを最初にやってのけたっていうのに、しかるべき称賛を受けることはなかった。

夫のエリックと出会った時、「グラマラスな女性ラッパーの先駆けになったらどう？」って提案された。彼はヘアスタイリストのジェラード・デュレを雇うと、「彼女の髪をこの色に染めてくれ」と、ハニーブロンドを指定した。こうして私は、ドミニク・デヴェロー（人気テレビドラマ『ダイナスティ（Dynasty）』の登場人物）やダイアナ・ロスみたいに、ボリュームのあるカーリーでグラマラスな髪になった。レンタル・ヴィデオ店に行って、ジョセフィン・ベイカー、ティナ・ターナー、アーサ・キット、ダイアナ・ロス、グレイス・ジョーンズ、サラ・ヴォーン、クレオ・レーン、リナ・ホーンなど、偉大な黒人女性アーティストのヴィデオも山ほど借りてきた。エリックは私のイメージとサウンドをまとめ、ダンスの振付もしてくれた。

私たちはショウをまとめ上げると、1987年にワールドでパフォーマンスした。ステージで披露したのは、私がソ

NEVER FORGET（功績）:
1984年に公開された映画『ビート・ストリート（Beat Street）』にDJ役で出演。また、ニュージャージー州パターソンでのDJショウでは、ニュー・エディションが前座を務めた。

WHO SHE IS（略歴）:
ハーレム生まれのワンダ・ディー（ラワンダ・アン・マクファーランド）は、5人のきょうだいとブロンクスで育った。クール・ハーク、アフリカ・バンバータというヒップホップ界の二大巨匠からDJを学ぶと、MCのデビー・Dと組んでショウを行った後、MCのシスコ・キッドと組んだ。その後、ソロ・アーティストとなると、80年代後半から90年代にかけて「Blue Eyes」や「I Wanna See You Sweat」など、スキャンダラスなシングルをリリースした。

LISTEN（必聴トラック）:
ハイエナジーでダンサブルな「To the Bone」は、「touch me, crave me（私を触って、私を求めて）」という歌詞や喘ぎ声が印象的。

ングライティングとプロデュースを手がけた「Use Your Hands」ってオリジナル曲。私はダイアナ・ロスみたいな髪に、スパンデックスのツーピースを着て、床まで届く長さの白いチンチラ毛皮のコートを羽織っていた。その夜の観客には、カディーム・ハーディソン、MCライト、クール・モー・ディー、メリー・メルがいた。誰も華やかなヒップホップ・アーティストを見たことがなかったから、会場は悲鳴と歓声に包まれた。ラスヴェガスのスタイルにヒップホップ・ダンサーを全て織り交ぜたショウ。私がコートを脱ぎ捨てて、赤いタイトな衣装を見せると、観客は最高に盛り上がった。

夫と共作した「To the Bone」には二重の意味を掛けて、アーサ・キットの歌みたいに皮肉を込めた。セクシーだけど楽しい曲。でも、女性ラッパーにはウケが悪かった。私のこと、お尻を使ってレコードを売ってる淫乱だと思ってたからね。ジーンズを穿いて、帽子を後ろ向きに被るのが、彼女たちのスタイルだった。「ゴージャスな髪と、メイクにヒールが必須なの？」って感じだったの。私はただ楽しんでいただけ。ヒップホップで楽しみながら、いくつかのドアを叩き壊した。私はあえて人と違うことをして、それを堂々とやってのけた女性として、みんなの記録に残りたい。

First Ladies of Rap Crews

ラップ・クルーのファースト・レディたち

MC Glamorous
MCグラマラス

女性MCトリオ、グラマー・ガールズのメンバー。ロクサーヌ・シャンテ、デビー・Dとともに、マーリー・マールのジュース・クルー・オールスターズに名を連ねた女性3人のうちの1人でもある。その後ヒップホップから離れ、イスラム教に改宗。シャプラン・ジャミラに改名した。

Baby Love
ベイビー・ラヴ

影響力のあるBガールだったデイジー・カストロは、ブレイクダンサー集団ロック・ステディ・クルーの最年少メンバーだった。弱冠15歳にして同クルーの「Hey You」（1983年）でラップを披露し、映画『ビート・ストリート（Beat Street）』にダンサーとして出演した。

Jha Jha
ジャ・ジャ

ソロとしてのリリースは少ないが、強気な口調が印象的なディップセット（キャムロンが結成したハーレムのユニット）の紅一点として、ニューヨークのラップ・ファンの記憶に残っている。

Magnolia Shorty
マグノリア・ショーティ

ニューオーリンズらしいバウンス・アーティスト。キャッシュ・マネー・レコードと契約を結び、1996年にアルバム『Monkey on the Dick』をリリースしたが、2010年に車内で同乗者とともに銃撃を受け、悲劇的な死を遂げた。ドレイクは、2018年にビルボード誌のホット100で第1位を獲得したシングル「In My Feelings」で、彼女の声をサンプリングしている。

Isis
アイシス

リン・キューに改名する前、彼女はブルックリンを拠点にブラック・エンパワーメントを推進するクルー、X・クランの一員だった。

Hurricane G
ハリケーン・G

ニューヨークのヒット・スクワッドの一員で、ブルックリン出身のプエルトリコ人ラッパー。レッドマン、キース・マーリー、エグジビット、ココア・ブロヴァズの楽曲に参加した。アルバムは2枚リリースしており、不誠実な男を語ったシングル「Somebody Else」が特に印象深い。また、ショーン・"パフィ"・コムズのセカンド・アルバム『Forever』からのリード・シングル「PE 2000」(1999年)では、パフィのハイプ・ウーマンを務めている。

Ms. Melodie
ミズ・メロディ

ブギ・ダウン・プロダクションズのメンバーで、一時期はKRS・ワンと結婚していた。ストップ・ザ・ヴァイオレンス・ムーヴメントのシングル「Self-Destruction」では、「I'm Ms. Melodie and I'm a born-again rebel (私はミズ・メロディ、反逆者に生まれ変わった) / The violence in rap music must cease and settle (ラップ・ミュージックのヴァイオレンスは停止・収束されなければ)」とラップしている。2012年に43歳で死去。

Storm
ストーム

映画のセットでトゥパックに出会ったことがきっかけで、アウトローズに加入。トゥパックの2枚組アルバム『All Eyez on Me』に3曲参加している。

Sweet N' Sour
スウィート・ン・サワー

70年代に活躍したMCのあいだでは、DJクール・ハーク率いるハーキュロイズのメンバーとして知られている。ペブリー・プーとともに、ブロンクス中のイヴェントでクルーとラップしていた。

Ms. Roq
ミズ・ロック

アフターマス・エンターテインメントと契約すると、ドクター・ドレーのアルバム『2001』収録の「Let's Get High」と「Murder Ink」に参加。個性的なハスキー・ヴォイスの持ち主。

Ms. Tee
ミズ・ティー

キャッシュ・マネー・レコードの共同設立者、ロナルド・"スリム"・ウィリアムズが契約した同レーベルのファースト・レディ。ニューオーリンズ・ヒップホップの特徴である、速いテンポのバウンス・ミュージックを広めた。

MERCEDES LADIES

メルセデス・レディーズ

◆ ◆ ◆

NEVER FORGET（功績）:
ヒップホップ界で初めて名を馳せたガール・グループと言われている。

WHO THEY ARE（略歴）:
1979年夏に結成されたメルセデス・レディーズは、地元の有名人になることを夢見るシングルペアレント家庭のティーンエイジャーが大半を占めるという、若いクルーの典型ともいえるメンバー構成だった。同グループはMC（トレイシー・ティー、ジーナ・ジー、シェリー・シェア、イヴ・ア・デフ）、DJ（ベイビー・D、RDスマイリー）にダンサーなど、6人（もしくは7人）でスタートし、シェリーによれば、メンバーは一時21人までに膨れ上がった。結束の固い小集団から、DJ、ダンサー、MCの集まる正当なクルーに成長したのだ。2008年、シェリー・シェアはグループの実話を基にした小説『Mercedes Ladies』を上梓した。

LISTEN（必聴トラック）:
シェリー・シェアを含むメルセデス・レディーズのメンバー4人は、MCドナルド・ディーの「Don's Groove」で歌声を披露している。同曲は、DJグランドマスター・フラッシュのプロデュースによる賑やかなオールドスクール・レコードだ。

◆ ◆ ◆

1979年夏、ブロンクスの女子集団は、男子が大半を占めるヒップホップ・クルーとは一線を画すクルーの結成に乗りだした。シュレルズやシュープリームスのような若い女性グループとして、パーティの宣伝をして回るクルーだ。洗練された響きだという理由で、同グループはメルセデス・ヤング・レディーズ（後にメルセデス・レディーズに短縮）と命名された。

ブランディングのために、メンバーはアイロンプリントのブロック文字を1枚20セントで購入すると、グループ名をTシャツやスウェットシャツ、ジャケットなどに貼りつけた。これにタイトジーンズを合わせ、髪を後ろに撫でつけたスタイルでプロモーションを行うと、効果は絶大だった。パーティでは、グランドマスター・フラッシュ、アフリカ・バンバータ、ブレイクアウトといったニューヨークで人気のDJたちが、「メルセデス・ヤング・レディーズ！」とシャウトアウトしてくれたのだ。グランドマスター・フラッシュ・アンド・ザ・フューリアス・ファイヴは「Superrappin'」で「I know a fly young lady would like to ride（分かってる、イケてるヤング・レディは乗りたがってるって）/ In my Mercedes, young ladies（俺のメルセデス、ヤング・レディーズ）」とラップし、彼女たちのレガシーをワックス（レコード）に残した。

メルセデス・レディーズは、女性MCとDJによる初の著名クルーだった。今ではほとんど見られなくなった形態である。ソルト・ン・ペパやJ.J.ファドが活躍した1990年代は、女性ラップ・グループの時代の終わりを告げるものだったが、男性グループは豊富だった。Run-D.M.C.、ビースティ・ボーイズ、N.W.A、パブリック・エネミー、ア・トライブ・コールド・クエスト、グッディ・モブ、オニクス、EPMD、デ・ラ・ソウル、ウータン・クラン、ボーン・サグス・ン・ハーモニー、ザ・ルーツ、ゲトー・ボーイズ、ノーティ・バイ・ネイチャー、ザ・ロックス、ホット・ボーイズ、

スリー・6・マフィア、G-Unit、オッド・フューチャー、エイサップ・モブ、ミーゴス。これでもほんの一部だ。一方、女性のラップ・グループは10例も挙がらないだろう。

有名なデュオやトリオ以外では、90年代に女性5人で結成され、ウータン・クランの女性版と謳われたデッドリー・ヴェノムズが、おそらく最大規模だろう。ウータンのインスペクター・デックはかつて、「このマザファッカ（ヒップホップ）では、9人の目と9人の脳が大きな違いをもたらすんだ」とヴァイブ誌に語っている。しかし、ヒップホップにおける数の力は、女性ラップ・グループには当てはまらない。男性が個人としてのスキルをデュオやトリオ、アベンジャーズ的なスーパーグループに集約する一方、ラップの曲でコラボレーションする女性たちはほとんどいなかった。

メルセデス・レディーズは、自分たちをソロリティ（女子学生の社交クラブ）だと考えていた。女性DJ、MC、ダンサーの連合体だ。グループのまとめ役は、シェリー・シェア。ブロンクスで生まれ育った彼女は、11人の子どもを持つシングル・マザーの娘だった。母が夜間に郵便局で働くだけでは家賃が払えず、シェリーは夏休みにバイトをして家計を助けていた。14歳でブロンクスのエヴァンダー・チャイルズ・ハイスクールに入ると、RDスマイリーことレネイ・ピアソン、レネイの姪のリトル・ビットことデボラ・カーター、トレイシー・ティーことトレイシー・ピーターキンという新たな友人を得た。

学校が夏休みに入ると、彼女たちはボストン・ロード周辺で行われていた無料のブロック・フェアに足を運んだ。そこは、娯楽を求める黒人やラテン系のティーンエイジャーにとって憩いの場所だった。誰もがDJグランドマスター・フラッシュ、Lブラザーズ、DJクール・ハークなどのプレイを楽しみ、街灯から電気を引いた大型のスピーカーから流れる音楽に自分の声をかき消されながらも、カタルシスを得ていた。

「あのフェアで、大人の責任を負わなきゃいけない現状を忘れることができた。次はどこに住めばいいんだろうなんて考えていたことも。全てを忘れさせてくれた。ラ

ップを始めたら、自分を表現できるようになった」とシェリー・シェアは語る。「家に帰ると、私はただ泣きたくなった。でも、マイクを握れば、辛い状況を楽しくラップしていた。みんなが注目してくれて、私もそれを実感することができた」。

グループメイトのイヴリン・コドリントン（通称イヴ・ア・デフ）は、ブロンクスのデイリー・アヴェニューで育った。イヴリンによれば、母親は彼女を産んだ日に「神経衰弱」になったという。イヴリンは16歳の時に、共通の友人だったジーナ・メイジャーを通じてシェリーと出会うと、クルー結成に着手しはじめる。なお、当時はパーティを宣伝するためのクルーを作るつもりだった。「ラップとDJを始める前のメルセデス・レディーズは、女性をエンパワーするクルーだった」と、デビー・Dはウェブサイト AllHipHop のインタヴューで語っている。

メルセデス・レディーズは、マネージャーのトレヴァーを通じてライヴをブッキングしていた。トレヴァーは、名字も必要ないほど有名なパーティ・プロモーターで（少なくとも、メンバーで名字を思い出せる者はいない）、Lブラザーズのマネージャーも務めていた。シェリー、トレイシー、RDスマイリー、ジーナ・ジー、イヴ・ア・デフは、イースト・ブロンクスのフリーマン・ストリートのリハーサル・スペースで、トレヴァーとミーティングを持つと、それぞれの役割を決め、最新メンバーのディボラ・マイヤーズ（通称ベイビー・D）と対面した。ベイビー・Dは、グランドマスター・フラッシュのパフォーマンスを公園で初めて見て、ボーイフレンドのプーチーに「私も彼みたいになる」と言ったそうだ。プーチーと友人たちに笑われると、ベイビー・Dは彼らの鼻をあかしてやろうとDJになった。

メルセデス・レディーズの初ライヴは、盛大に行われた。会場となった63パークはブロンクスのボストン・ロードにある校庭で、非公式のイヴェント・スペースとなっていた。「ブロンクスでは、ラップ界の有名人じゃなきゃ門前払い。有名なのは男性ばかりだった。グランドマスター・フラッシュやバンバータのクルーじゃなければ、マイクを持つことはまず無理だった」とシェリ

"

家に帰ると、私はただ泣きたくなった。でも、
マイクを握れば、辛い状況を楽しくラップしていた。

"

ー・シェアは語っている。
「ドープじゃなきゃいけなかったの。マイクを持った
ら、ゴミみたいなパフォーマンスはできなかった。私た
ちは最高のパフォーマンスをした」。70年代に結成さ
れたラップ・グループのほとんどは、男女を問わず、時代
を越えて生き残ることができなかった。しかし、コール
ド・クラッシュ・ブラザーズ、グランドマスター・フラ
ッシュ・アンド・ザ・フューリアス・ファイヴといった
グループは、口頭伝承によって永遠のリスペクトを得る
ことができた。男たちが、尊敬する男たちについて語り
継いでいったのだ。これが意図的でないとはいえ、メル
セデス・レディーズのような女性グループは、締め出さ
れた気分になった。

　女性ラップ・デュオやグループが廃れたのは、嫉妬や
狭量さなど、さまざまな理由がある。しかし、女性がユ
ニットとして上手くやれないという前提は、どの時代も
ラップ界が、グループどころか女性自体をほとんどサポ
ートしてこなかったという事実を無視している。また、
女性グループだけでなく、大半の男性グループも、メン
バー間の不和やエゴで崩壊しがちである、という事実も
蔑ろにしている。大きな商業的成功を収めた後、ウータ
ン・クランのメンバーはお互いに連絡を取らなくなり、
再結成するまでは長年、公の場で壮絶な衝突を繰り返し

てきた。この状況を最も端的に説明したのは、レイクウ
ォンだ。2007年にホット97のミス・インフォが行った
インタヴューの中で、「ある時はブラザーだったのに、
いきなりビジネスになっていた。それが問題なんだ」と
語っている。「女性ラップ・グループなんて、すっかり
見かけなくなった」とシェリー・シェアは言う。「女性
ラッパーが1人登場すると、2、3年のうちに彼女がヒ
ット曲を量産する。それから業界は、彼女に脅威を感じ
させるために、別の女性ラッパーを連れてくる。こうし
て、『誰が王座につく?』っていう戦争になってしまう
の」。

　1980年代初頭、メルセデス・レディーズは、「Yes
We Can Can」(ポインター・シスターズの名曲のラッ
プ・ヴァージョン)と「Don's Groove」の2曲をレコ
ーディングした。彼女たちはラッセル・シモンズのため
に前者をレコーディングしたが、シモンズは後に同曲を
R&Bシンガーのアリソン・ウィリアムズに歌わせ、同
曲は1986年にウィリアムズのファースト・シングルと
して、プロファイル・レコードからリリースされた。後
者は、1984年にリリースされたMCドナルド・ディー
とのコラボ曲だ。それから程なくして、グループは解散
した。

DEBBIE HARRY

デビー・ハリー

ビルボード誌のホット100シング
ル・チャートで第1位を獲得した初のラ
ップ・ソングは、「Rapper's Delight」
でもなければ、黒人アーティストの曲で
もなく、1990年にリリースされたヴァ
ニラ・アイスの「Ice Ice Baby」だっ
た。それから1年後、マーク・ウォール
バーグ（後にカルヴァン・クラインのア
ンダーウェア・モデル／俳優となる）率
いるマーキー・マーク＆ザ・ファンキ
ー・バンチの「Good Vibrations」が、
ラップ・ソングとしては2曲目のナンバ
ーワンとなった。彼らもまた白人だった。
ただし、これは珍しいことではない。白
人アーティストはブラック・ミュージッ
クを白人の大衆に届け、トレンドに火を
つけていたのだ。なお、このトレンドは
「Rapture」を皮切りに数十年と続いた。

パンクロック・バンドのブロンディ
が1981年にリリースしたシングル
「Rapture」は、デビー・ハリーによる
ラップ・ヴァースをフィーチャーし、ラ
ップのヴァースがある曲としては初めて
ホット100チャートの第1位に輝いたレ
コードとなった。同曲は、発祥地である
ブロンクスを越えて、ヒップホップを
一気に広めた。また、ハリーは「ブラ
クセント（ブラックのアクセント）」で
ラップする白人女性の先駆けとなった
（これは今でも脈々と続いている）。シ
ュガーヒル・ギャングの「Rapper's
Delight」が1979年にリリースされた
後、ラップ・ソングがラジオでかかるよ
うになったが、「Rapture」は白人リス
ナー全般にヒップホップ（当初は一時的
な流行だと考えられていた）を紹介し
た。Netflixのドキュメンタリー・シリ
ーズ『ヒップホップ・エボリューショ
ン（Hip-Hop Evolution）』では、ロ

ドニー・デンジャーフィールド（1983年のコメディ・アルバム『Rappin' Rodney』）から俳優／映像作家のメル・ブルックスに至るまで、さまざまな人々がラップに挑戦するシーンが出てくる。「Rapture」は、曲自体が呪文のようで、どこからともなく現れるベル、『黒いジャガー（SHAFT）』の映画に使われそうなビートと、デビー・ハリーの心地良いファルセットが前半で流れる。しかし中盤に入ると、彼女は呪文を解き、ファブ・5・フレディやDJグランドマスター・フラッシュなどの名前を挙げながら、ビートに乗ってラップを披露する。なお、KRS・ワンは1997年のシングル「Step Into a World (Rapture's Delight)」でハリーのメロディをサンプリングし、この曲をより高尚なヒップホップにした。

　1981年8月1日に開局したMTVは、将来を暗示するバグルスの「Video Killed the Radio Star」でミュージック・ヴィデオの時代に突入し、ザ・フー、ロッド・スチュワート、パット・バネターなどのヴィデオも放映していた。MTVの開局から24時間以内に放映された唯一のラップはブロンディの「Rapture」だ。ラップのみのヴィデオとして初めてMTVで放映されたのはRun-D.M.C.の「Rock Box」で、開局から丸3年が経っていた。ヒップホップ・ファンはラップ・ヴィデオを無視するMTVを非難したが（驚くべきことに、

ラッパーは自分のヴィデオをMTVで流すために日々闘っていた）、これはメインストリームの組織がラップを排除するトレンドの始まりに過ぎなかった。
　1991年3月、ビルボード誌はニールセン・サウンドスキャン社がまとめた売上ベースの解析を使い始めた。これはレコード店の店長に電話で問い合わせるという旧来の手法よりも効率的で、この解析により、白人がどれだけラップに投資しているかも分かるようになった。ニュー・リパブリック誌は同年、「ラップはいまだ、相対的には黒人に人気があるが、主なオーディエンスは白人で、郊外に住んでいる」と報じている。
　ブラック・ミュージックのカテゴリー分けに関して、ビルボード誌のチャートは歴史的に偏りがあり、混乱を招いてきた。例えば、かつて同誌には「ホット・ブラック・シングルズ」というチャートがあった。まるで出会い系のサービスのような名前だ。リアーナは正真正銘のポップ・ソングを作っていたというのに、ビルボード誌は彼女をR&Bに分類していた。また、リル・ナズ・Xが「Old Town Road」でカントリー・チャートに初登場した時には、カントリーとしての資格がないとして、同曲をチャートから外した。
　ホット100チャートは、音楽業界の盲点を露わにした。2019年現在、ラップ・ソングでホット100チャートの第1位を獲得したソロの女性アーテ

ィストは、ローリン・ヒル（「Doo Wop (That Thing)」）、イギー・アゼリア（「Fancy」）、カーディ・B、リゾ（「Truth Hurts」）の4人だけである。カーディ・Bが、女性ラッパーとして初めて2曲をチャートの第1位に送り込み、歴史を作ったのは2018年のこと。彼女はさらに同年、マルーン5とのコラボ曲「Girls Like You」でも首位を獲得し、3曲のナンバーワン・ヒットを持つ初の女性ラッパーにもなった。
　「Rapture」の成功は、好ましくない影響も伴った。より多くの人々がラップを聴くようになった一方で、ラップのパイオニアたちを一掃してしまったのだ。「あのレコードで初めてラップを聴いて、あれが氷山の一角だと理解しなかった人たちは、どれくらいいるだろう？」とファブ・5・フレディは、『ヒップホップ・エボリューション（Hip-Hop Evolution）』のドキュメンタリーで「Rapture」について語っている（氷山の残りは、深く沈み、全く見えない。重力で転覆するまで日の目を見ることはないのだ）。
　広く普及した商品としてのヒップホップや、白人アーティストによる音楽やスタイルの流用についての議論は、多くの意味で、デビー・ハリーのラップ・ヴァースから始まったのである。

White Rap Family Tree

白人ラップの系図

Tairrie B
テイリー・B

テイリー・Bは、イージー・Eのルースレス・レコードと契約を結ぶと、アルバム『The Power of a Woman』をリリース。同アルバムに収録された「Ruthless Bitch」では、「Male chauvinists who refuse to believe that a girl like me can achieve/ status（私みたいな女子がステータスを得られるって、絶対に信じようとしない男性優位主義者のヤツら）」とラップしている。

Lil Debbie
リル・デビー

砂糖たっぷりのスイーツ・ブランドから芸名を拝借したのが、リル・デビーの犯した最初の罪。クレイショーンとVナスティと一緒に、ブラック・アクセントでラップするホワイト・ガール・モブを結成したのが、彼女が犯した第二の罪だ。デビーはまた、タトゥーが印象的な白人ラッパー、リフ・ラフとも数曲コラボしている。

Teena Marie
ティーナ・マリー

「アイヴォリー・クイーン・オブ・ソウル」ことティーナ・マリーは、1981年にアイコニックなディスコ・トラック「Square Biz」で少々ラップを披露し、「史上初の女性ラッパー」を自称したこともある。後者に関しては、微笑ましいが事実ではない。

Kreayshawn & V-Nasty
クレイショーン & Vナスティ

クレイショーンの心憎いまでにキャッチーなヒット曲「Gucci Gucci」は、2011年に大きな話題を呼び、「ベーシック・ビッチ」というコンセプトを広めた。Vナスティは、クレイショーンの相棒として活動。

Chanel West Coast
シャネル・ウェスト・コースト

2013年にリル・ウェインのヤング・マネーと契約したが、口コミやネットで話題の動画を紹介するMTVの『衝撃！世界のおバカ映像（Ridiculousness）』のホスト役として、より広く知られている。

Iggy Azalea
イギー・アゼリア

オーストラリアのマランビンビー出身のイギーは、ブラックのアクセントでトラッシュ・トークをする才能（特に初期のミックステープで顕著）を認められ、T.I.が主宰するグランド・ハッスル・レコードとの契約を手にした。シングル「Fancy」で、『ビルボード』誌ホット100チャートの首位を獲得した2人目の女性ラッパーとなったが、多くの人々と軋轢を起こし、「文化の盗用」を非難されたことで、そのキャリアは実質終わりを迎えた。

Invincible
インヴィンシブル

「女性版エミネム」の異名を取ったデトロイトのラッパー。2008年にリリースしたデビュー・アルバム「ShapeShifters」では、思慮に富んだブーム・バップ・スタイルのラップで好評を博した。

Bhad Bhabie
バッド・ベイビー

「キャッシュ・ミー・アウトサイド・ガール」（2016年、親の言うことを聞かない娘として『Dr. Phil』に出演した時の台詞がミームとして大ブレイク）として知られるティーンエイジャー、ダニエル・ブレゴリは、その強烈な個性で賛否両論を巻き起こしたが、とことんハードでキャッチーな曲を作るため、無視しきれない存在でもある。

Kitty Pryde
キティ・プライド

フロリダ州出身で、MC名はコミック『X-MEN』のキャラクターに由来。『ヴァイス』（ウェブサイト）は、「よりシャープで自意識の高い、郊外に住む高校生版クレイショーン」と評した。2012年リリースの「Okay Cupid」は、泥酔してかける電話や、ステディになることなどについて、思いの丈を徒然に綴った日記のような内容だ。

LISa Lee

リサ・リー

◆ ◆ ◆

NEVER FORGET（功績）:
アフリカ・バンバータ率いるユニヴァーサル・ズ
ールー・ネーションのメンバーだった。

WHO SHE IS（略歴）:
リサ・リー（リサ・カウンツ）は、2人のきょう
だいとともにブロンクスで父に育てられ、スティ
ーヴンソン・ハイスクールとジェイムズ・モンロ
ー・ハイスクールに通った。家ではラップ三昧で、
『ギリガン君SOS（Gilligan's Island）』など
テレビ番組のテーマソングに合わせてライムも
書いていた。MCとしての評判を買われ、1983
年の『ワイルド・スタイル（Wild Style）』
と1984年の『ビート・ストリート（Beat
Street）』に出演。後者では、アス・ガールズの
一員としてパフォーマンスしている。

LISTEN（必聴トラック）:
リサ・リーはフィジカルなレコードをリリースし
ていないが、映画『ビート・ストリート（Beat
Street）』で、恋人にふさわしい男性と愛を分か
ち合うことを語る彼女のラップが聴ける。

◆ ◆ ◆

映画『ビート・ストリート（Beat Street）』の開始からおよそ7
分で、主人公のケニー・カークランド（演じるのはガイ・デイヴ
ィス）がDJをするパーティ・シーンが登場する。パーティの最中
で、友人が「よお、ケニー、あそこにシャーロック、リサ・リー、
デビー・Dがいるぞ」と声をかけ、シャーロック、リサ・リー、デ
ビー・Dがパフォーマンスを始める。ここで3人は、「Us girls can
boogie, too（女子だってブギできる）」と、スパイス・ガールズの
アンセムをヒップホップにしたような曲を披露している。

1980年代初頭、アメリカのごく一般的な視聴者がヒップホップ
を目にすることは珍しく、ましてや銀幕で見る機会など皆無に等し
かった。ヒップホップのパーティは、写真やフライヤー、カセッ
ト・テープという形で保存されたが、映画に残ることはなかった。
また、1983年にソニーが初のプロ／一般消費者向けのヴィデオカ
メラを発売するまでは、ヴィデオ撮影という贅沢な手法は普及して
いなかった。ヒップホップを題材とした映画は大きな突破口とな
り、リサ・リーは1983年の『ワイルド・スタイル（Wild Style）』
と、1984年の『ビート・ストリート』に出演した。

リサ・リーは、13歳でヒップホップの世界に飛び込んだ。第
123中学校で開催されていたショウケースに参加し、出演していた
DJアフリカ・バンバータにその場でラップしてみせたのだ。1971
年、バンバータはブロンクスの東側にあるブロンクス・リヴァー・
ハウジズに住んでいた。彼はブラック・スペースとのギャング活動
から足を洗うと、近隣のブラック・キッズがギャング活動をする代
わりに、リーダーシップの基礎を身につけることができるよう、ユ
ニヴァーサル・ズールー・ネーションを設立。その傍らで、ロキシ
ーといったダウンタウンの伝説的なクラブでDJをしていた。
「当時、ズールー・ネーションに入ることは、一大事だった」とリ
サ・リーは語る。「自分が何の一員になっているのか、私には分か
っていなかった。分かっていたのは、バンバータが重要人物だって
ことだけ」。
ヒップホップ界のネットワーク担当だったファブ・5・フレディ

は、1981年にグラフィティとポップ・アートの関連性について映画を作ろうと思い立ち、『ワイルド・スタイル』の種を蒔いていた。彼がタイムズ・スクエア・ショウでチャーリー・エイハーンにこの企画を提案すると、プロジェクト実現の可能性が高まった。ニューヨーク出身のエイハーンは、同展示会で自作のカンフー映画『The Deadly Art of Survival』を上映していた。ブロンクスでヒップホップのパフォーマンスに足を運び、撮影した経験のあるエイハーンは、このヴィジョンを実現できると確信した。

「当時は〔ヒップホップの〕雑誌もインターネットもなかったし、ラジオのエアプレイもなかった。後でミスター・マジックが登場するけれど、1980年の時点ではまだだった。〔ヒップホップは〕世間に広く認知されていなかったんだ」とエイハーンは語る。「全てがアンダーグラウンドだったけれど、だからこそ、アンダーグラウンドは人々にとって、とても重要だった」。

エイハーンは本物を求めていた。グラフィティ、ブレイクダンス、DJ、MCで構成されるヒップホップを、偽りのない形で映像化しようとしていたため、自作のライムを劇中でパフォーマンスできる本物のMCを採用した。『ワイルド・スタイル』は、ヒップホップをテーマとした史上初の映画となった。主演を務めたのは、リー・キニョネス（ゾロ役）とレディ・ピンク（ローズ役）の人気グラフィティ・アーティスト2人だ。グランドマスター・フラッシュ、クール・モー・ディー、ビジー・ビー、ファンキー・フォー・プラス・ワンのリル・ロドニー・C、リサ・リーなどのMCもキャスティングされた。

「当時のリアルなMCは、ステージで何時間もパフォーマンスできなきゃならなかった。つまり、強烈な存在感が必要で、リサ・リーにはそれが備わっていた」とエイハーンは語っている。「ヒップホップを知る人々のあいだで、彼女は間違いなく伝説的な存在だった」。

リサ・リーは、オーディションから出演決定までのプロセスをこう回想する。「ファブ・5を間接的に知っている知り合いが、ブロンクスのオーディションに来るよう言ってくれた」と彼女は語る。「ブロンクスの誰もが、

あの映画に出たがっていた。私だってそう。白人のおじさんが、お金もくれるっていうし。子どもだったら、飛びつくのは当然でしょ」。

確かに、「自分が関わっている最高に楽しい活動をテーマにした映画に出演する」という決断は、理にかなっている。ヒップホップが、彼女と仲間たちにとって、ごく自然な手段であったのと同じことだ。

『ワイルド・スタイル』の製作は、性急かつ杜撰だった。エイハーンはタイプライターで即興の脚本を書き、ボレックスの16ミリカメラで撮影を行った。撮影は1981年にスタートしたが、音響の問題や撮り直しなどの障害に阻まれた。リサ・リーは、実生活の友人たちとリムジンの後部座席に座り、ビジー・ビーとリル・ロドニー・Cがリムジンの中でラップ・バトルを繰り広げるシーンに登場している。エイハーンはリサ・リーが彼らとラップしているシーンをカットしたが、彼女はホテルの部屋とバスケットボール・コートのシーンでも姿を見せている。1983年にニューヨークのエンバシー・シアターで上映されたこの作品は、演技も台詞も非常に緩く、観客には「ドキュドラマ」と呼ばれた。低予算映画としてスタートした『ワイルド・スタイル』だが、思いもよらぬクラシックとなった。

『ワイルド・スタイル』の製作中、キャスティング・エージェントは『ビート・ストリート』のオーディション

> **"**
> **当時のリアルなMCは、ステージで何時間もパフォーマンスできなきゃならなかった。つまり、強烈な存在感が必要で、リサ・リーにはそれが備わっていた。**
> **"**

を行った。これもヒップホップ映画で、サウス・ブロンクスのDJ、ブレイクダンサー、MC、グラフィティ・アーティストのクルーを中心に展開する物語だ。俳優／シンガーのハリー・ベラフォンテが、ヴィレッジ・ヴォイス紙でヒップホップの記事を執筆していたスティーヴン・ヘイガーによるプロットの概要を読んだところから、このプロジェクトが始動した。

リーによれば、オーディションの過程は『ワイルド・スタイル』よりも遥かに「ハリウッド」的だったそうだ。この頃の彼女は、デビー・DとMCシャーロックと手を組み、「エンプレス」という女性MCトリオを結成したばかりだった。出演が決まった経緯についてはさまざまな逸話があるが、MCシャーロックによると、3人はマンハッタンのロキシーに出向き、オーディションを受けるために大きな部屋で5時間も待ったという。シャーロックは自著の中で、クリップボードを持っているクルーを捕まえ、ベラフォンテと直接話したいと頼んだと記している。商業的にはまだ発展途上だったヒップホップ・カルチャーにスポットを当てた映画なのだ。絶対に出演してやる、と3人は気合を入れていた。

「ブロンクスの歴史やブロンクスに縁のある物語を撮るなら、リサ、デビー、私は外せないよ」とシャーロックはクルーに言った。およそ1週間後、3人はベラフォンテやキャスティング・エージェントとミーティングを持ち、ガール・グループ役として採用されたという。同映画のキャスティング・ディレクターを務めたパット・ゴールデンは、ホイットニー・ヒューストンとマドンナ（白人の少女、アイシャ役を希望していた）もオーディションを受けたと語っている。ゴールデンは、クラブに足を運び、ステーションワゴンでブロンクスを回り、適役を探したそうだ。

「私は行く先々のクラブで大勢の女性ラッパーを見てきた。ラップのパフォーマンスをしているハーレムやブロンクスのクラブに行き、楽屋を訪れて、オーディションに来るよう呼びかけていたの」とゴールデンは振り返る。「キャスティング・ディレクターとして、黒人女性として、映画にカルチャーを反映したいと思っていた。ダグ・E・フレッシュが『ハッピー・ラップ』と呼んで

いた時代のカルチャーね。一般の人たちには、ブロンクスのキッズを怖がらないでほしいと思っていた。怖がる必要なんてなかったんだから」。

1983年3月、ニューヨーク・デイリー・ニュース紙は『ワイルド・スタイル』を「ヒップホップ（黒人の若者の服装や音楽スタイルを表すスラング）の視覚教育」と形容した。このようにヒップホップの全体像を映し出した作品が、外部の者たちによって製作されたという事実は、喜ばしいが寂しさも残る（なお、ボストン・グローブ紙は、同映画のレヴューの中で、ラッパーを「ラップ・トーカー」と記している）。同じく1983年に公開されたドキュメンタリー映画『Style Wars』や、翌1984年に公開された『ブレイクダンス（Breakin'）』も、グラフィティやブレイクダンスというアートを一般に紹介している。

エイハーンは、自分が傍観者であることを認めており、『ビート・ストリート』の製作者も、ヒップホップの積極的な参加者ではなかった。彼らは外部からシーンを覗き込み、できる限りヒップホップに近いものを作っていたのである。

「ヒップホップのことは知っていたが、大した知識はなかった」とベラフォンテは1984年、AP通信に語っている。ヒップホップ・ファンは、自分の知る奥の深いカルチャーを商業化したものとして、『ビート・ストリート』を懐疑的に受け入れていた。しかし、『ワイルド・スタイル』と『ビート・ストリート』がヒップホップを取り上げたことにより、ヒップホップの認知度が高まった。どちらも、ブロンクスを越えてヒップホップが普及するには、不可欠な作品だったのだ。

『ビート・ストリート』公開後も活動していたアス・ガールズだが、ほどなくして解散した。当時、ラップは儲かる職業ではなかったため、リサ・リーも次第に離れていった。「あの頃は儲からなかったからね。私たちは若すぎたし、始めるのが早すぎた」と彼女は語る。「私たちの誰も、真剣にはやっていなかったと思う。本気で頑張っておけば良かったって思うけどね。それでも、ごく初期のシーンに関われたことをとても嬉しく思っている」。

The Sequence

ザ・シークエンス

◆ ◆ ◆

NEVER FORGET（功績）：
ドクター・ドレーが1995年にリリースした「Keep Their Heads Ringin'」の中で挿入されているメロディは、ザ・シークエンスがオリジナルだ。

WHO THEY ARE（略歴）：
ザ・シークエンスのメンバー3人（アンジェラ・"アンジー・B"・ストーン、グウェンドリン・"ブロンディ"・チザム、シェリル・"ザ・パール"・クック）は、サウスカロライナ州コロンビア出身。教会で一緒に歌い、高校のチアリーディング・チームに所属していた。シュガー・ヒル・レコードと契約を結ぶと、女性ラップ・アーティストとして初めてのフィジカル・レコードをリリース。『Sugar Hill Presents the Sequence』（1980年）、『The Sequence』（1982年）、『The Sequence Party』（1983年）と、アルバムも3枚リリースした。

LISTEN（必聴トラック）：
ザ・シークエンス最大のヒットとなった「Funk You Up」は、スナップ＆バウンスのリズムでディスコやスケートリンクを最高に盛り上げる。正真正銘のパーティ・ジャムだ。

◆ ◆ ◆

『ワン・オン・ワン　ファイナル・ゲーム（Love and Basketball）』で私が好きなシーンは、ラヴとは何の関係もなく、バスケットボールと少し関係がある。映画の第2幕で、オマー・エップスが演じる主人公のクインシー・マッコールが、クレンショー・ハイスクールのバスケットボール・チームで大活躍するシーン。ホームチームのチアリーダーは「U-G-L-Y……アリバイもなし。酷い顔、ブサイクなその顔」とチャントを始める。相手チームのチアリーダーも、「M-A-M-A。あんたがそんな酷い顔になったか知ってるよ。あんたのママ、あんたのママのせい」と、同じように失礼なチャントを返す。子どもの頃に遊び場でよく聞いたような台詞だ。この項の主役、ザ・シークエンスとは何の関係もなさそうなシーンだが……。

　実はザ・シークエンスの3人、C.A.ジョンソン・ハイスクール時代にチアリーダーをしていたのだ。グループ最大のヒット「Funk You Up」は、高校時代にやっていたチアをベースにしている。「We're gonna blow / you / right on out / We're gonna blow you right on out（あんたたちを／思いっきり／吹っ飛ばしてあげる／思いっきり負かしてあげる）」というコーラスだ。ラップからチアリーディングを思い浮かべる人は少ないだろう。しかし、ザ・シークエンスは自ら生み出した「歌うようなラップ・スタイル」の基礎が、チアリーディングにあると考えていた。

　1979年にシルヴィア・ロビンソンが主宰するシュガー・ヒル・レコードからリリースされた「Funk You Up」は、女性ラップ・アクトによって初めてレコーディングされた楽曲だ。ファットバック・バンドの「King Tim III (Personality Jock)」（ラップの楽曲としては初のフィジカル・レコード）、シュガーヒル・ギャングの「Rapper's Delight」（12インチ・シングルには15分という長尺のミックスも収録）という、全米にラップの概念を紹介した2曲に次いでリリースされた。

ボストン・グローブ紙は1980年5月、「『ラップ・レコード』もしくは『ラッピング・トゥ・ザ・ビート』として知られるハウス・パーティのR&Bスタイル」について触れ、「現在、50枚の『ラップ・レコード』が流通しており、ハウス・パーティのダンサーたちは、人々がラップする声やリズミカルな動きに合わせてヒップホップを踊っている」と記している。

80年代に入ると、ラップは趣味よりも職業としての性格を帯びるようになり、資本主義のシグナルが一斉に鳴り響き始めた。ここでロビンソン（「Pillow Talk」のヒットを持つ元ソウル・シンガーで、ヒップホップ・レコードの黎明期における親玉とも言える）は、シュガーヒル・ギャングを結成。なお、メンバーのヘンリー・"ビッグ・バンク・ハンク"・ジャクソンは、グランドマスター・キャズのライムを盗み、「Rapper's Delight」をラップしたことで知られている。ロビンソンは、ボーイ・バンドのようにシュガーヒル・ギャングを作った。このグループが反映していたのは、鮮烈な才能ではなく、ヒップホップの可能性だ。遊びでラップを始めたブロンクスのブラック・キッズは、自分たちのスタイルが複製できて金になること、全国的に認められる可能性があることに気づいたのだった。

「ハンクたちがシュガーヒル・ギャングとしてレコードを出すと、『皆がヒップホップの新たな方向性に気づき始めた』」と、メルセデス・レディーズのRDスマイリーは語っている。ザ・シークエンスは、ラップをレコードでリリースするという新時代を始めたグループの第一波となった。ヒップホップ事情に通ずる者たちが、カルチャー（MC、DJ、グラフィティ、ブレイクダンスの4要素）とラップ・ビジネス（商品）を区別し始めたのもこの頃である。

「Funk You Up」の伝説は続く。1995年、N.W.Aのメンバー／プロデューサーのドクター・ドレーが、シングル「Keep Their Heads Ringin'」のフックにザ・シークエンスの「ring-da-ding, ding-ding-don」を借用した。ドクター・ドレーの催眠的な同曲は、元N.W.Aの盟友アイス・キューブの出世作となった映画『フライデー（Friday）』（1995年）のサウンドトラックに収録された。

手作りのカセットテープや口コミに加えて、レコードの出現により、ラップが発祥地ブロンクスを越え、ザ・シークエンスの住んでいたサウスカロライナ州のような地域にも簡単に届くようになった。ザ・シークエンスは、サウスカロライナ州でラップを初めて聴き、ラップを始めた。「『King Tim III』を聴いた時は、大興奮だった」とチザムはローリング・ストーン誌に語っている。「それから（シュガーヒル・）ギャングを聴いて、『私たちにもできる！』って思った。チアリーディングも、ラップしているようなものだから」。

ザ・シークエンスは、1979年初頭にレコード契約を獲得した。シュガーヒル・ギャングがサウスカロライナ州のタウンシップ・オーディトリアムにやって来た際に、オーディションしてほしいと押しかけたのだ。シュガーヒルのクルーの助けを借りて楽屋に入った3人は、シルヴィア・ロビンソンの前でラップを披露し、その場でシュガー・ヒル・レコードの契約を勝ち取った。「ブロンディ、アンジー・B、シェリルが、シュガーヒル・ギャング・バンドの奏でるシャッフル・ブギ・ビートに合わせてラップしている。ラップは男性だけのものではないのだ」とボストン・グローブ紙は1980年に記している。ザ・シークエンス自身は、威勢の良いファンクのリズムが跳ねるレコードを通じて、ラップに歌とメロディをもたらしたことが、自分たちの功績だと考えている。

TLCやトニ・ブラクストン、プリンス（音楽業界の契約を奴隷制に喩え、死ぬまで自分の音楽と著作権を守り続けた）といったアーティストの恐ろしい話が周知されたことで、その後アーティストは、不利な契約を避けるために最善を尽くすことを学んだ。ザ・シークエンスの問題は、シュガー・ヒル・レコードとシルヴィア・ロビンソンから得る報酬が少なかった点だ。ビジネスについて学べば学ぶほど、3人はレコード業界がいかがわしい商売だということに気づいた。他のジャンルと同様、女性ラッパーは金銭的な面だけでなく、アーティストとしてのイメージを他者にコントロールされるという、二重の搾取を受けていた。また、初期のアーティストは、損害を取り戻せないことも多かった。シュガーヒル・ギャングやファンキー・フォー・プラス・ワンなどのグル

AS WITH OTHER GENRES, WOMEN RAPPERS FACED BEING EXPLOITED TWICE OVER, BOTH FINANCIALLY AND THROUGH OTHERS' CONTROLLING THEIR ARTISTIC IMAGE.

他のジャンルと同様、女性ラッパーは金銭的な面だけでなく、
アーティストとしてのイメージを他者にコントロールされるという、
二重の搾取を受けていた。

ープと何年もレコーディングやツアーを行ったというのに、ザ・シークエンスが手にした報酬はごくわずかだった。

　チザムは「Funk You Up」について、ローリング・ストーン誌にこう語っている。「懸命に働いても、こっちは食べるのがやっと。生活費にも困るほどなのに、自分が作ったもので何百万ドルも稼いでいる人たちがいるのを知ると、辛い気持ちになる」。

　紆余曲折はあったが、ザ・シークエンスは3枚のアルバムをリリースし、ラップというジャンルで正式にアーティストと認められた、ごく初期のラッパーに数えられている。金銭的な報酬には敵わないだろうが、これも素晴らしい功績だ。グループ解散後、アンジー・ストーンはR&Bグループ、ヴァーティカル・ホールドを経て、ソロ活動を開始。「No More Rain」といったネオソウルの名曲を歌うアンジーが、ラップのごく初期に成功を収めたラップ・グループのアンジーだったことを知らないR&Bファンも多かった。

FACTOIDS
トリヴィア・コーナー

◆ ◆ ◆

LL・クール・Jの大ヒット曲「Doin' It」（1995年）でフックに登場する声の主はLashaun（ラショーン）。ラッパーとして活動後、プロの写真家に転向した。

◆ ◆ ◆

かつてミッシー・エリオットのレーベル、ゴールドマインドと契約していたSharaya J.（シャレイヤ・J）は、クリプトナイトのようなプッシーについて語った「Green Light」という曲をリリースしている。

◆ ◆ ◆

2007年、エゴ・トリップは『Ego Trip's Miss Rap Supreme』というコンテスト番組をVH1で放映した。Reece Steele（リース・スティール）が優勝した。「R.E.S.P.E. Respect me. (R.E.S.P.E. 私をリスペクトして)」というクラシックなライムをKhia（キア）が初披露したのも、この番組である。

◆ ◆ ◆

同郷の先輩となるTrina（トリーナ）と同じように、Young Miami（ヤング・マイアミ）とJTからなるCITY GIRLS（シティ・ガールズ）は、肉体的・物質的な快楽を追求する一方で、それを邪魔する男性を叩きのめす。2人の言葉を借りれば、「Don't nothin' but this cash make this pussy talk. （このプッシーを喋らせるのは現金だけ！）」なのだ。

◆ ◆ ◆

コンプトン出身のShaunta（ショーンタ）は、ティンバランドのシングル「Luv 2 Luv You」でのヴァースや、Da Brat（ダ・ブラット）をフィーチャーしたBrandy（ブランディ）の「U Don't Know Me (Remix)」へのカメオ出演で知られている。

◆ ◆ ◆

『クレイジー・リッチ！（Crazy Rich Asians）』や『フェアウェル（The Farewell）』といったヒット映画でハリウッドに進出したAwkwafina（オークワフィナ）だが、キャリアの原点はラッパーだ。「NYC Bitche$」では、「New York City bitch, that's where I come from, not where I moved to / On Mom and Dad's trust fund （ニューヨーク・シティ・ビッチ、そこが私の出身地、ママとパパの潤沢な資金で、ここに引っ越してきたワケじゃない）」とラップしている。

◆ ◆ ◆

Cheeky Black（チーキー・ブラック）は、90年代初頭から活動するニューオーリンズのバウンス・シーンのパイオニア／レジェンドで、数少ない女性ラッパーの1人。

◆ ◆ ◆

二股について語った「For Everybody」がネット上で大きな話題になると、Kash Doll（キャッシュ・ドール）はリパブリック・レコードからデビュー・アルバム『Stacked』をドロップした。

SWEET TEE
スウィート・ティー

スウィート・ティーには、リリースせずに終わった自分史上最高の曲がある。

ロンドンに行った時の話。当時（1986年）って、他の人は何してるのかなって感じで、いろんな人の音楽を聴きまくっていた。ソウル・II・ソウルっていうグループのテープ（「Back to Life (However Do You Want Me)」）があって、レコードが出る前にたまたま手に入れたの。リムジンの中でテープをかけてみたら、「However do you want me（あなたの望むままに）/ However do you need me.（あなたの心のままに）」って聞こえてきて、「わあ、このレコード、何？」って思った。リムジンの中から、「ハービー、スタジオの時間、取ってくれない？」って、ニューヨークに国際電話をかけたんだけど、あれは一番高くついた電話だった。

当時はレコード探しがとにかく重要だった。DJの家に行ったり、親のレコードを漁ったりして、自分がライムしたいと思うループや、ホットなサウンドを見つけていた。父は四六時中レコードをかけていて、家では昼夜を問わず、いつも音楽がかかっていた。アパートを出ても、ステレオは流しっぱなしだったし。私の場合は、ハービーがレコードを探して、「これでライムしてくれ」って、私のところにビートを持って来

るか、私がハービーにビートを持って行って、「これやりたいんだけど」って話していた。計画性はなかった。コールド・クラッシュ・ブラザーズみたいなグループにしても、（最初は）レコーディングなんて考えてもいなかった。ビジネスやジャンルになるなんて、思っていなかったからね。ラップのレコードは、始まったばかりだったし。

あの時、デビュー前だったチェンジング・フェイセズのシャリースと、シンガーがもう2人、スタジオに来てくれた。まず私たちは、（「Back to Life」を）スロー再生して、何て言っているかを聞き取った。シャリース、カサンドラ、カディージャが全部歌い直して、私がライムをつけた。「Yes, it's time to get soul to soul（魂を通わせる時が来た）

◆◆◆◆◆◆◆◆◆◆◆◆◆◆◆◆◆◆◆◆◆◆◆◆◆◆◆

NEVER FORGET（功績）：
プロファイル・レコードが1987年にリリースしたコンピレーション・アルバム『Christmas Rap』用に、華やいだクリスマス・ソング「Let the Jingle Bells Rock」をレコーディングした。

WHO SHE IS（略歴）：
スウィート・ティー（トイ・ジャクソン）は、1980年代にDJのデイヴィー・DMXの「One for the Treble」でラップし、そのキャリアをスタート。一時はグラマラス・ガールズに在籍し、プロファイル・レコードとの契約の下、プロデューサーのハービー・"ラヴ・バグ"・エイゾーと仕事をしていた。「Why Did It Have to Be Me」、「On the Smooth Tip」（ミュージック・ヴィデオの中で、お尻に自分の名前をスプレー・ペイントしたカスタマイズ・ジーンズを穿いている）など、数枚のシングルをリリースした後、短期間ではあるがデフ・ジャムと契約していた。

LISTEN（必聴トラック）：
スウィート・ティーは、DJジャジー・ジョイスをフィーチャーした1986年のデビュー・シングル「It's My Beat」で、ファンキーなビートに乗りながら、「having people stomping to my beat（私のビートで皆が足を踏み鳴らす）」とスリック・リック調にラップしている。

◆◆◆◆◆◆◆◆◆◆◆◆◆◆◆◆◆◆◆◆◆◆◆◆◆◆◆

／ Forget cee-lo, Sweet Tee is on a roll.（ギャンブルなんて忘れて、スウィート・ティーは絶好調）」ってレコーディングして、最高に気分がアガった。この曲をコーリー・ロビンス（プロファイル・レコードの創始者）に持って行ったんだけど、何て言われたと思う？「人が歌ってる曲の上でライムしちゃダメだろ。これはなしだ」だって。

　DJレッド・アラートがラジオで何度かかけてくれたけれど、（レーベルは）レコードをプレスしてくれなかった。コーリーはヴィジョンを理解していなかったから、もちろん（他のラッパーが）先にやってしまった。ロンドンからあのテープをニューヨークに持ち帰った時、私は最高のサウンドシステムを備えたラングラーのトラックを持っていた。あの曲をかけながら車に乗っていると、道行く人に呼び止められて、「それは何のレコード？」ってよく訊かれていた。「ロンドンで買ってきた曲」って、私は答えていた。

　私はまだ、1/4インチ・リールのテープで自分のレコーディングを持っている。レッド・アラートがまだ持っているかは分からない。でも、（1992年に）シスターズ・ネーム・オブ・ラップ・コンサートで、あの曲をパフォーマンスした。もう1回、ステージで披露する機会があったけれど、あのレコードを聴くたび、嬉しくなると同時に、胸を突き刺されたような気分になる。

ROXANNE SHANTÉ

ロクサーヌ・シャンテ

◆ ◆ ◆

NEVER FORGET（功績）:
ソロの女性ラッパーとして、初めてヒットを記録。

WHO SHE IS（略歴）:
ロクサーヌ・シャンテ（ロリータ・シャンテ・グッデン）は、8歳でラップを始めた。ゲーム番組『ハリウッド・スクエア（Hollywood Squares）』に出ていたコメディアンのニプシー・ラッセルのライムを真似たのがきっかけだ。シャンテは、数多のアンサーソングをインスパイアしたバトル・ラップ・ソング「Roxanne's Revenge」で伝説を作り、14歳にして「ヒップホップのゴッドマザー」の称号を獲得。『Bad Sister』（1989年）と『The Bitch Is Back』（1992年）という、2枚のアルバムをリリースした。

LISTEN（必聴トラック）:
シャンテは、フレッシュな1ヴァースのフリースタイル「Gotta Get Paid」で、アルバム『Bad Sister』を締めくくっている。彼女は同曲の中で、オフビートでラップしていることを認め、「I'm letting you know（言っとくけど私）/ I'm doing this off head.（アドリブでラップしてるから）」と語っている。

◆ ◆ ◆

1984年から1985年にかけて、ラップ界では戦いが繰り広げられていた。ワシントン・ポスト紙が「ネオフェミニストの転換点」と形容した「ロクサーヌ戦争」である。ただし、これはレコード上のみの戦争だった。きっかけとなったのは、フーディーニ（「Freaks Come Out at Night」で知られる）のバックダンサーによって結成されたUTFOの「Roxanne, Roxanne」だ。R&Bグループのフル・フォースがプロデュースした同曲は、大ヒットを記録したが、これが伝説のクラシックになったのは、ロクサーヌ・シャンテのおかげである。

「Roxanne, Roxanne」の主人公は、架空の若い女性（名前はロクサーヌ）で、UTFOのナンパをにべもなく拒絶する。「Baby, don't you know, I can sing, rap, dance in just one show（ベイビー、知らないの、俺はひとつのショウで歌、ラップ、ダンスができるって）」とカンゴール・キッドはラップする。UTFOのメンバー3人は、それぞれロクサーヌを口説こうとするが、失敗に終わる。

当時はロリータ・グッデンという本名で活動していたロクサーヌ・シャンテは、この曲に応え、UTFOの欠点をあげつらう5分間のディス・トラックを作った——これが「Roxanne's Revenge」として知られるようになる。「You thought you was cute, year, you thought you was a prince（自分のこと、キュートだと思ってたんでしょ、プリンスだと思ってたんでしょ）」とシャンテはラップしている。それはまるで、絵画の中の女性が額から飛び出して、現実になったかのようだった。バトル・ラップの名手として地元で名を馳せていたシャンテだが、まだステージ・ネームを持っていなかった。「バトルでは、30〜40分ラップし続けていたから、4分なんて楽勝だった」と彼女は2018年、ビルボード誌に語っている。「ストーリーラインに忠実でいたら、私は翌朝、『ロクサーヌ』になっていた」。

男性ラップ・グループを非難するディス・トラックで歴史を作るというだけでも、十分に野心的な行動だったが、最も鮮烈な印象を

残したのは、シャンテが14歳でこれをやってのけたという点だ。ニューヨークのクイーンズブリッジ団地に住んでいた少女は、ラップがテレビで放映される前、女性ラッパーが世界的に認められる前に、真っ先に口コミでセンセーションを巻き起こしたのだ。

それは1度だけのやり取りではなかった。MCやアマチュア・ラッパーは「Roxanne's Revenge」に刺激され、スパーキー・Dの「Sparky's Turn (Roxanne, You're Through)」やクラッシュ・グルーヴの「Yo My Little Sister (Roxanne's Brothers)」など、シャンテを攻撃するさまざまなディス・レコードが作られた。子どもを自称するタンガニーカというアーティストまでが、「I'm Little Roxanne」という曲でロクサーヌを標的にした。

アイシャ・ボームがリトル・アイスというニックネームで「Ice Roxanne」を45回転レコードに録音したのは、15歳だった1985年のこと。ブルックリンの自宅で詩を書いていた彼女は、ラップにはあまり興味がなかったが、ブロンクスに住む年上のいとこに頼まれて、ロクサーヌ・シャンテという少女についてのディス・ソングをレコーディングしたのだった。

「あれはすごくエキサイティングだった」とボームは振り返る。「『ああ、この娘はちょっとした自慢屋なんだ』って思った。『Ice Roxanne』ってタイトルにしたのは、あんたをアイスしてやる（殺してやる）、ここから出ていきな……って感じの曲だったから。今聴いてみると、すごく子どもじみてるけどね。笑っちゃう」（ボームはその後、ポイズン・ポッセという女性ラップ・グループのメンバーとなった）。「あの時代を生きて、彼女の名前を聞いて、彼女とバトルしたい人が、若い女性だけじゃなく男性も大勢いたことを考えると、あれに対処できた彼女は、若くても強い子だったはず」。

当初は「Roxanne Speaks Out」というタイトルだった「Roxanne's Revenge」は、使用許諾の問題のため、別のビートで再レコーディングされた。1984年にミスター・マジックの人気ラジオ番組『Rap Attack』で初オンエアされた後、同曲はポップ・アート・レコードからリリースされた。UTFOはさらなるアンサー・ソングで応戦したが、「リアル・ロクサーヌ」というラッパー

をフィーチャーしていたため、事態はさらに混乱した。UTFOは、ロクサーヌ役のオーディションまで行って、「オリジナル・ロクサーヌ」（エリース・ジャック）と「リアル・ロクサーヌ」（ジョアンヌ・マルティネス）という2人の女性を採用。なお、マルティネスはUTFOがロクサーヌ・シャンテに宛てたアンサーソングでラップしていないが、リアル・ロクサーヌ名義で「Bang Zoom, Let's Go Go」などの曲をレコーディングし続けた。

「ロクサーヌ」のディスをリアルタイムで公に記録した者はいないが、ウィキペディアには「Roxanne Wars」のページがある。また、2013年に公開されたWordPressのブログには、既知のアンサーソング約30曲（カセットテープやレコードでしか入手できない曲もある）が紹介されている。

1980年代、同様のアンサーソング（人気のシングルに便乗したディス・ソング）が流行り、主にマーケティングの目的で利用された。例えば、グラマー・ガールズの「Oh! Veronica」は、バッド・ボーイズのシングル「Veronica」（1985年）のアンサーソングだ。また、ソルト・ン・ペパのデビュー・シングル「The Show Stoppa」（当時のグループ名はスーパー・ネイチャー）は、ダグ・E・フレッシュの「The Show」（1985年）に応える内容だった。

こうした曲は、個人的な確執に基づいたものではないが、リアルでも演出でも、ヒップホップにおける「ビーフ」という概念は、優れたディス・トラックなしには成り立たなくなった。「Roxanne's Revenge」は、バトルというアートをフィジカルなレコードに転送したのである。「Roxanne's Revenge」や、ブギ・ダウン・プロダクションズの「The Bridge Is Over」（クイーンズとブロンクスのラッパーたちが、ディス・レコードを出し合った「ブリッジ戦争」の1曲）、ナズの「Ether」なしでは、ラップの世界など考えられない。こうしたディス・トラックは、本領を発揮すると、ヒップホップにおけるプロフェッショナルなビーフとして機能する。個人的な確執を、害のないエンターテインメントとして解決する手段となるのだ。

EVEN FOR A SEASONED MC, BATTLE RAPPING IS ONE OF THE HARDEST SPORTS TO MASTER. IN THEORY, ANYONE CAN RAP, BUT NOT EVERYONE CAN FREESTYLE.

ヴェテランのMCでも、バトル・ラップをマスターするのは極めて難しい。
理論上は、誰でもラップができるが、
フリースタイルは誰にてもできるものではない。

ヴェテランのMCでも、バトル・ラップをマスターするのは極めて難しい。理論上は、誰でもラップができるが、フリースタイルは誰にでもできるものではない（今すぐ即興でラップしてみてほしい。どれだけ難しいか分かるだろう）。

最高のフリースタイル・バトルは、簡潔さ、コメディ的要素、スキルを組み合わせて相手を怒らせることを目的としている。パンチラインや侮辱が見事にハマると、観客や参加者から歓声や悲鳴があがり、バトルならではのアドレナリンがほとばしる（エミネムの映画『8 Mile』がヒットしたのには、理由があるのだ）。

ロクサーヌは10代にして、ストリートのバトルでこれを繰り返していた。また彼女は、ライムを書き留めることもなければ、暗記することもなかった。「30年経ったけれど、同じショウを2回やったことはない」と彼女は2018年、ピッチフォーク（ウェブサイト）に語っている。

「Roxanne's Revenge」の前、シャンテはクイーンズブリッジであらゆるMCとバトルし、生計を立てていた。彼女が住んでいたクイーンズブリッジ団地は、ナズやモブ・ディープ、マーリー・マール（アパートの窓からいつもラジカセで音楽をかけていた著名なDJ／プロデューサー）など、ラップ界の伝説的な人物を輩出した公営住宅だ。マーリー・マールは、住んでいた棟の近くでシャンテを見かけた。シャンテの評判を知っていた彼は、UTFOに対するアンサーソングをレコーディングしたいと声をかけた。報酬は、セルジオ・ヴァレンテのジーンズ。マーリー・マールが同社の工場で働いていたから

だ。

伝説によれば、マーリー・マールは、マネージャーのタイロン・"フライ・タイ"・ウィリアムズと結託し、ショウをすっぽかしたUTFOに仕返しするために、シャンテを仲介に使おうとしたと言われている。シャンテも、このチャンスを上手に利用した。アンサーソングをレコーディングすることで、彼女はUTFOのレコードに登場する架空の女性をリアルにしたのだ。こうして彼女は、自分について語られているわけではない曲を自分のものにした。また、その後のアンサーソングは、全て彼女に向けたものとなった。

シャンテはさまざまなコンテストに出場した。中でも有名なのは、ビジー・ビーに敗れた1985年の『MC Battle for World Supremacy』だ。彼女はマーリー・マールのジュース・クルー・オールスターズに加入してツアーもした。しかし、デビュー・アルバム『Bad Sister』（1989年）をリリースするまでに4年の歳月を要したため、あまりにも長いギャップを作ってしまった。アルバムはアップビートなダンス・トラックがメインで、バトル・ラップというシャンテのルーツが埋もれてしまった。レコード会社は、シャンテの長所を生かすのではなく、スターのイメージにはめ込もうとしたのだ（そのため、セカンド・アルバム『The Bitch Is Back』はよりアグレッシヴになった）。ラジオ・ヒットを出していたというのに、彼女はラップでほとんどお金を得られず、出版権について何も知らなかった。印税をもらったのは、全盛期をとっくに過ぎてからだったという。頭の良いシャンテだったが、まだ10代でビジネスを熟知している

"

戦争の勝者が歴史を記す。シャンテはラップ界が生んだ想定外のチャンピオンを自認しており、自分がきっかけでたくさんのバトルMCが生まれたと考えている。彼女がこうして自分を顧みられるだけでも、素晴らしいことだ。

"

わけではなかった。あまりに若くして業界に入った代償を払っていたのである。

1990年、著名なヒップホップ写真家、アーニー・パニッチョーリは、シャンテのヴィデオ・インタヴューを撮影した。これはワード・アップ！誌が企画した『Best of Word Up! Video Magazine』シリーズ用の撮影で、シャンテの他にもアイス・T、KRS・ワン、クイーン・ラティファ、パブリック・エネミー、MCライトなどのラッパーが取材されていた。パニッチョーリは、ニュージャージー州ニューアークにあるシャンテの自宅を訪ねた。部屋に貼られたポスターやハート型の電話が印象的だったという。インタヴュー（YouTubeで視聴可能）は、クマのぬいぐるみ2匹と一緒にベッドに座っているシャンテのショットから始まる。彼女の髪は後ろに撫でつけられており、明るいピンクの部屋の中で、金歯が光っている。4年のあいだに、彼女の人生は映画のような展開を見せた。「彼女はあの頃からすごくディープだった。あらゆるものを読んで、あらゆるものを聴いていた。ティーンエイジャーと一緒にいるだけじゃなく、年長者の話を聞くのも好きだった」とパニッチョーリは語っている。「あのヴィデオを撮影していて、彼女がディープな人生を送り、とてつもないことを乗り越えてきたって初めて気づかされたよ」。

彼女の人生の一部は、実際に撮影されていた。マーリー・マールが、VHSテープに「Roxanne's Revenge」のメイキング映像を収録していたのだ。YouTubeでは、そのパフォーマンスを見ることができる。華やかなセーターを着たポニーテールのシャンテが、5分連続でマイクに向かってラップしている動画だ。2017年にNetflixで伝記映画『ロクサーヌ、ロクサーヌ（Roxanne Roxanne）』が配信されると、この動画の再生回数が一気に伸びた。「Netflixの前に、彼女を知っていた人は？」というコメントも残っている。ヒップホップ誕生から45年を経て、初めて広く公開された女性MCの伝記映画。それがシャンテの物語だった。

他の伝記映画（当然ながらプロパガンダも含まれている）は、既に伝説として認められている者が伝説になる過程に重点を置いている。一方、『ロクサーヌ、ロクサーヌ』は、14歳でラッパーとなり、16歳で母親となり、最初の子どもの父親となった年上男性（オスカー受賞者のマハーシャラ・アリが演じている）との虐待的な関係を乗り越えた天才として、シャンテを描いている。ニア・ロングがシャンテの母親を演じたこの作品は大絶賛を浴び、新たな世代の音楽ファンを教育した。「彼女のことは知っていたけれど、Netflixの映画を観て……彼女のことをより理解できたし、彼女のことがもっと好きになった」とニューヨークのラッパー、ヤング・M.Aは語っている。「私も地元で男子とちょっとしたサイファーをやっていたからね。ガチでラップできたから、敵なし状態だった。だから（彼女の話を見た時）、『わあ、ヤバい、私と全く同じ！』って思った」。

この映画のエグゼクティヴ・プロデューサーを務めたシャンテは、自分がスター（名ばかりのスターだったが）になる様子をスクリーンで目の当たりにした。「スターだとか、そんな風には思っていなかった。金銭的な補償がなかったからだと思う……（映画は）自分が乗り越えてきたことを視覚化してくれたから、すごく癒された」と彼女はNPRに語っている。

なお、UTFOのカンゴール・キッドは、映画を作ったシャンテを誇りに思ったが、UTFOのような重要人物が映画の中で矮小化されていたことはあまり快く思っていなかった。「俺たちのシングルのことや、そこから起こった現象、全てのバトルのこと、ヒップホップで初めて起こったレコード上のビーフについて考えてみたら、当時の現場にいたヒップホップ歴史家としては、その場面が出てくるのを期待するだろう」と、彼は2018年にポッドキャストのインタヴューで、ラッパーのロード・ジャマーとラー・ディガに語っている。

しかし、自伝のメリットは、主人公と映画製作者がストーリーを執筆／修正し、しかるべき場所に事実を挿入し、本題から外れるものを削除できることだ。戦争の勝者が歴史を記す。シャンテはラップ界が生んだ想定外のチャンピオンを自認しており、自分がきっかけでたくさんのバトルMCが生まれたと考えている。彼女がこうして自分を顧みられるだけでも、素晴らしいことだ。

LADY B

レディ・B

レディ・Bは、ラジオでラップ・レコードをかけたヒップホップDJのパイオニア。「To the Beat Y'all」をレコーディングし、フィラデルフィアのラジオを代表する声となった彼女が、当時の思い出を語る。

ヒップホップにハマったきっかけは、キム・グレイヴズってフィラデルフィアのクラブ。そこでDJをしていたローレンス・レヴァンは、自分のミックスでブレイクビーツをかけていた。シュガーヒルがちょうど「Rapper's Delight」を出した頃で、あれがヒップホップだった。ラップって、「ラッピング」の前は「トースティング」って呼ばれていたの。私は遊び半分で始めただけ。キャリアにしようなんて思ってはいなかった。でも、クラブでやっていることをレコードにしてみないかって、(TECレコードのDr. ペリー・ジョンソンに)声をかけられた。

母と姉、ミミ・ブラウン(フィリーのラジオ・パーソナリティ)と一緒に、朝まで5×3インチのインデックス・カードにライムを書き出しては、皆でいろいろとカードをいじったり、動かしたりしながら、カードを貼り付けていた。当時はコンピューターなんてなかったんだから! フィリーの大物プロデューサー、ニック・マルティネリがダウンタウンに持っていたスタジオに行って、そこでレコーディングした。あの頃のヒップホップは(単純に)ハッピーだった。あのライムを書いたグラ

ンドマスター・キャズに訊いてみればいいけど、「Rapper's Delight」だって、何かテーマがあるわけじゃない。どれも大口を叩いて、楽しんでいるだけの曲だった。言葉に意味を持たせて、私たちで何かができるってことに、気づく前だったから。

ジャック・アンド・ジルについてのラインは、フィラデルフィア・セブンティクサーズのバスケットボール選手、ワールド・B・フリーが思いついた。(「I said Jack and Jill went up the hill (ジャックとジルが向かったのはヒル/丘) / To have a little fun (2人が求めていたのはファン/楽しみ) / But stupid Jill forgot the pill (でも間抜けなジルが忘れたのはピル) / And now they have a son. (こうして2人にできたのはサン/息子)」)。彼とは友達で、私がヒップホップに出会ったのは、彼のおかげなの。ニューヨークに行って、プロジェクトにも行って、(パーク・ジャムでは)大きなスピーカーを目の当たりにした。私は17歳で、女性であることの意味すら考えてもいなくて、まだ子どもだった。(ヒップホップは)自分にとってそこまでディープなものじゃなかった。ただ、私はワールドとインデックス・カードにライムをたくさん書き出していただけ。今でも「To the Beat Y'all」はあまり好きじゃない。ささっと作っただけの曲だからね。ギミックみたいな感じ。一発録りの曲だし。誤解しないでほしいんだけど、誇りには思っている。でも、ラジオでヒップホップというジャンルに貢献したことの方が、私にとっては大きな誇り。

ある日、副収入が欲しいなと思って、

ラジオ局に仕事をもらいに行ったら、ミュージック・ディレクター(のポジション)が空いていた。ミュージック・ディレクターの仕事は、(レコード会社の)プロモーション(部門)から音楽を受け取ること。ヒップホップの曲が回ってくるようになったから、ヒップホップをラジオでかけたい、ヒップホップに特化した番組がやりたいって、私は経営陣に頼み込んだ。ちょっと時間はかかったけど、最終的には向こうが折れて、WHAT 1340 AMで私のラジオ番組が始まった。あの年代は、私とミスター・マジックしかいなかった。プロファイル、エンジョイ、シュガー・ヒル、トミー・ボーイと、あらゆるレーベルの曲をかけた。私は4人きょうだいの末っ子で、常にステレオが大音量で鳴っている家で育ったから、ずっと音楽が大好きだった。R&Bやファンクに、ディオンヌ・ワーウィックやナンシー・ウィルソンみたいな定番と、何でも聴いていた。

(ラジオでは)たくさんの障害があったし、一歩も引かずに自分の言い分を主張しなきゃならないことも多かった。パブリック・エネミーの「Bring the Noise」をかけるためにも、戦わなきゃならなかった。オンエアさせてくれないなら、ここを辞めてやるって脅したくらい。すごく腹が立っていた。ビースティ・ボーイズはかけてもよかったから、(パブリック・エネミーに抵抗されることが)私には理解できなかった。あの曲には罵り言葉もなかったし、FCC(連邦通信委員会)の法律にも違反していなかったし。ブラック・メディア・コーリションにも連絡した。絶対に譲るもんかって、本気で思ってたから。

SPARKY D

スパーキー・D

◆ ◆ ◆

NEVER FORGET（功績）:
ロクサーヌ・シャンテの「Roxanne's Revenge」に対するディス・レコードで有名になった。

WHO SHE IS（略歴）:
スパーキー・D（ドリーン・C・ブロードナックス）は、ブルックリンのブラウンズヴィルで生まれ育ち、MCシャーロック、ペブリー・プー、ディンプルズ・Dといった初期のMCの影響を受けた。子どもの頃は、ブロードウェイ・ミュージカル『ウェスト・サイド物語（West Side Story）』に主演することを夢見ており、「20歳までにスターになれなければ、学校に行って医者になるって約束するから」と母に言っていたという。1988年にアルバム『This Is Sparky D's World』をリリース。80年代半ばに勃発したロクサーヌ・シャンテとのバトルは、女性MC同士が繰り広げた初のメジャーなラップ・ビーフとして歴史に刻まれている。

LISTEN（必聴トラック）:
スパーキー・Dは、1988年のシングル「Throwdown」で、ディスコビートに乗りながら、喧嘩上等なライムを聴かせてくれる。

◆ ◆ ◆

1984年12月31日。午前零時が近づく中、ヒップホップ・ラジオジョッキーとして名高いミスター・マジックが、1年を締めくくる曲のひとつとして、ロクサーヌ・シャンテの「Roxanne's Revenge」をWBLSで初オンエアした。スパーキー・Dは、母と住んでいたブルックリンのブラウンズヴィルにあるヴァン・ダイク公営住宅で、当時のボーイフレンドでラッパー／プロデューサーのスパイダー・Dと10ドルのシャンペンを飲み、大晦日を過ごしていた。スパイダー・Dが「不況の年」と振り返った最後の日。1985年はもっと明るい年にしたい、と2人は思っていた。

ロクサーヌ・シャンテを一躍スターにした「Roxanne's Revenge」に、スパイダー・Dのスパイディ・センスも反応した。「あれでちょっと酔いがさめた」と彼は回想する。「俺は（スパーキーを）見て、『この曲のアンサーソングを作ろう』って言ったんだ。翌日、スタジオは閉まっていたから、俺はうずうずしながら待っていた」。シャンテは商業的成功を収め、スパーキー・Dは王座を狙った。『「Well, my name is Roxanne, a-don't you know（私の名前はロクサーヌ、知んないの）／I just a-cold rock a party, and I do this show（クールにパーティを盛り上げて、このショウをやる）』とシャンテの歌詞を引用しながら、スパーキー・Dは当時を思い返す。「私たちはお互いに見つめ合って、『これは一体、何？』って思っていた」。

タイミングは完璧だった。Bガールとしてスタートしたスパーキー・Dは、プレイガールズというラップ・グループでの活動を終えたばかりだった。スパーキーがメンバーのシティ・スリムとモー・スキーに出会ったのは、ヴァン・ダイク団地の廊下だ。2人は『アーノルド坊やは人気者（Diff'rent Strokes）』のテーマ曲をラップしていた。3人はグループを結成すると、街に繰り出し、バトルを繰り広げた。「どこに行っても、プレイガールズは勝っていた」とスパーキーは語っている。

スパーキーのパートナーだったスパイダー・Dは、シングル「Smerphies Dance」をフィーチャーしたツアーで金を稼いでいた。なお、彼とカーティス・ブロウのマネージャーを務めていたのは、デフ・ジャム・レコーディングスを共同設立する前のラッセル・シモンズだ。スパイダー・Dは、1983年にブロウの紹介でプレイガールズと出会い、スートラ・レコードからリリースされたシングル「Our Picture of a Man」をプロデュースした。80年代のシンセと強力なベースをバックに、各メンバーはそれぞれ理想の男性像を語っている。しかし曲はヒットせず、前述の「不況の年」がやって来た。

スパイダー・Dは、シャンテに対するアンサーソン

ロクサーヌ・シャンテ対スパーキー・Dは、ラップ界で初めて勃発した女性MC同士の大きなビーフだ。2人はお互いに刺激し合い、バトルを楽しみ、ヒップホップにおけるバトルの位置づけを理解していた。仲の良い友達ではなかったが（スパーキー曰く、「私たち、全然友達じゃなかった」）、2人ともエンターテインメントのためにこのビーフを宣伝し、観客はこのビーフをヘビー級の試合のように扱い、マーケティングの一形態としてのビーフの前例を作った。「ブルックリンとクイーンズのように、区同士が対立するまでになった。彼女はクイーンズ出身で、私はブルックリン出身だったし、あの対立は本気だった」とスパーキー・Dは語っている。「私

> ## "
> ## ビーフの話題で、ラップ界の若い女性2人にスポットライトが当たり、2人はその実力と戦略的な競争によって、人々の好奇心を掻き立てることを証明してみせた。
> ## "

グ「Sparky's Turn (Roxanne, You're Through)」で、スパーキー・Dのリリックのほとんどを書いた。1月2日、クイーンズブリッジのパワー・プレイ・スタジオで同曲をレコーディング中、スパイダー・Dは「過剰なプロデュースはするな」というラッセル・シモンズのアドバイスを聞き入れ、ビートを控えめにした。ディスの対象のひとつは、シャンテの「奇妙な声」だ。

「声質という点では、スパーキーの方がラッパーとして優れていると思った。スパーキーの声は歯切れが良くて、澄んでいたからね」とスパイダーは語る。「彼女の言い回しは完璧だったけれど、ストリート風情もあった。この2つを併せ持つのは難しいんだ」。

のDJは98.7 Kissのクール・レッド・アラート、彼女のDJはWBLSのマーリー・マールだったから、ラジオ局のあいだでも摩擦が起こり始めた」。「君とロクサーヌはラリー・バードとマジック・ジョンソンのようになるべきだ。あの2人はバスケットボールで競い合うけれど、試合が終われば、一緒に酒を飲んでいる」と、スパーキーはミスター・マジックに言われたという。

シャンテとスパーキーが、そこまで親しくなることはなかった。それどころか、1985年5月には、ノースカロライナ州ローリーでバトルが勃発した。ロクサーヌ戦争の熱が落ち着き始めた頃、シャンテとスパーキーは「Round 1」というタイトルのEPをレコーディングし

た。1985年9月にリリースされた同EPには、2人のディス・トラックが収録されている。ジャケット写真は、ボクシングのグローブをはめて並ぶ2人の姿だ。どちらもお互いの顔ではなく、カメラを見つめている。「あの時は、『写真、撮りなよ。別に話さなくてもいいだろ。早く撮れ』って感じだった」とスパーキー・Dは語っている。「私たちはビジネスのために、やるべきことをやった。それは競争で、バトルで、戦うことのない戦いだった」。

スパイダー・Dは、ローリーでのバトルをベータマックスのテープに録画していた。その中には、スパーキーとシャンテがレコード店を訪れ、ファンが長蛇の列を作っている映像もある。「世間の反応は凄かった。ティーンエイジャーの女性MC2人だぞ。彼女たちがヘッドライナーだったんだ。他の出演者に大物はいなかった。あのバトルをめぐる興奮には、度肝を抜かれたよ」とスパイダー・Dは語っている。マネージャー、友人、レコード会社の幹部など、2人の近くにいた者たちが、喜んでビーフを煽り、けしかけた。その結果、ラップ界の若い女性2人にスポットライトが当たり、2人はその実力と戦略的な競争によって、人々の好奇心を掻き立てることを証明してみせた。「スパーキー対シャンテ。全てがこの偉大なライヴァル関係のためにお膳立てされていた。そしてここから、女性ラッパーに門戸が開いた」とスパイダー・Dは言う。「なぜああいったダイナミクスになったのかは分からない。誰もが2人を敵対させ続けようと、噂を流していたんだ」。

2人のバトルは、新たな常識の始まりとなった。シャンテが証明したように、今やビーフはラップ最大のセールスポイントのひとつだ。そもそもラップ業界には女性が少ないため、女性がビーフに絡むと、注目度はさらに高まる。リル・キム対フォクシー・ブラウン、キア対トリーナ、ニッキー・ミナージュ対リル・キム／レミー・マー／カーディ・B、アゼリア・バンクス。健全な競争は、ラップというスポーツにとっては喜ばしいことである。しかし、争いを一般化しがちな音楽業界の中では、女性にとってダメージも大きい。女性ラッパーが対立するのは、全てのラッパーが対立するからだ。人間という

ものは、時に気が合わないこともある。しかし、女性ラッパーが少ないせいで、女性同士のビーフとなると、業界によくある些末な出来事ではなく、一大事だと考えられてしまう。2018年にニッキー・ミナージュとカーディ・Bが対立した時、ミーゴスのクエイヴォは、2人と同時にコラボするとツイートし、『MotorSport』は現代のロクサーヌ対スパーキー・Dだ」と語った。

スパーキー・Dは、10年以上ものあいだ、薬物依存症と戦った後、安定した暮らしを手に入れた。彼女はシャンテとのバトルについて、苦しくも輝かしい人生の1ページだったと振り返っている。「ロクサーヌ・シャンテとスパーキー・Dは、ヒップホップに影響をもたらした。2人とも際立っていたし、『私たちにだってできる』って信じていたからね」。

Salt-N-Pepa

ソルト・ン・ペパ

◆ ◆ ◆

NEVER FORGET（功績）:
プラチナ・ディスク（100万枚以上のセールス）を獲得し、グラミー賞を受賞した初の女性ラッパー。

WHO THEY ARE（略歴）:
シェリル・ジェイムズ（ソルト）とサンドラ・デントン（ペパ）が出会ったのは、2人が通っていたクイーンズボロ・コミュニティ・カレッジ。大人しいシェリルと賑やかなサンドラは相性抜群で、生涯の親友となった。2人はまた、クイーンズにあるシアーズのコールセンターで一緒に働いていた。ここにはプロデューサーのハービー・エイゾーもおり、彼がデュオのソルト・ン・ペパを結成した。初代スピンデレラのDJラトーヤ・ハンソンが脱退すると、2代目のスピンデレラが加入し、3人組となった。1986年の『Hot, Cool & Vicious』から1997年『Brand New』まで、5枚のアルバムをリリースした。

LISTEN（必聴トラック）:
「I'll Take Your Man」でソルト・ン・ペパは、説得力のある脅しを重ねながら、「あなたの彼氏を奪ってやる」と凄んでいる。

◆ ◆ ◆

1993年に「Shoop」がリリースされた時、私が通っていた小学校の女子は、こぞってこの曲をラップし始めた。5年生だった私もリリックを暗記し、1人でもグループでも大きな声でライムしていた。クイーンズを走るスクールバスのカラオケ・セッション。女子児童の一団が、アカペラでライムする光景を想像してみてほしい。「You're packed and you're stacked!（最高にガチムチなその体）/ Especially in the back!（特にそのお尻！）/ Brother, wanna thank your mother for a butt like that!（ブラザー、そんなお尻に産んでくれたあなたのママに感謝！）」10歳の私でも、道行く男性から不快な視線を浴びる女性たちを目の当たりにしていたため、男女の立場を逆転させたこの曲が大胆であることは分かった。「Shoop」の意味が何であれ、誰もが「Shoop」したいと思っていた。

男女の立場を逆転させるというソルト・ン・ペパの手法は、1987年のシングル「Tramp」から始まった。元来は「尻軽な女性」に対して使われる言葉だが、同曲でのソルト・ン・ペパは「誰とでも寝る」と男たちを批判している。「たまたま、大半の男がトランプ（尻軽）ってだけ」とは彼女たちの弁だ。4年後の1991年、「Let's Talk About Sex」のミュージック・ヴィデオの中で、ソルト、ペパ、DJスピンデレラは、建設作業員の格好をして、路上で男性をからかい、性的な言葉をかけるキャットコーラーを演じている。グループにとって最大のヒットとなった1993年の「Shoop」でも、3人は同様の役を演じている。女性たちが「ストリート・ハラスメント」反対キャンペーンを始める20年も前の話だ。

こうした楽曲は、成人女性や中学生の少女のアンセムになったと同時に、ヒップホップ界の変化だけでなく、第三波フェミニズムへの移行をも反映していた。第三波フェミニズムは、女性の性的自由や、同一労働同一賃金などの権利を提唱していた。フェミニズムに対する市民の認識は、主に白人の空間で高まっていた。1991年に始まった「ライオット・ガール」というパンク・ムーヴメントは、女性が自分のセクシュアリティを堂々と認め、暴力の問題に立ち向かうことを謳った楽曲で盛り上がった。1992年は、歴史的な数の女性候補が公職に立候補して当選したことから「女性の年」と言わ

れ、1993年にはバスト誌が創刊。同じ頃、若い黒人女性たちも目覚めを経験していた。真のフェミニズム運動では、「人種差別と階級差別との闘い」が鍵になる、と主張する黒人フェミニスト活動家のおかげである。

不平等についてラップしようと決めた女性たちは、独特の難題に直面した。ラップというジャンルは、N.W.Aなど若い黒人男性の意見に主導されていた。彼らは人種差別や抑圧について語る一方で、同胞である黒人女性を見下していた。また、女性蔑視的な楽曲でも、若い女性すら惹きつける魅力に溢れていた。ソルト・ン・ペパは、楽曲の中でフェミニズムの枠組みを多用していたため、フェミニストと呼ばれていたが、彼女たちにとってそれは使命というよりも、自然な流れだった。

3人はそのレッテルを気に入っていたわけではないが、グループとしてはその理念に沿った活動をしていた。

ソルト・ン・ペパはセクシャルになることを恐れなかった。例えば、シングル「Push It」では、ビートのように激しく突いてほしいと男性に求めている。また、安全なセックスやHIVについて啓蒙し、ショウマンシップを推進し、『Yo! MTV Raps』世代に向けてヴィデオを制作してきた。なお、初期の作品の多くは、男性メンターの下で制作されている。メイン・プロデューサーを務めたハービー・エイゾーは、「女性の声を使って大衆にアピールする音楽を作る」という金銭的な目的を持っていたが、ソルト・ン・ペパの音楽は、「女性に強く訴えかける」というより大きな目的を果たし、グループの名刺代わりとなった。

「私たちは、男性にも大人気だった。セクシーだって思われていたからね。でも、女性ファンは私たちのことを真剣に受け止めてくれた」と、ペパは1994年、ワシントン・ポスト紙に語っている。「自分が10代の頃、ソルト・ン・ペパみたいに尊敬できる女性がいたらよかったのにって思う。自分が共感できる人に出会っていたら、いろんなことが変わっていたはず」。

シアーズ（デパート）のコールセンターでシェリル・ジェイムズ（ソルト）、サンドラ・デントン（ペパ）と一緒に働いていた頃のエイゾーは、マーティン・ローレンス（俳優／コメディアン）と2人組のグループを結成

する予定だった。「マーティンがラップできないから、この話はなくなって、俺とシェリルになった」とエイゾーは1997年、ローリング・ストーン誌に語っている。エイゾーは、自分とシェリルの肌の色にちなんで、ソルト・ン・ペパという名前を思いついた。最終的に同グループのメンバーとなったのは、シェリルとサンドラだ。どちらもラッパーの経験はない。2人ともヒップホップのファンではあったが、ラップを仕事にしようとは思っていなかった。

ジャマイカで生まれ、クイーンズで育ったペパは、ヒップホップのパーク・ジャムによく足を運んでいた。「とことん魅了されたし、畏敬の念を抱いていた。でも、マイクを触ろうとは思わなかった」と、ペパはローリング・ストーン誌に語っている。「ラップは書いていたけれど、ラップするなんて緊張するし、怖くて無理だった……『ちょっとラップしてみてくれよ』って言ってくれたのは、ハービーが初めてだった」。一方、ブルックリン生まれのソルトは、日常的に家族の前で歌や踊りを披露するような子どもだった。

第3のオリジナル・メンバー、DJスピンデレラことラトーヤ・ハンソンは、ファースト・アルバム『Hot, Cool & Vicious』（1986年）の後に脱退した（ペパの回顧録によれば、ラトーヤはリハーサルやショウをすっぽ

> 66
>
> **こうした楽曲は、成人女性や中学生の少女のアンセムになったと同時に、ヒップホップ界の変化だけでなく、第三波フェミニズムへの移行をも反映していた。**
>
> 99

かしていたという）。ブルックリン出身のダンサー、デイドラ・ローパーがオーディションで選ばれ、新スピンデレラとなった。

ソルト・ン・ペパはトリオになる前、スーパー・ネイチャー名義で「The Show Stoppa」というファースト・シングルをリリースしている。これは、ダグ・E・フレッシュとスリック・リックがリリースした「The Show」のアンサーソングで、後にソルトは「クイーンズからやって来た無名の女子2人にしては、大胆な一手だった」と、ローリング・ストーン誌に語っている。この曲で、エイゾーは「Roxanne's Revenge」時代のアンサーソング人気に便乗しようとしていた。恐れ知らずな同曲がラジオでもオンエアを重ねると、ライヴの出演依頼が増え、ソルト・ン・ペパのキャリアがスタートした。

ソルト・ン・ペパがデビュー・アルバムをリリースした1986年には、「女性をビッチと呼ぶのをやめな」と男性に促す「U.N.I.T.Y」のような曲は、まだ存在していなかった。MCライトもまだ「ラフネック（タフな男）が欲しい」とはラップしておらず、クイーン・ラティファもまだプリンセスだった時代である。男性を非難することに関して、最初にマーケットを席巻したのは、ソルト・ン・ペパだ。しかも彼女たちは、それをクールにこなしていた。

パブリック・エネミーが『It Takes a Nation of Millions to Hold Us Back』（1988年）と『Fear of a Black Planet』（1990年）という2枚の名盤をリリースする合間に、ソルト・ン・ペパはサード・アルバム『Blacks' Magic』（1990年）をリリースした。歯に衣着せず、黒人であることを讃える楽曲が満載のファンク・アルバムだ。例えば「Negro Wit' An Ego」では、「not a militant but equivalent to an activist（武闘派じゃないけど、活動家みたいなもの）」とラップしている。また、「Let's Talk About Sex」のように、楽しみながら学べるアップビートなアンサムも収録されている。今聴いてみると、ビートやライム・スキームには古さを感じるものが多いが、フェミニストを推進するこのラップこそが、ソルト・ン・ペパ版の「コンシャス・ラップ」（政治的なヒップホップ）だった。しかし、ソルト・ン・ペパは、

パブリック・エネミーのように、政治的だと評価されることはなかった。

パブリック・エネミーは、「Fuck the Police」、「911 Is a Joke」など、権力に対して忖度のないアンセムを連発し、同世代のブラック・アメリカンに大きな影響力を持つサブジャンルを確立した。コンシャス・ヒップホップは、彼らのようなラッパーが社会的・政治的な対立を描くために掲げる旗印だった。しかし、これは主に黒人男性のためのサブジャンルで、必ずしもジェンダーに言及する必要はなく、彼らは黒人であることについてラップしていた。なお、モス・デフのようにコンシャスというレッテルを公然と嫌うラッパーもいた。とはいえ、コンシャス・ヒップホップはKRS・ワン、コモン、モス・デフ、タリブ・クウェリといったアーティストの活躍により、メインストリームで成功を収めることとなる。

ヒップホップにスタイリストなどいない時代、ソルト・ン・ペパは自分たちが買える服を着ていた。大きな8ボールのジャケットにスパンデックス、ゴールドのドアノッカー・イヤリング、アシッドウォッシュのデニムと、80年代にお洒落なブラックやラテン系のキッズが身につけていたものばかりだ。「多くの女性がオーバーサイズの服を着て、男性っぽい格好をしていたけれど、私たちはスパンデックスに8ボールのジャケット、キンテ・ハットに、ディーヴァっぽいブーツで登場した」とソルトは2012年、ブロワード・ニュー・タイムズ紙に語っている。グループのアシンメトリーなヘアスタイルは、美容師の資格を取ったペパの姉が、パーマをかけようとして失敗し、ペパの髪を焼いてしまったことから生まれたそうだ。

「Tramp」のB面に収録され、1980年代を代表するポップ・ヒットとなった「Push It」は、多くの女性ラップ・グループに影響を与えた。アルバムを4枚リリースし、グラミー賞を獲得した初の女性ラップ・アクトとなった3人だが、1993年の「Shoop」まで商業的な大ヒットは出ていなかった。なお、同曲は彼女たちが珍しく自作した1曲である。

エイゾーは、『Hot, Cool & Vicious』（1986年）、『A Salt with a Deadly Pepa』（1988年）、『Blacks' Magic』

（1990年）、『Very Necessary』（1993年）という4枚のアルバムで、ソングライティングの大半を手がけている。しかし1989年以降、ソルト・ン・ペパはエイゾーのソングライティングの比重を減らそうと決めた。エイゾーの管理に対する不満を募らせていたのだ（エイゾーとソルトは、正式に別れるまで、くっついたり離れたりを繰り返していた）。

ソルトがグループのために初めてソングライティングとプロデュースを手がけたのは、1990年のアルバム『Blacks' Magic』に収録された「Expression」だ。ソルトはこのプロセスを「ハービーのガールフレンドであることからの解放」と表現している。

「私はスタジオの中で、ソルト・ン・ペパの声になってやろうと思った――言いたいことをもっと自分たちでコントロールしようって」と、ソルトは2017年にローリング・ストーン誌のインタヴューで語っている。彼女とペパが代表作となるシングル「Shoop」をベスト・アルバム『Very Necessary』用に書いた時、それは独立に向けた最後の一歩となった。

エイゾーが手がけた初期の作品は、ソルト・ン・ペパをムーヴメントの声に仕立て上げた。しかし、「Shoop」が大ヒットするまで、ソルトのソングライティングの才能は、ほとんど活用されていなかった。「あの曲をアルバムからのファースト・シングルにするために、レコード会社やハービーと闘わなきゃならなかった。あれは本気の闘いで、とうとう私たちが勝利した」とソルトはローリング・ストーン誌に語っている。

その闘いは、象徴的だった。彼女たちは、自由を求めて闘いながらも、エイゾーの指揮に頼ってヒットを作り続けていた。ソルトが書いた1995年のシングル「Ain't Nuthin' But a She Thing」は、わざとらしいと解釈されるかもしれない。タイトルと「I can be anything that I wanna be!（なりたいものには何でもなれる！）」というコーラス。メーガン・トレイナーが歌っていてもおかしくないだろう。今や著名な写真家となったエレン・フォン・アンワースが監督したミュージック・ヴィデオでは、ソルト、ペパ、スピンデレラが宇宙飛行士、消防士、警察官、整備士など、伝統的に男性が就くとされている職業の制服を着ているが、これはソルトのアイディアだった。それとは対照的に、3人がパテントレザーのブーツを履き、「S-H-E」という大きな文字をバックに、大勢の女性の前でステージに立つシーンも登場する。

「伝えたかったのは、女性がいかに強くなれるかってことと、自分の野心を制限しちゃダメってこと。そして、楽しむこと」とフォン・アンワースはヴィデオについて語っている。「何年も前に、こうした問題について話し合っていたなんて、凄いことだと思う。彼女たちは人間としても、曲のメッセージを見事に体現していた点でも、とにかくセクシーだった。何も足さなくても、そのままで十分印象に残った」。

ソルト・ン・ペパの最もフェミニストな曲にも（また、最後のアルバム『Brand New』を除くアルバムにも）、エイゾーの指紋がしっかりとついている。これは、「男性プロデューサーが女性のコンテンツやサウンドを形成する」という、他のジャンルでも広く見受けられる手堅い手法である。ソルト・ン・ペパが最高に率直、セクシー、生意気で、十分な販売力を持ち、世間的にはパワフルに見えた時ですら、舞台裏では力を奪われていたのだ。だからといって、彼女たちが長年発してきたメッセージが無効になるとは思わないが、ヒップホップ界の男性が、女性のイメージや表現をいかに操作できるかが、ここに示されているだろう。

ポピュラー音楽の中でフェミニズムが公然と語られる時代になるまでは、フェミニストであることは、名誉の紋章でもなければ、ポップ・マーケットでアピールできるムーヴメントでもなかった。しかし、ロクサーヌ・シャンテ、クイーン・ラティファ、リル・キムなどと同じように、ソルト・ン・ペパの音楽は、ラップを通してフェミニズム活動をサポートしていた。そして彼女たちのラップは、後にポップの主流に吸収され、ニッキー・ミナージュやカーディ・Bのようなラッパーや、テイラー・スウィフトやビヨンセといったスターにも自然に受け入れられた。なお、ビヨンセは2014年のMTVヴィデオ・ミュージック・アワードで、「FEMINIST」とだけ大きなブロック体で書かれたスクリーンの前に立ち、パフォーマンスを行っている。

SALT-N-PEPA SLOGANS
ソルト・ン・ペパのスローガン

◆ ◆ ◆

I treat a man like he treats me
The difference between a hooker and a ho ain't
nothing but a fee

男に扱われるように、私は男を扱う
娼婦とヤリマ○の違いは、料金だけ

「NONE OF YOUR BUSINESS」

◆ ◆ ◆

C'mon girls, let's go show the guys that we
know
how to beomce Number One in a hot party
show

さあ、女子のみんな、男たちに見せつけてやろう
熱いパーティ・ショウでナンバーワンになる方法

「PUSH IT」

◆ ◆ ◆

So meet me on the rooftop and
I have my money right
'Cause I'm a new lady boss keepin' game tight

屋上で待ってるから、金をきっちり持ってきて
私は新しい女ボス、ビジネスをタイトに仕切る

「BIG SHOT」

◆ ◆ ◆

Let's tell it how it is, and how it could be
How it was, and of course, how it should be

ありのままを率直に話そう、どうなり得るかを
どうだったかを話そう、もちろんどうあるべきかも

「LET'S TALK ABOUT SEX」

◆ ◆ ◆

Go to work and get paid less than a man
When I'm doin' the same damn thing that he
can

仕事に行って、手にする給料は男以下
男と同じことをやってるっていうのに

「AIN'T NUTHIN' BUT A SHE THING」

◆ ◆ ◆

We've got to let the fellas know what they can
do for us

男性が女性のためにできること、
彼らに教えてあげなくちゃ

「I LIKE TO PARTY」

MC Lyte

MCライト

◆ ◆ ◆

NEVER FORGET（功績）：
女性ソロ・ラッパーとして初めてグラミー賞にノ
ミネートされた。

WHO SHE IS（略歴）：
MCライト（ラナ・ミシェル・ムーラー）は
ブルックリンで育ち、1987年に「I Cram to
Understand U (Sam)」で成功を収めると、オ
ーディオ・トゥーとして知られるミルク・ディー
とギズモを通じて、ファースト・プライオリテ
ィ・ミュージックと契約を結んだ。デビュー・ア
ルバム『Lyte As a Rock』を皮切りに、8枚の
ソロ・アルバムをリリース。そのキャリアは27
年に及んだ。

LISTEN（必聴トラック）：
ライトのライヴァル、アントワネットに向けたディ
ス・トラック「10% Dis」の冒頭には、「Hot
damn, ho, here we go again...（ったく、こ
のヤリ〇ン、またかよ……）」という迫力の台詞
でよく知られている。

◆ ◆ ◆

MCライトが14歳でラップを始めた時、その声は年相応の少女
らしいものだった。声を低くするために、彼女はヴォーカル・コ
ーチのルシアン・ジョージ・シニアの指導を受けた（ちなみに、
ジョージ・ブラザーズとして知られていたジョージの息子3人
は、UTFOのヒット曲「Roxanne, Roxanne」をプロデュースした
R&Bグループ、フル・フォースのメンバーだ）。毎週土曜日、ジ
ョージ・シニアはブルックリンにあるライトの家に出向くと、ソル
ト・ン・ペパの曲を参考に使いながら、低い声をコントロールする
方法をライトに指南していた。

「大好きな曲を覚えなさいって、指導されていた」と2011年に
MCライトはヴァイブ誌のインタヴューで語っている。「私は文字
通り、何度も繰り返しソルト・ン・ペパの曲をラップして、声を力
強く響かせる方法や、説得力を持つ発音の仕方を教えてもらってい
た」。ライトが存在感のある声を出せるよう、ジョージは横隔膜か
ら声を出す方法を教えてくれたという。

人間の横隔膜は、胸部と腹部を隔てる筋肉と結合組織で、収縮さ
せると胸郭が動き、肺がより多くの空気を取り込めるようになる。
講演や演劇を生業とする人々は、発声法をマスターしている。サイ
コロジー・トゥデイ誌によれば、「横隔膜から声を出す人は、人々
の注意を引き、社会的にもより好ましい『印象』を与え、昇進可能
なリーダーとして認識される可能性が高い」とされている。

MCライトが関わった曲が全てパワフルなのは、ヴォーカル・ト
レーニングの成果だ。1988年のシングル「Lyte as a Rock」の冒頭
では、同曲をプロデュースしたオーディオ・トゥーのミルク・ディ
ーが「Do you understand the metaphoric phrase 'light as a rock'?
（「岩のようにライト（軽い）」って隠喩、理解できるか？）」と問
いかけ、「It's explaining how heavy the young lady is.（彼女がど
れだけヘヴィーかってことを説明してるんだ）」と答えを明かして
いる。ストリート系のタフガイをアグレッシヴに讃えたシングル
「Ruffneck」（1993年）では、ライトが一語一句を力強くラップし

ているため、マイクを通じた彼女の息づかいが聞こえる。なお、同曲は女性ラッパーのシングルとして、初めてゴールド・ディスク（50万枚以上のセールス）を獲得した。

チャック・D（彼自身もパワフルな声の持ち主である）は、MCライトの声を「史上最高の域に入る声」と評した。この声のおかげで、彼女は安定したコマーシャルの仕事（AT&T）や、BETアワードやNAACPイメージ・アワードといったイヴェントでの司会役を手にした。

“

彼女はイメージを売っているようには見えなかった。
売れようとそこまで頑張っているようにも見えなかった。

”

「他の女性ラッパーのスタイルは真似できても、MCライトを真似するのは難しい」と「Lyte As a Rock」に登場する彼女のDJ、Kロックは語る。「ローリン・ヒル、MCライト、リル・キムのような声の人って、他にいないだろ。それほどの個性があるんだ」。

理想の女性MCなるものがいるとすれば、それはMCライトになるだろう。ヒップホップ・カルチャーが広がれば広がるほど、ヒップホップの純度を保つことがより重要になり、その純度はスキル、デリバリー、言葉遊びに対するリスペクトに基づく。ライトはこの3つを見事に満たしていたため、ヒップホップ界からはオールスター選手のように扱われた。

彼女が登場した1980年代半ばから後半にかけては、今でもヒップホップの黄金時代とされている。女性がセクシュアリティよりもラップを優先していたような、今よりも遥かにシンプルな時代だった。とはいえ、どちらか一方のアプローチが他方より優れているとするのは早計だ。セクシュアリティを売り物にすることと、「女子にしては上出来」なラップをすること、どちらも男性にアピールするのだから。

ライトは、デビュー・シングル「I Cram to Understand U (Sam)」のリリックを12歳の頃に書いた。その4年後、彼女はこの曲をレコーディングし、シングルとしてリリースした。手を貸したのは、彼女がきょうだいのように慕っていたオーディオ・トゥーの2人（カーク・"ミルク・ディー"・ロビンソンとナット・"ギズモ"・ロビンソン）と、ナット・ロビンソン（ロビンソン兄弟の父親）だ。ライトはこの曲を足がかりに、アトランティック・レコードの契約を手にした。

「I Cram」は、クラックと「浮気」しているドラッグ・ディーラーの彼氏についてのラヴ・ソングという形で、ドラッグの問題を語っている。起承転結のあるドラマティックな1曲だ。ライトは、黒人男性がドラッグで自滅する姿を目の当たりにし、その光景を冷静にラップした。「私は男性の真似をしようとは思わない。でも、私の態度はタフ。誰からも何も受け取るつもりはない」と、彼女は1991年にロサンゼルス・タイムズ紙のインタヴューで語っている。

彼女はイメージを売っているようには見えなかった。売れようとそこまで頑張っているようにも見えなかった。インタヴューやミュージック・ヴィデオに映る彼女は、着心地の良い服を着ているようだった。ジーンズにストライプのTシャツと、レザーキャップ。ノーメイク。ジャージ。ライトによって広まったOG（オリジナル・ギャングスタ）系なボーイッシュ・スタイルは、90年代のTLCやアリーヤ、現在のティーン・ポップスター、ビリー・アイリッシュに至るまで、心地良さを大切にする大勢のアーティストに世代を超えて影響を与えた。

「男性ラッパーには、私の体を見るんじゃなくて、私のライムを聴いてほしかった」とライトは2001年、ヴァ

イブ誌に語っている。「真剣に聴いてもらいたかったの。『体なんて見てないで、私の言ってることを聴いてよ』ってね」。

ライトはブルックリンのクラウンハイツで、ウェウシ・シュレ（後にジョンソン・プレパラトリー・スクールに改名）という小学校に通っていた。アヤナ・ジョンソンという女性が設立したこの学校は、黒人の米国史やアフリカ史の教育に力を注ぎ、ラングストン・ヒューズの研究からクワンザのお祝いまで、黒人に関するあらゆることを奨励していたため、ライトは大いに啓蒙された。また、子どもの頃から母に連れられて『ドリームガールズ（Dreamgirls）』や『キャッツ（Cats）』といったブロードウェイのミュージカルを観賞しており、ヴォーカル・アートにも親しんでいた。中学に入ると、エリックという少年がライトに「ラップ」というもうひとつのヴォーカル・アートを教えてくれた。彼女が学んだコツは、呼吸をコントロールし、セミコロン（前後の文の関係性を強調する）とエムダッシュ（思考の中断や強調の効果を出す）を活用すること——名作家、ジェイムズ・ボールドウィンのスタイルだ。

「1行書いて、ハイフンで次の行を区切るの。1行ずつ書いていくだけの人もいるけど、私の場合はそのまま続いていく感じ……」とライトはヴァイブ誌に説明している。彼女は10代の大半を費やしてこのテクニックを完成させ、1988年のデビュー・アルバム『Lyte As A Rock』に応用した。なお、この年にはソルト・ン・ペパのセカンド・アルバム『A Salt with a Deadly Pepa』もリリースされている。そして翌年には、クイーン・ラティファがデビュー・アルバム『All Hail the Queen』をリリースした。

ライトは12歳までにファースト・アルバムの大半を書き上げ、名作を生み出した。「Paper Thin」では、不遜な態度で敵を攻撃する彼女のスキルが堪能できる。また、「10% Dis」では、オーディオ・トゥーのビートを盗んだとラッパーのアントワネットを糾弾し（ライトのディスは容赦なかった）、ここから2人の数年にわたるバトルが勃発。このバトルはロクサーヌ・シャンテ対スパーキー・Dのように、大きな宣伝効果を生んだ。な

お、アントワネットはこのバトルについて、実際に敵意があったというよりも、お互いのキャンプの男性陣がありもしないビーフを大袈裟に吹聴した結果だと考えている。しかし、このビーフでライトはリリシスト／ストーリーテラーとして伝説的な地位を確立した。ヴァイブ誌が1996年に記したように、彼女の音楽は、「Bボーイが支配するこのジャンルに没頭し、自分たちを正しく代弁してほしいと切望していた黒人女性たちを代弁」していたのだ。

「人と違うことをしていたわけじゃない。それが自分だっただけ」とライトは2013年、ハーフタイム・オンライン（ウェブサイト）のインタヴューで語っている。「自分の声が人と違うことは分かっていた。たぶん声じゃなくて、全然抑揚を出さないライムの仕方が違うのかも。抑揚がないって、誉め言葉ではなく言われていた。『彼女はあまりに一本調子だ』とか、『それで終わり？　盛り上がらないな』なんてね」。

MCライトから影響を受けたラッパーのヘザー・Bは、「MCライトのラップを聴いて、『私にもできるかも』って思った」と語っている。

しかし、ヒップホップを代表する声となったことで、MCライトは同カルチャーに属する男性たちが理想とする「信頼に足る女性のルックスとラップ」の模範となった。リル・キムとフォクシー・ブラウンが新たなプロトタイプとなると、人々はMCライトが主流だった純粋な時代を恋しく思ったが、これはラップで自身のセクシュアリティを表現する女性の力を否定するものだった。

1996年、ライトは「Keep On, Keepin' On」に参加し、新境地を見出す。ジャーメイン・デュプリがプロデュースし、エクスケイプが歌ったこのシングルは、スムーズなR&Bとタフで知られるライトのラップのコラボレーションで、非の打ちどころのないサウンドだった。それでも、同曲のミュージック・ヴィデオに登場したライトは、黒いスーツに身を包み、「choosy about who I let knock my boots（体を許す相手は吟味してんの）」とラップし、硬派な本質に変わりはないことを見せつけた。ライトはその声で成功を収め、女性ラッパーの一般的な期待値を大きく上回るキャリアを形成した。

ANTOINETTE

アントワネット

「I Got An Attitude」のヒット・シングルで知られるアントワネット。同曲の背景と、MCライトとのビーフに巻き込まれた経緯を語る。

子どもの頃から、よく文章を書いていた。詩を書くこともあった。「Rapper's Delight」は初めて聴いた本格的なラップ・ソングで、私にとっては最高のコンビネーションだった。自分の詩を音楽に乗せることができるんだって思ったからね。アントワネットとして知られるずっと前に、私はアニー・Cというペンネームを使っていた。ブロンディ・Bとアンジー・Bって名前を聞いて、そのペンネームを思いついたの。中学・高校時代は、アントワネットって子と、シャロンって子と一緒にフェミニン・フォースってグループに所属していた。シャロンの担当は、ビートボックス。でも11年生の頃、シャロンがスタテンアイランドに引っ越し、私とアントワネットはちょっとした口論をしてしまって、グループはバラバラになってしまった。学校にいた頃は、「女子にしては上手い」ってクラスメイトから言われていたけれど、私は良いMCになりたいって思っていただけ。

高校で知り合ったファット・ダグって男子と曲作りを始めて、そこから全ての歴史が始まった。私ともう1人のアントワネットの口喧嘩をネタにして、「I Got An Attitude」ってデモをレコーディングした。「I can't deal with her, 'cause she got an attitude（あの娘とは付き合ってらんない、舐め腐った態度だし）」なんてラップしてね。レコード契約を探していたら、ダグがジェイ・エリスを紹介してくれて、ジェイはクスト・プラトーのエディ・オロックリンにデモを聴かせてくれた。

その時、ハービー（・エイゾー）がちょうど隣の部屋にいて、「それは誰だ？俺のアルバムに入れたいんだけど」って言いに来たの。ハービーはちょうど『The House That Rap Built』ってコンピレーション・アルバムを制作中だった。ハービーが「I Got An Attitude」を聴いたのは、9月だったはず。11月にはこの曲がコンピレーションからのファースト・シングルになっていたから、（成功は）あっという間にやって来た。

その後、MCライトが「10% Dis」って曲をリリースして、私をディスってきた。どうしてなのか、私には全く分からなかった。彼女に会ったこともなかったし、彼女のことは知らなかったのに。若かったから、私も頭に血が上ってね。なんで私を標的にする？って。YouTubeにあるヴィデオで、MCライトはこのビーフが始まった経緯を話している。一般には、オーディオ・トゥーとハービーがミーティングを持ったとされている。オーディオ・トゥーは、自分たちのレコードに対するディス・レコードをハービーに作ってほしいと言っていた。当時はこうやって、誰かがレコードを作ったら、そのレコードについてのレコードをまた誰かが作るって

感じで、オンエアを稼いでいたから。「I Got An Attitude」には、オーディオ・トゥーの「Top Billin'」と同じビートが入っていた。どちらも「Impeach the President」のサンプルが使われている。だから彼らは、ミーティングを受けてハービーが作ったディス・レコードだと思い、「あいつは俺たちに女子をよこしやがった。あの娘を口撃してくれ」ってライトに言った。ライトを焚きつけたのは、あの2人。「I Got An Attitude」は、彼らとは何の関係もなかったのに。

（「10% Dis」の後）私はすぐに返事をしなかった。2枚目のシングル「Hit 'Em With This」の中では、彼女について何も語っていない。次の「Unfinished Business」で言及したけれど、あれはディス・ソングじゃなかった。

アルバム『Who's the Boss』の中にはディス・ソングが1曲ある。「Lights Out, Party Over」って曲で、（私がこれをレコーディングしたのは）ストリートで私たちのビーフが話題になっていたから。MCライトが激しくやっていて、さらに曲を作っていたから、「私も何か言わなくちゃ」って感じだった。

彼女とはずっと後になってから、クイーンズ・オブ・ヒップホップのショウで初めて会った。2人で話して、お互い何のわだかまりもない。世間話してただけ。若い頃の話を蒸し返す必要もなかったし。結局のところ私たち、このゲームの中では姉妹だからね。彼女はヒップホップ界の女性アイコンになり、私は学問の道に進んだ。

Queen Latifah

クイーン・ラティファ

♦ ♦ ♦

NEVER FORGET（功績）：
2003年、『シカゴ』でアカデミー賞助演女優賞にノミネートされた。

WHO SHE IS（略歴）：
クイーン・ラティファ（デイナ・エレイン・オーウェンズ）は、8歳でラティファに改名。ニュージャージー州のエセックス・カトリック・ガールズ・ハイスクールとアーヴィントン・ハイスクール在学中は歌や演劇に興じ、ビートボックスを学んだ。ニューアークで初めて人々にワップ（the Wop）の踊り方を教えたのは自分だ、とは本人の弁。音楽活動（8枚のアルバム）の傍ら映画スターとなり、20年にわたって二足の草鞋を履いてきたが、いまだ一般には、そのラップ・ネームで親しまれている。

LISTEN（必聴トラック）：
フェイス・エヴァンスをフィーチャーした「It's Alright」では、恋人との関係について、「When I'm sexin' you, when I'm next to you, I know it's alright.（あなたとセックスしている時、あなたの隣にいる時、全て大丈夫だって思える）」と、魅惑的なトーンで歌っている。

♦ ♦ ♦

今となっては信じられないような話だが、クイーン・ラティファが『セット・イット・オフ（Set It Off)』でクレオというレズビアンの銀行強盗を演じたことは、危険な賭けだと考えられていた。当時、ラティファはいくつかの映画（『ハウスパーティ2（House Party 2)』、『ジュース（Juice)』、『マイ・ライフ（My Life)』）に端役で出演したラッパーとして、第3シーズンに入った人気テレビ番組（女友達が繰り広げるコメディ・ドラマ『Living Single』）の主役として、一般に知られていた。そして1996年、『セット・イット・オフ』の終盤で迫真の演技を見せると、クレオパトラ・ジョーンズ（愛称クレオ）は彼女の当たり役となった。

1962年製のインパラに銃口を向ける警官たちに囲まれたクレオは、降伏する代わりに、銃弾の雨の中に突っ込み、壮絶な死を遂げる。このシーンは、即座にブラック・シネマの歴史に残る名場面となった。

しかし、映画が公開された年のインタヴューで、トークショウの司会者ロロンダ・ワッツは、「ギャングスタなレズビアン」（ギャングスタの部分よりも、レズビアンの部分が問題視された）という役割を演じるというラティファの決断について、疑問を呈していた。「『クイーン・ラティファは銀幕でレズビアンを演じて、キャリアを台無しにしている』と、大勢の人は言うでしょう。私たちに、彼女の役柄を受け入れる準備はできているでしょうか？」。

私たちの準備はできていた。『セット・イット・オフ』は、封切週の週末に850万ドルを超える興行収入を上げ、900万ドルの制作費をほぼ回収する健闘を見せた。監督のF・ゲイリー・グレイは、TLCの「Waterfalls」、アイス・キューブの「It Was a Good Day」など、ハイコンセプトなミュージック・ヴィデオを手がけた後、アイス・キューブが主演したストーナー・コメディ『Friday (Friday)』を23歳で監督し、長編映画デビューを果たしていた。

『セット・イット・オフ』はグレイの野心的な監督2作目で、困窮したロサンゼルスの女性4人を描いている。古典的なアンチヒーローものの強盗映画だが、新進気鋭の俳優2人（ジェイダ・ピンケット・スミスとヴィヴィカ・A・フォックス）と前途有望な俳優2人（キンバリー・エリスとクイーン・ラティファ）を軸に展開する、お金と友情の物語でもある。

ラッパーとしては女王、『Living Single』ではクールな雑誌編集者を演じていたラティファだが、この映画で扮したのは、喧嘩っ早いクレオだ。髪の毛をコーンロウに結い、バギージーンズを穿き、マリファナ煙草を吸う自称「ダイク（レズビアン）」という役柄だった。「フッドがあたしの居場所。ハリウッドで、何しろっていうんだよ。サウザンドオークスでもそうだけど」と、大掛かりな銀行強盗をする前に、クレオはストーニー（ジェイダ・ピンケット・スミス）と本音でぶつかり合っている。

ラティファは、アーヴィントン＝フランク・H・モレル高校に通っていた2人の女子学生をヒントにクレオの役作りをし、自分なら演じ切れると確信していた。キャスティング・ディレクターのロビー・リードによれば、ラティファはオーディション後、「これは私です」と電話口で言ったそうだ。

「クレオの役柄をきちんと観た人ならば、デイナには本物の演技力があり、これまでのキャリアが運や偶然ではなかったことが分かったでしょう。彼女は、本格的な女優として認められたのです」とリード。ラティファはここから映画界で大躍進を始め、トゥパック、ウィル・スミス、アイス・キューブ、LL・クール・J、アイス・Tなど、ハリウッドに進出して人気を博したラッパー第一世代の仲間入りを果たす。

ラッパーとしてのラティファは90年代、ヒップホップの救世主だった。1992年、深夜のトーク番組『The Whoopi Goldberg Show』にゲスト出演すると、当時のラップのトレンドに流されず、「ホー」や「ビッチ」という言葉をライムの中で使わないことを、司会のウーピー・ゴールドバーグから絶賛された。

「当時はギャングスタ・ラップの全盛期で、ビッチがどうした、ホーがああしたなんて、女性蔑視的な言葉が飛び交っていた。信じられない話だけれど、女性ラッパーもそれを受け入れていた」と、ラティファは自身の回顧録で綴っている。

ラティファの音楽は、ギャングスタ・ラップに代わる清新なオルタナティヴとして売り出されたが、残念ながらこれによって「女性ラッパーは、ラティファのように正義感の強いライムをするか、セックスを売りにするかのどちらか」という二極化を招いてしまった。メインストリームでの成功を目指す女性にとって、その中間を取る余地はほとんどなかったのだ。

1986年頃、プロデューサーのマーク・ハワード・ジェイムズ（通称マーク・ザ・45・キング）は、ニューアークのタレント・ショウに出演しているラティファを見た。その時の彼女は、シンガーのエディ・ストックリーと、クワイエット・ストームというデュオとしてパフォーマンスしていた。「彼女はシンガーで、ラップの腕を磨こうとしていた」とジェイムズは語る。「彼女は学習能力が高い。ハンマーを渡せば、家を建ててしまうんだ」。ジェイムズとラティファは、デモテープ「Wrath of My Madness」を制作した。故意か偶然か、ジェイムズはファブ・5・フレディの家にデモテープを置いていき、フレディはそれを友人のダンテ・ロスに渡す。トミー・ボーイ・レコードのA&Rだったロスは、曲を聴いて度肝を抜かれた。

「わあ、これはヤバいって思ったよ」とロスは振り返る。「それから12時間以内に、あの曲はオンエアされていた」。ロスとトミー・ボーイの社長モニカ・リンチは、ラティファと契約を結んだ。

ラティファは、ジャングル・ブラザーズ、デ・ラ・ソウル、ア・トライブ・コールド・クエストなども属していたネイティヴ・タンズの一員となった。ベースの効いたジャズをラップに持ち込み、アフリカにインスパイアされたプリント柄やメダリオンを身につけていたアーティスト集団だ。クイーン・ラティファも、同様のスタイルと雰囲気を持っていた――彼女がファースト・アルバムのジャケットで着ている衣装は、ニューアークの「ハルシー・ストリートのアフリカ布地の販売店」で買ったものだ。「他の人たちはセックスを身に纏っていたけれ

No antHems were more rebellious and relevant to the times than "U.N.I.T.Y."

「U.N.I.T.Y.」ほど反骨精神に溢れ、時代にマッチしたアンセムはなかった。

ど、私は自分の心を身に纏いたかった。デザイナー・ブランド以上のものにしたかった。メッセージを伝えたかった」と自著『Ladies First: Revelations of a Strong Woman』の中で記している（ただし、女性がセックスを身につけること自体もメッセージである）。同年代の女性に比べて、ラティファはエキセントリックな存在だった。

「ラティノァやMCライトは、セックスを売りにしていなかった。ソルト・ン・ペパは、ラティファやライトよりは、セクシーさを出していた」とロスは言う。マーク・ザ・45・キングがプロデュースしたラティファのデビュー・アルバム『All Hail the Queen』は、高速のダンスビート、ハウス・ミュージック、ジャマイカのパトワを取り入れている。「あのアルバムは、ヒップホップの流行を反映していた。全てがポジティヴで、自己啓発的だったんだ。パブリック・エネミーがブラック・エンパワーメント、ブラック・コンシャスネスのトレンドに火をつけると、ジャングル・ブラザーズやデ・ラ［ソウル］は、それをより親しみやすく、よりサイケデリックに実現した。ラティファとモニー・ラヴも、その流れにいた」とロスは語っている。

「U.N.I.T.Y.」と「Ladies First」ほど反骨精神に溢れ、時代にマッチしたアンセムはなかった。前者でのラティファは、ラッパーが好んで使う女性に対する蔑称（ビッチ）に対し、「Who you callin' a bitch?（ビッチって、誰のこと呼んでんの？）」と歯切れよく言い返している。後者はロンドン生まれのラッパー、モニー・ラヴとのデュエットで、ラティファにとって初めてのフェミニスト・アンセムとなった。

しかし、人々がラッパーとして活躍していた頃の彼女

を忘れるほど、ラティファは俳優業で多忙を極めるようになった。ラティファがハリウッド入りするきっかけとなったのは、スパイク・リー監督とロビー・リードだ。2人は、ニューヨークのピアで行われていた夏のコンサートでラティファのパフォーマンスを見ると、ラティファをオーディションに招き、異人種間の交際をテーマにしたリーの監督作品『ジャングル・フィーバー（Jungle Fever）』（1991年）に起用した。ラティファが演じたのは、ハーレムの伝説的ソウル・フード・レストラン、シルヴィアズのウェイトレスだ。

ウェズリー・スナイプス演じる主人公が、「しょぼくれた髪をした」白人女性を黒人の店に連れて来たことに対し、ラティファ扮するウェイトレスは、ウンザリして暴言を吐く。この演技で、ラティファはSAGカード（全米映画俳優組合が発行する現役俳優の資格）を手に入れた。「スパイクと私は、賭けに出ました」とリードは語る。「『ジャングル・フィーバー』のウェイトレス役では、ステージ上の彼女をそのまま出してくれれば良かったのです」。

しかし、ラティファの代表作と言えば、『Living Single』だろう。ブルックリンの美しいブラウンストーン（褐色砂岩を張った家）に住む女友達の生活を描くシットコムだ。ラティファの役どころは、ヒップな黒人向け雑誌「フレイヴァー」の編集者、カディジャ・ジェイムズ。テレビ界でも特にアイコニックなキャラクターだった。5シーズンにわたり、非凡なコメディの才を発揮した共演者たち（いまだ正当な評価を受けていないが）と共に、ラティファは最高の決まり文句（「Khadijah don't need ya! ［カディジャには、あんたなんて必要ない！］」）をはじめ、鋭く辛辣な台詞を連発した。

音楽のように不安定なビジネスにいるラッパーにとって、俳優業は理にかなった第2のキャリアだった。演技をすることで、彼らは従来の環境とは違う場所に踏み出し、ラップ業界から遠く離れた、実入りの良い場所へと辿りついた。昔ながらのロックスターは、永遠にツアーを続けることができる（ローリング・ストーンズが好例だ）。また、ポップ・スターであれば、何十年にもわたってイメージチェンジを繰り返すことができる。例え

ば、セリーヌ・ディオンはラスヴェガスで16年もレジデンス公演を続けている。マドンナも、「老いて益々壮ん」である。しかし、「ラップを一生の仕事とする」という考えは、今でもあまり聞き慣れないものだ。

「ヒップホップ界で女性MCとして息長く活躍するには、多面性を持たなければ難しい」とライターのカレン・グッドは言う。「イヴのようにお昼のテレビや映画で活躍するか、ラティファのように他のことをするか。誰もが活動の軸を移し始めるのです」。

だからこそ、アイス・キューブはN.W.Aで1枚アルバムを出した後、1998年に「一生ラップはできない。これが明日終わったとしても、俺は生き残るために何かしなきゃならない」と発言したのだ。ジェイ・Z、ナズ、リュダクリス、イヴといったラッパーもインタヴューの中で、同様の懸念を語っている。エミネムも、年を取ってから「クソガキみたいにステージを飛び回る」自分の姿を想像できない、と話していた（実際にはそうしているが……）。

クイーン・ラティファも1996年、同じような発言をしている。「私は一生ラッパーでいるつもりはない。これからもずっとライムは書き続けるけれど、このビジネスでいつまでも勝負できるってわけじゃないし」と彼女はヴァイブ誌に語っている。ジェイ・ZやT.I.、スヌープ・ドッグといったラッパーは、40歳を超えても音楽を作り、ヒップホップ業界における息の長い活躍のありかたを示しているが、40歳という天井にぶつかった女性ラッパーに、青写真はなかった。構造的なサポートがなければ、天井は崩壊してしまうのだ。

ラティファはラップのリリースをやめ、俳優業に目覚めた。ロマンティック・コメディやファミリー映画に出演するようになり、ミュージカル『シカゴ（Chicago）』でアカデミー賞にノミネートされるまでになった。俳優としてアカデミー賞にノミネートされたラッパーは、ラティファを含めて2人しかいない。なお、もう1人は、「幼少期の大半を遊び場で過ごしていたウェスト・フィラデルフィア生まれ」のラッパー、ウィル・スミスである。

QUEEN LATIFAH AT THE BOX OFFICE

クイーン・ラティファの興行成績

『女神が家にやってきた (Bringing Down the House)』
(2003年)
132,716,677ドル

『ヘアスプレー (Hairspray)』 (2007年)
118,871,849ドル

『Girls Trip』 (2017年)
115,171,585ドル

『ラスト・ホリデイ (Last Holiday)』 (2006年)
38,399,961ドル

『リリィ、はちみつ色の秘密 (The Secret Life of Bees)』
(2008年)
37,770,162ドル

『TAXY NY (Taxi)』 (2004年)
36,879,320ドル

『シカゴ (Chicago)』 (2002年)
$170,687,518

『SET IT OFF (Set It Off)』 (1996年)
36,461,139ドル

『ビューティー・ショップ (Beauty Shop)』 (2005年)
36,351,350ドル

『The Perfect
Holiday』 (2017年)
$5,812,781

『ジョイフル♪ノイズ (Joyful Noise)』 (2012年)
30,932,113ドル

『ブラウン・シュガー (Brown Sugar)』 (2002年)
27,363,891ドル

『恋のスラムダンク (Just Wright)』 (2010年)
21,540,363ドル

J.J. FaD

J.J. ファッド

◆ ◆ ◆

NEVER FORGET（功績）:
グラミー賞初のラップ部門となった「ベスト・ラップ・パフォーマンス」にノミネートされた。

WHO THEY ARE（略歴）:
19歳のフアナ・スパーリングは、カリフォルニア州リアルトにある母の家で、ガール・グループを結成するためのオーディションを開いた。J.J.ファッドのオリジナルメンバーは、フアナと親友の従姉妹ベイビー・Dを含めて5人。それぞれのイニシャルを並べ、J.J.Fadとなった。「Supersonic」がN.W.Aのメンバーで知られるイージー・Eの耳に留まり、グループは彼の主宰するルースレス・レコードと契約を獲得。同レーベルからアルバムを2枚リリースし、幅広いポップなオーディエンスを魅了するクロスオーヴァーなセンセーションを巻き起こした。

LISTEN（必聴トラック）:
「Supersonic」は、ビートボックスをバックにしたラップで始まる。そこからジャザサイズ系のリズムが入り、破壊力抜群のJ.J.ファッドについて、ヴァースが繰り広げられる。終盤で聞かれる高速ラップには、エミネムも2013年のシングル「Rap God」の中で敬意を表しているほどだ。

◆ ◆ ◆

　1989年、グラミー賞に「ベスト・ラップ・パフォーマンス」という初のラップ部門が導入された。見向きもされなかった時代を経て、ラップ部門が新設されたのだ。ヒップホップにとって画期的な出来事だった。授賞式が放送される頃には、フアナ・スパーリング（MC JB）、ダイアナ・バークス（ベイビー・D）、ミシェル・フェレンズ（サッシー・C）の3人は、J.J.ファッドとしてアメリカで万人に知られる存在となり、シングル「Supersonic」は、人々の鼓膜にこびりついていた。

　同曲は、ラジオのオンエア、全国的な認知、ラップ初のグラミー賞ノミネートをグループにもたらした。一緒にノミネートされたのは、LL・クール・J（「Going Back to Cali」）、DJジャジー・ジェフ＆ザ・フレッシュ・プリンス（「Parents Just Don't Understand」）、ソルト・ン・ペパ（「Push It」）、クール・モー・ディー（「Wild Wild West」）だ。しかし、ヒップホップの初グラミーは、ほろ苦い思い出となった。レコーディング・アカデミーは、時間に制限があるため、全部門を放映できないと主張したのだ。ヒップホップ関係者は、これを侮辱と受け止めた（ラップ部門の受賞者は、授賞式の前に発表された）。ノミネートされたラッパーの大多数は締め出されたと感じ、グラミー賞をボイコットすることにした。

　LL・クール・JやDJジャジー・ジェフ＆ザ・フレッシュ・プリンスを擁するデフ・ジャム・レコーディングスは、1989年のグラミー賞を前に、プレスリリースでボイコットのニュースを流した。レーベルのスポークス・パーソンを務めていたビル・アドラーは、レコーディング・アカデミーがラップを隔離していると非難した。チャックDは記者会見で、「グラミーなんて屁とも思っちゃいない」と発言している。グラミー賞授賞式の夜、ロサンゼルスのナイトクラブ、キャット＆フィドルで開かれたアフターパーティで、ソルト・ン・ペパのソルトは授賞式欠席の理由について、『Yo! MTV Raps』のファブ・5・フレディに語っている。「他の人たちと同じように、私たちは努力して成功を手にし、ノミネートされた。それ

なのに、私たちは放映されないなんて、フェアじゃないでしょ」。

1989年2月に行われた授賞式に出席したのは、このイヴェントを重要だと考えたクール・モー・ディーとJ.J.ファッドだけだ。J.J.ファッドの3人は、特注のタキシード・ジャケットに、ラインストーンをあしらった蝶ネクタイとカマーバンドをつけて現れた。

ホイットニー・ヒューストンが授賞式のオープニングを飾り、トレイシー・チャップマンが最優秀新人賞を獲得した。この年、グラミー賞はハードロック／メタル部門を追加し、受賞者はテレビ放映された（ただし、受賞者のジェスロ・タルはメタルではない、とメタルヘッドたちは主張）。授賞式の前に、欠席したDJジャジー・ジェフ＆ザ・フレッシュ・プリンスが、ラッパーとして史上初のグラミー賞を獲得した。翌年の授賞式ではラップ部門もテレビ放映され、ウィル・スミスは自身のパフォーマンスを「今夜、このステージに立つ権利を得るために、昨年俺たちと一緒に立ち上がってくれた全てのラッパー」に捧げた。

あらゆる音楽ジャンルが、一度はグラミー賞を批判してきた（ロック・アーティストもグラミー賞を嫌悪してきた）。しかしラッパーは長年にわたり、レコーディング・アカデミーをボイコットや懐疑に値すると考えてきた（彼らは、あらゆる「権威」について同様の態度を取ってきた）。なお、女性が主要なラップ部門でグラミー賞を受賞するまでには、6年を要した（1995年にソルト・ン・ペパが「None Of Your Business」で女性ラップ・グループとして初めて、最優秀ラップ・パフォーマンス賞を受賞）。レコーディング・アカデミーは2003年に最優秀女性ラップ・ソロ・パフォーマンス部門を設立したが、2年後には同部門を廃止する（受賞者は、2年連続でミッシー・エリオット）。こうして、男女アーティストが再び一括りにされてしまった。

文化的な権威を認めてもらおうと、ラップが闘っていた時代、J.J.ファッドのグラミー賞出席には大きな意味があった。しかし、それが実現した後、2010年代にはドレイクやジェイ・Zといった大物ラッパーが、同じ理由で積極的にグラミー賞をボイコットするようになった。特に知名度の低いアーティストにとっては、今でもグラミー賞に価値はあるが、授賞式は年を追うごとに、栄誉あるものではなくなってきている。

偶然にも、80年代後半はM.C.ハマーの時代だった。彼は、そのダンスと商業的な音楽、ダボダボのハーレムパンツで嘲笑を買ったが、後にメインストリームで成功するヒップホップのプロトタイプとなった。エンターテインメント・ウィークリー誌は、「27歳のハマーは、アメリカの中心部に初めて大きく進出したヒップホップの象徴となった」と1990年に記している。ヒップホップが白人社会に進出したことで、グラミー賞がようやくこのジャンルを認めたのだ。

ラップ・ファンがクロスオーヴァー・ラッパーをセルアウト（魂を売った裏切り者）だと考えていた時代に、J.J.ファッドのグラミー賞出席は人目を引いた。長年にわたり、グループは参加の決断を擁護してきた。「名誉なことだから、行くことにしたの」とフェレンズは語っている。「もう2度とこんな機会は来ないかもしれないってね。誰かの大義を侮辱しようと思っていたわけじゃない。メッセージは伝わっていたし。（翌年にはラップ部門の）テレビ放送も始まったから、私たちは行って良かったと思っている」。スパーリングも、『ボイコットはしない。もう2度と来れないかもしれないし』って言っていたの。そして実際、私たちが2度とあの場所に戻ることはなかった」と語っている。

ラップ部門が新設され、J.J.ファッドが出席した年のグラミー賞でオープニングを飾ったのが、ホイットニー・ヒューストンだというのも、時代を象徴している。当時、彼女はポップに魂を売ったセルアウトだとブラック・コミュニティから非難を浴びていた。「クロスオーヴァーすると、他のヒップホップ・アーティストと同じようなリスペクトを得られなかった」とスパーリング。「ああ、クロスオーヴァーしたってことは、本物のラッパーじゃなくて、ポップ・アーティストなんだねって感じ。失礼だと思った。私たちは、ブラック・コミュニティに住むブラック・ガール。私たちが選んだ曲が、たまたまクロスオーヴァーしただけなのに」。

J.J.ファッドは、1980年代のポップ・ラップ第一波に

属していたが、契約していたのはハードコアで知られていたルースレス・レコードだ。「セルアウト」の議論では、黒人アーティストなのに人気がありすぎる、黒人アーティストの音楽がヒップホップのルーツに忠実ではない、といった批判が起こった。こうした恐怖心は、「外部の力にカルチャーを奪われることなく、ヒップホップの魂を守りたい」という欲求から生じていた。しかし、外部の力の影響は避けられないことだった。

「私は『セルアウト』という概念を全く信じていない」と語るのは、ヴァイブ誌の元編集長で、オークランド出身のダニエル・スミスだ。「私はポップの力を信じている。彼女たちは女性のポップ/ラップの最前線にいたガール・グループで、それを讃えられるべきだと思う。本

> **ヒップホップが白人社会に
> 進出したことで、グラミー賞が
> ようやくこのジャンルを認めたのだ。**

物でいるためには純粋じゃなければならないとか、たくさん売れちゃいけないとか、昔のロック評論家みたいな考えは好きじゃない。男性の曲ばかりが取り沙汰されて、素晴らしいものも多かったけれど、ヴィデオの中でダンスして、強気な態度で自分の意見を持ち、高速ラップを見事に決めている女性MCグループがいたことは奇跡的だった。『Supersonic』だけでも、彼女たちはヒップホップの殿堂入りに値する」。

J.J.ファッドのオリジナルメンバー2人は、N.W.Aのドクター・ドレーとマイク・レザン（DJアラビアン・プリンス）の友人で、アラビアン・プリンスはローランドのドラムマシンTR-808とヤマハのキーボードを使い、駆け出しだったJ.J.ファッドのために、「Another Ho Bites the Dust」と「Supersonic」という2枚のレコ

ードをプロデュースした。ロサンゼルス界隈でデモを売り込むと（「Supersonic」はB面だった）、「Another Ho」がラジオで大ブレイク。一方、「Supersonic」はDJのあいだで大評判となった。

「チアリーダーでも誰でも、大勢の人が歌える曲だった。『ヴァイラル』って言葉が流行る前から『ヴァイラル（口コミ）』で広がったんだ」とアラビアン・プリンスは語る。「ダンス・ミュージックをやっていると、『それはヒップホップじゃない』なんて言われることもある。でも、それがヒップホップの起源なんだって、俺はよく言っていたよ。初期のヒップホップはアップテンポが多かった。グランドマスター・フラッシュや『Planet Rock』。全てがヒップホップだったんだ」。

「Supersonic」の勢いに助けられ、J.J.ファッドはロサンゼルスのドリーム・チーム・レコードと契約を結んだが、まもなくオリジナル・メンバーの3人が脱退してしまった。グループの穴を埋めようと、ドリーム・チームはセント・メリーズ・ハイスクールのチアリーダーとして有名だったミシェル・フェレンズをグループに迎え入れる。「私の学校で、彼女は屈指の人気を誇っていた。スタイル抜群だったし、口も達者で――彼女はダイナミックだった」とダニエル・スミスは振り返っている。私たちは彼女を尊敬していた。だから、数年後に彼女があのグループのメンバーになったと知った時も、さほど驚かなかった」。

ルースレス・レコードとの契約は、時に「勝者の呪い」となることもあった。同レーベルを運営していたのは、N.W.Aのラッパー、イージー・E。N.W.Aが悪名を轟かせていた時代である。しかし、ルースレスとの契約で、金銭的な袋小路に追い込まれるアーティストもいた（なお、アイス・キューブは金銭的な不満からN.W.Aを脱退している）。それでも、イージーはレーベルの信用を高められる女性アーティストと契約を結ぼうとしていた。カサ・カミノ・レアルというロサンゼルスのクラブでパフォーマンスしているJ.J.ファッドを見て、イージーは同グループの契約を買い取った。

J.J.ファッドはドクター・ドレーの耳を借りて（彼はトレードマークともいえるドラムをビートに加えた）、

「Supersonic」のヴォーカルを再レコーディングした。そして、1988年のデビュー・アルバム『Supersonic』を2部構成にすると、「Time Tah Get Stupid」(ドクター・ドレーのスクラッチが入っている) などのヒップホップ・サイドと、タイトル・トラックのような楽曲のポップ・サイドに分けた。

　主流メディアは、J.J.ファッドのクリーンなイメージに魅了された。「J.J.ファッドは、DJジャジー・ジェフ&ザ・フレッシュ・プリンスのように、新しいタイプのラッパーとして注目されている。どこまでもクリーンな3人は、ボウリング、ピンボール、ミニゴルフに夢中で、煙草もドラッグもやらず、好きなドリンクはノンアルコールのダイキリだと豪語している」と、1988年のピープル誌はグループについて説明している。トップ40ヒットとなった「Supersonic」は、あまりに普遍的な魅力に溢れていたため、数十年を経た2006年、ブラック・アイド・ピーズのファーギーが同曲をサンプルし、「Fergalicious」(ラップが少々入ったポップ・ソング)をリリースしたほどだ。白人版「Supersonic」ともいえるファーギーのシングルもヒットした。

　J.J.ファッドはすぐにクロスオーヴァーな成功を収めた。白人ファンが彼女たちのコンサートに足を運ぶようになると、フェレンズは反応の違いに気づいた。「ツアーを始めたばかりの頃は、どこに行っても大反響で、私たちを追って空港まで人が殺到するほどだった。でも、地元に戻ってくると、もう静かすぎるぐらいで」と彼女は語っている。「クロスオーヴァーも、今はもっと受け入れられている。クロスオーヴァーしなければ、成功したとは言えないしね」。

　J.J.ファッドは、Run-D.M.C.のRun's Houseツアー(1988年) に参加した唯一の女性/ポップ・アクトだった。パブリック・エネミー、ステッツァソニック、DJジャジー・ジェフ&ザ・フレッシュ・プリンスも参加した同ツアーは、彼女たちにとって実力を証明する勝負の場となった。「ここで私たちは少しずつリスペクトされるようになった。彼女たち、なかなかヒップホップじゃないかって、認められた感じ」とスパーリングは語る。

　3人の音楽、スタイル、ダンスには抗しがたい魅力があった。80年代のスタイルといえば、J.J.ファッドとそのスポーティな衣装を思い浮かべる人も多いだろう。そして現在、30年以上の歳月を経て、ファッション業界は80年代のスタイルを再現し、「アスリージャー(スポーツウェアと普段着を兼ねたファッション)」のようなトレンドを生み出した。「Supersonic」のヴィデオに映るJ.J.ファッドは、黒いレギンスにお揃いのスタジアム・ジャンパーを合わせている。

　「Supersonic」が全米で高く評価されたことにより、他の関係者も飛躍のきっかけを摑んだ。イージー・Eは、同曲のヒットのおかげで、アトランティック・レコード傘下のアトコとルースレスの販売契約を結ぶことができた。ドクター・ドレーも、J.J.ファッドの成功がルースレス、ひいてはN.W.Aの活動資金をもたらしたと認めている。「J.J.ファッドのアルバムで稼いだ金は、その後リリースされた多くのアルバムの資金源になったんだ」と、ドレーはHBOのドキュメンタリー『ディファイアント・ワンズ:ドレー&ジミー(The Defiant Ones)』で語っている。

　1989年のグラミー賞を1カ月前に控えて、「Supersonic」はゴールド・ディスク(50万枚以上のセールス) に認定された。ルースレスにとって、初めてのゴールド・ディスクだ。「あの曲がきっかけで、ルースレスで多くのことが起こったし、N.W.Aの初期ツアーの扉も開いてくれたと思う」とアラビアン・プリンスは語る。ルースレス・レコードの活動を支えていたにもかかわらず、1億6100万ドルの興行収入を記録したN.W.Aの伝記映画『ストレイト・アウタ・コンプトン(Straight Outta Compton)』(2015年) で、J.J.ファッドのことは全く言及されていない。セカンド・アルバムをレコーディングする段になると、複数のプロジェクトを抱えていたドクター・ドレーは延期を望んだ。しかし、J.J.ファッドは待っていられないと、1990年にアルバム『Not Just a Fad』をリリースした。「私たち、解散はしていないんだけど、セカンド・アルバムがあまりヒットせずに終わったから、ゆっくり子どもを育てることにしたの。普通の生活を送ろうと思った」とスパーリングは語っている。

L'TRIMM
ラトリム

◆ ◆ ◆

NEVER FORGET（功績）：
黒人版バービーのような2人は、バイカーショーツとネオンカラーのヘアリボンで、80年代のビーチ・スタイルを決めていた。

WHO THEY ARE（略歴）：
スパニッシュ・ハーレムで生まれ、クイーンズのホリスで育ったレディ・ティグラ（ラシェル・デ・ルージュモント）は、子どもの頃からラップ、ブレイクダンス（弟と一緒に）、グラフィティを実践してきた。タグ・ネームに選んだ、「ティグラ」は、子ども時代のニックネームだ。バニー・D（エラナ・ディッカーソン）はシカゴで生まれ、バレエとタップダンスもたしなむグラフィティ・アーティスト、Bガールに成長。2人はマイアミのクラブで出会い、ラトリムとしてパフォーマンスを始めた。なお、グループ名は、トリムというデニムの会社にインスパイアされている。アトランティック・レコードは、『Grab It!』（1988年）の他、『Drop That Bottom』、『Groovy』と合計3枚のアルバムをリリースした。

LISTEN（必聴トラック）：
プロムにぴったりのスウィートな「Cutie Pie」で、2人は「目に入れても痛くない」ほど愛しい人についてラップしている。

◆ ◆ ◆

ラトリムがマイアミ・ベースにもたらした一番の功績は、マイアミ・ベースについてのレコードを作ったことだ。1998年にリリースされた同グループ最大のヒット・シングル「Cars That Go Boom」（または「Cars with the Boom」）で、2人はサブウーファーを搭載した車でベース・レコードをかける喜びをラップしている。コーラスはシンプルで心地良く、「We like the cars（私たちが好きな車は）／The cars that go boom（大音量が出る車）」と、良質なサウンドシステムのパワーを讃えている。

レディ・ティグラとバニー・Dは当時高校生。偽の身分証明書を使ってヒップホップに忍び込んだかのようにラップしていた。「Cars That Go Boom」は、車とベースを愛するマイアミ内外の人々に強く訴えかけ、マイアミ・ベースの代名詞ともいえるサウンドシステムを讃える歌となった。なお、マイアミ・ベースとは、クラブでドライハンピング（服を着たままセックスの動作をすること）するために作られた激しい音楽である。

「東海岸でも西海岸でも共通していたのは、皆が車の中のシステムを改造していたってところ」とレディ・ティグラは語る。「皆がこれ見よがしにゆっくりと車を運転していた。そこに、音楽を聴きながら車を流す楽しさを賛美した、ベースの際立つ重低音トラックが登場したの」。

ティグラがマイアミに引っ越した時、街はベース・サウンドで溢れかえっていた。彼女は友人のニコール・ゴードン・ヘイ（ニックネームはトリッキー・ニッキー）とクラブのティーン・ナイトに足繁く通った。ティーン向けのパーティ、スカイライト・エクスプレスの常連となった2人は、『Miami Teen Express』という週1回の

> **"**
>
> # 際どい感じに仄めかした表現にしてみた。
>
> **"**

ティーン向けダンス番組に、ダンサーとして出演することになる。この番組でレディ・ティグラはバニー・Dと出会い、ラトリムを結成した。

ラリー・デイヴィス（フィラデルフィアでR&Bレコードのプロデュースをしていたが、マイアミに移り、ホット・プロダクションズに加入）の手を借りて、ラトリムはソルト・ン・ペパの「Push It」のアンサーソングを遊び心たっぷりにレコーディングした。こうしてできたのが「Grab It!」だ。「You say you wanna push it（あなたは言った、プッシュ・イットしたいって）／Let's push it and I'll show you what to do（それなら腰を突き出そう、やり方は教えてあげる）」と、ソルト・ン・ペパの曲にもさり気なく言及している。この曲は洒落っ気のあるアンサーソングだったが、バニー・Dによれば、「気づいた人はあまりいなかったみたい」だという。「Grab It!」がラジオでかかり始めると、あっという間にティグラとバニーはアトランティック・レコード傘下のホット・プロダクションズ（KC＆ザ・サンシャイン・バンドとも仕事経験のあるポール・クラインとヘンリー・ストーンが主宰していたレーベル）とレコード契約を締結。ラトリムの音楽は、マイアミ・ベースの特徴であるハイテンションな808ドラムマシンを中心に、ハイ

パーなシンセサイザー、快活なエレクトロ・ラップで構成されており、ティーンエイジャーならではのジレンマを抱えながらも、若さ、美しさ、才能に恵まれた美少女の心情が語られている。曲の内容は軽やかで若々しく、洒落も効いていた。「Grab It!」もその一例だ。

「チャンス、夢、目標を『摑んで』って意味なんだけど」とバニー・Dは含み笑いをしながら説明する。「際どい感じに仄めかした表現にしてみた」。バニー・Dが実際に付き合っていた浮気症な彼氏をモデルにした「ヤリ〇ン」のクリスという少年についての2曲など、2人の女子高生っぽい口調と、舌足らずで鼻にかかったロージー・ペレスのような声の効果で、思わせぶりな内容が少しだけスキャンダルになり、心地悪いほどに大人びたものになっていた。

「2人とも、深刻に考えすぎていなかったから、個性を活かせる場所を見つけられたんだと思う。楽しんでいたからね」とデイヴィスは語る。2020年、「Cars with the Boom」は中毒性の高い自作動画アプリ TikTok で復活を遂げる。この曲の快活なヴァイブスに惹かれた若者たちが、この曲に合わせて自分なりのダンスを投稿し、マイアミのベースに一筋の光をもたらしたデュオに、新たな命を与えたのだった。

ARTISTS FORMERLY KNOWN AS . . .

名前を変えたアーティスト

SALT-N-PEPA ソルト・ン・ペパ	⟷	**SUPER NATURE** スーパー・ネイチャー
JEAN GRAE ジーン・グレイ	⟷	**WHAT? WHAT?** ホワット？ホワット？
QUEEN LATIFAH クイーン・ラティファ	⟷	**PRINCESS OF THE POSSE** プリンセス・オブ・ザ・ポッセ
VITA ヴィータ	⟷	**HOT TOTTI** ホット・トッティ
AZEALIA BANKS アゼリア・バンクス	⟷	**MISS BANKS** ミス・バンクス
EVE イヴ	⟷	**EVE OF DESTRUCTION** イヴ・オブ・ディストラクション
MC LYTE MCライト	⟷	**SPARKLE** スパークル
FOXY BROWN フォクシー・ブラウン	⟷	**SHORTY/QUEEN NEFERTITI** ショーティ／クイーン・ネフェルティティ

The Women of Miami Bass

マイアミ・ベースの女性たち

Anquette
（アンケット）

ツー・ライヴ・クルーが卑猥なパーティ・シングル「Throw the D」をドロップした後、アンケットはアップテンポなアンサーソング「Throw the P」をリリース。同じ808とスクラッチを使って、「How could you throw a dick that was miniature size?（ミニチュア・サイズのチン〇突き出すとか、何考えてんの？)」と3人は問いかけている。正論である。

Missy Mist
（ミッシー・ミスト）

本名ミシェル・ブルーム。「Make It Mellow」、「Let's Get This Party Started」など、マイアミのベースプロデューサー、DJエリック・グリフィンと主に仕事をしている。前者をきっかけに、彼女はアトランティック・レコードとの契約を獲得。また、後者では「Let's Get This Party Started」(「the rock and roll guitar will have you jammin' so hard.（ロックのギターであなたも激しく盛り上がるはず)」）とラップしている。

MC Luscious
MCルシャス

1990年にボーイズ・フロム・ザ・ボトムの「Boom I Got Your Girlfriend」のアンサーソング、「Boom I Got Your Boyfriend」をリリース。読んで字のとおり、他の女性が付き合っている魅力的な彼氏を奪うことが、この曲のテーマだ。

Get Fresh Girls
ゲット・フレッシュ・ガールズ

地元マイアミの人々が一番覚えている
のは、信用ならない男性の浮気現場を目
撃したよとラップする「I Seen Your
Boyfriend」。快活ながらも訓話
的な1曲だ。

Dimples Tee
ディンプルズ・ティー

1987年の「Jealous Girls」に応えて、「Jealous
Fella's」をリリース。2人は「ladies in the
eighties are tryna get ahead（80年代の女性た
ちは、成功しようと頑張ってる）/ while jealous
fellas like you want us to stay in bed.（あん
たたちみたいな嫉妬深い男たちは、女の居
場所はベッドだと思ってるけど）」と
ラップしている。

Fresh Celeste
フレッシュ・セレステ

「Get It Boy」では、ダンスフロアに出
て踊ってみろと男性をからかうラップを
しているが、「Dangerous Loverboy」
のような切ないR&Bのラヴソング
も歌っている。

Tricky Nicki
トリッキー・ニッキー

ラトリム（L'Trimm）3人目のメンバー
になるはずだったが、レディ・ティグラと
バニー・Dが契約を結ぶ前に、グループを離
れた。シングル「Bust the Rhythm of my
ABC's」で復活したが、その後はラッパー
を引退し、ネイション・オブ・イスラム
に入信した。

OAKTOWN'S 357

オークタウンズ・357

◆ ◆ ◆

NEVER FORGET（功績）:
ノトーリアス・B.I.G.は、莫大な銃のコレクションを自慢する「Come On」の中で、オークタウンズ・357（グループ名は.357マグナム弾に由来）の名前を出している。

WHO THEY ARE（略歴）:
M.C.ハマーのバックアップ・ダンサーとして活動した後、ハマーの指揮の下、正式にグループとなる。ハマーのハイパーなダンスを踏襲したスタイルで、ハマー主宰のバスト・イット・レコードから『Wild & Loose』（1989年）、『Fully Loaded』（1991年）と2枚のアルバムをリリースした。

LISTEN（必聴トラック）:
「Juicy Gotcha Krazy」は、異性を魅了する女性について語ったハイスピードで洒落の効いたダンス・レコード。

◆ ◆ ◆

世界中が「U Can't Touch This」を耳にする1年前、M.C.ハマーはクロスオーヴァー・ラップのキングになろうとしていた。自主制作アルバム『Feel My Power』（後に『Let's Get It Started』というタイトルで再リリースされた）は6万枚のセールスを記録し、ハマーは故郷のカリフォルニア州オークランドでスターになると、キャピトル・レコード傘下に自身のレーベル、バスト・イットを擁するまでになった。彼が帝国の父になる準備は整っていた。あとは良いアーティストを数人揃えればいい。彼を引き立てつつ、女性ラップ・グループとして当時最高の人気を誇っていたソルト・ン・ペパと肩を並べられるような、ガール・グループも必要だった。

オークタウンズ・357結成の背景には、「ハマーのサウンドとスタイルをベースに、ハーレム・パンツを含む彼のイメージを踏襲したグループを作る」という意図があった。全てを兼ね備えたグループとしてオークタウンズ・357を売り出すためには、エネルギッシュなダンス・ミュージックと、激しい振付が必須だった。ハマーのパフォーマンスはサーカスのようなエネルギーに満ちており、ダンサー軍団は座長ハマーのスタミナに負けないよう、必死に踊っていた。ハマーは、踊ることが大好きだったのだ。

ハマーは、レーベルの所属アーティストを選び始めた。まず彼は、ソルト・ン・ペパの「Tramp」に合わせてラップしていたバックダンサーのフィリス・ナャールズ（通称リル・P）をソロ・ラッパーにしようと試みた。しかし、リル・P（ハマーは彼女をオークランド陸軍基地でスカウトしていた）はソロ活動を望んでいなかった。そこでハマーは、リル・Pを他のダンサーと組ませる。こうして、エミリーヴィルのクラブ・シルクで知り合ったスヘイラ・サビア（通称スウィート・LD）と、シングル「Ring 'Em」のプロモーション中にサンフランシスコのパレイディアムで出会ったタバサ・ブルックス（テリブル・T）の2人が加わった。

グループが大きくなるにつれ、最大級のクラブを回ったけれど、どこに行っても熱狂的に歓迎されていた。ある意味では、ハマーが357を助けたのと同じように、357もハマーを助けていた。

オークタウンズ・357というグループ名の由来は、グループそのものよりも遥かに物騒だ。「357という数字は、『.357マグナム弾』のこと」とスウィート・LDは言う。「武器の力を、パフォーマー、ダンサー、女性、アーティストとしての私たちの力と結びつけた。この数字は、私たちの個性にも合っている……セクシーってワケじゃないけど、間違いなく楽しくて、自信満々で、大胆不敵なの」。

ショウの準備に際して、ハマーはダンサーたちにブートキャンプを義務づけ、ランニングやウェイトトレーニングを課した。カリフォルニア州ヴァレーホでデビュー・アルバムをレコーディングしていた時には、その場でダンス・ルーティンを作り、必要に応じて曲のペースを調整していたという。「スタジオの中で音楽をガンガンかけると、ハマーはいつも立ち上がって、ダンサーと踊っていた。テンポが正しいかを確認していた」と、ハマーのプロデューサーで、オークタウンズ・357の仕事を担当していたジェイムズ・アーリーは語る。「ダンスがぴったりハマるか、確認していたんだ」。繰り返しになるが、ハマーは踊ることが大好きだった。

オークタウンズ・357が本物のスターとなるには、努力を要した。ハマーが思い描いていたのは、リック・ジェームスやメリー・ジェーン・ガール、プリンスが作ったヴァニティ・6のようなガール・グループだ。スウィート・LDもテリブル・Tもラップの未経験者だったため、ハマーはファースト・アルバム『Wild & Loose』のソングライティングを手伝い、前述のアーリーと、ハマーの右腕だったフェルトン・パイレートがプロデュースを担当した。しかし、音楽はライヴ・ショウの脇役と言っても過言ではなかった。兄の影響でブーガルーとポッピングを始めたテリブル・Tは、ストリート・ダンスをグループのルーティーンに取り入れた。ハマーのショウの企画を手伝いながら、彼女とスウィート・LDは、357の振付も自ら手がけ、カラフルで実用的なバイカーショーツや、動きやすいストレッチ素材を衣装にしていた。「バイカーショーツやトレーニング・ウェアを着ていたのは、激しいダンスをしていたから。当時は皆、汗をかいても気にしなかった。ダンスフロアに出たら、とことん踊るのがお約束だった」。

「彼女たちは文字通り、あの世代に踊り方を教えていた。『ソウル・トレイン（Soul Train）』に出演して、皆を熱狂させていた。グル

ープが大きくなるにつれ、最大級のクラブを回ったけれ
ど、どこに行っても熱狂的に歓迎されていた。ある意味
では、ハマーが357を助けたのと同じように、357もハ
マーを助けていたんだ」とアーリーは言う。その頃のハ
マーは絶好調で、白人にも愛されるまでになっていた。
「U Can't Touch This」は、1990年代の幕開けに、ポッ
プ界で大ヒットを記録していた。

「俺がハマーに出会った時、彼はクリスチャン的とも言
えるような、恐怖心を煽らないヒップホップをやろうと
していた」とパイレートは語る。「白人のお年寄りが彼
の音楽を買ってるって、よく冗談で話していたんだけ
ど、あれはちょうど良いタイミングでたまたま起こった
現象だった。357もその流れを汲んでいた。彼女たちは、
フッド出身だなんて嘘をついていなかった。これはダン
ス・ミュージックで楽しむ音楽だから、楽しんじゃおう
って感じでね」。

オークタウンズ・357は、1998年のデビュー・シン
グル「Juicy Gotcha Krazy」で中ヒットを記録。リル・
Pはミュージック・ヴィデオ（マドンナ、ダイアナ・ロ
ス、ティナ・ターナーに扮した女性たちが出演するトー
ク番組のパロディで始まる）のリリース前にグループを
脱退した。「飛行機の中であの曲を書き始めたんだけど、
ジョークみたいなものだった。Ooh, Juicy got you crazy
（ジューシーなプッシーにどハマりしたんでしょ）って」。

ハマーがヒップホップのルーツから逸脱していると非
難を浴びる中（実際のところ、ヒップホップはダンス
とパーティを核にスタートしていたのだが）、オークタ
ウンズ・357が批判に巻き込まれることもあった。ノト
リアス・B.I.G.は「Come On」の中で、「You can't
touch my riches（俺のリッチズ［富］にはお前も手を
出せない）／Even if you had M.C. Hammer and them
357 bitches.（M.C.ハマー［撃鉄］と357［マグナム弾］
のビッチズでも不可能）」とライムし、グループ名に言
及している。それでも、オークタウンズ・357は、「シ

ョウマンシップを軸としたヴィジョンを持つアーティス
ト、パフォーマー、プロデューサー」としてのハマーの
正当性を証明した。90年代を象徴する東海岸／西海岸
のビーフが起こり、ノトリアス・B.I.G.とトゥパック
が死に至る前に、ハマーはシーンを支配していた。当時
はニューヨークが所謂「純粋」なヒップホップの中心地
で、ハマーとオークタウンズ・357は、ポジティヴな明
るさを湛えた対抗勢力だった。

「M.C.ハマーはダイナミクスを変え、ヒップホップの
スタイルやサウンドを変えていたから、みんな彼のショ
ウに脅威を感じていた。『あいつは西海岸出身だ。MC
じゃない。あいつはああだ、こうだ……』って、ラップ・
アーティスト、パフォーマーとしての彼を貶めるような
発言が多かった」とスウィート・LDは語る。「それで
も、彼がやったことを振り返ってみれば、好き嫌いはあ
るかもしれないけれど、企業とのスポンサー契約をはじ
め、たくさんの扉を開いてきた。彼のおかげでラッパー
がパフォーマンスできるようになった場所もあるし」。

「はっきり言って、ラッパーとしての彼に、目を見張る
ものはなかった」とパイレートは言う。「でも、エンタ
ーテイナーとしては、一部に毛嫌いされていようが、偉
業を成し遂げた。そこには敬意を払うべきだ」。

オークタウンズ・357は、1991年にセカンド・アル
バム『Fully Loaded』をリリースしたが、その後バス
ト・イット・レコードから契約を解除された。メイン
ストリームでの知名度は低いものの、彼女たちのスタイル
はいまだ異彩を放っている。「東海岸の人たちの中には、
M.C.ハマーを好きになりたくないからって、オークタ
ウンズ・357をこっそり聴いていた隠れファンもいたと
思う」とスウィート・LDは語る。「ある意味、357はハ
マーが認められるために存在した、心地良い緩衝材のよ
うなものだった」。

MIA X
ミア・X

「セックスは売れる」をモットーとする
音楽業界で、女性に課される体型の制
約と闘ったミア・Xが、当時を振り返る。

She Speaks
本人は語る

私はバトル・ラッパー
としてもライターと
しても実績があっ
たけれど、業界で
はプラスサイズの
ラッパー扱いだった。
整形も一切拒否して
いたから、「君はすごく
綺麗だけど、痩せたらもっとヴィデオ
を撮ってもらえるよ。男っていうのは
視覚で反応するし、セックスは売れる
から」なんて言われていた。

その頃は既に、細くて小さい子だけ
じゃなく、ギャングスタ・ブーやトリー
ナみたいに、メリハリのある女性ら
しい体型をした子たちもいた。コーン
ブレッドを食べて育った南部系女子ね。
だから、私はセクシーさを売りにする
必要を感じていなかった。

誰もが特定の体型やルックスに迎合
していたけれど、私は近所の姉ちゃん
風の親しみやすいルックスだった。地
毛をローラーでセットしてね。Dカッ
プの胸も、このお腹も、この大きなお
尻も全て自前。腹筋が割れてる女性と
同じくらい、私の体型も男ウケはいい
んだよ。プロモーションに関して言うと、私
は6週間で50万枚のレコードを売っ
ていたのに、制作されたヴィデオは1本。
同じ時期にレコードを出していた女性

たちみたいに、4、5、6本とヴィデオ
を作ってもらっていないことに気づいた。
(私を)見て、「彼女は才能があるけれど、
ちょっと太めだし、背も高くない」なん
て言っていたのは、レコード会社の重役

や、大物ディレクターだった。
なかなかキツかった。「体型はいい感
じだから、あと20キロぐらい痩せたら、
すごく売れると思うんだけど」なんて言
われていたし、ディナーに行くと、私と

親しい業界の女性や重役たちは、「あなたは超美肌だけど、脂肪を溶かすスチームルームや、こんな場所もあるわよ」なんて言わされていた。

「分かってたけど、健康に問題がない限り、私は今の体型で満足」って思ってたけどね。私はシースルーのボディスーツみたいな衣装は着ないから、他の女の子みたいな美しさはないってことも分かっていた。でも、私は既に子どもがいたし、自分の局部やお尻をシースルーの布で覆うなんて嫌だった。セックスを売るなら、ライムのセクシーさを売ってよってレーベルには言っていた。おっぱいを見せるような関係じゃない人には、おっぱいは見せないからねって。たとえ私が痩せていても、おっぱいは見せない。大切な箇所は見せない。そんなことしたら、グランマが卒倒しちゃう！ だから私はいろんなチャンスを逃したし、『誰が一番セクシーか』なんて特集している雑誌でセクシーだとも思われていなかったけれど、最高にドープだとは思われていたから、その評価をいただくつもり。視覚的なイメージのパワーは理解していたけれど、私は自分の意見を貫いた。私みたいな女性はたくさんいる。だから私は、市井の人々のチャンピオンになった。

◆ ◆

NEVER FORGET（功績）：
バウンス・ミュージックのパイオニアの1人。

WHO SHE IS（略歴）：
本名ミア・ヤング。ニューオーリンズのセヴンス・ワード（第7区）出身のミア・Xは、破竹の勢いでシーンを席巻したマスター・Pのノー・リミット・レコードに所属していた。ザ・シークエンスの「Funk You Up」を聴いて、ラッパーを志したという。14歳でニューヨーク・インコーポレイテッドというラップ・グループに加入すると（プロデューサーはマニー・フレッシュ）、ダンスホールを借りて5ドルのディスコ・パーティを開いていた。また、DJジャジー・ジェフ＆ザ・フレッシュ・プリンスやRun-D.M.C.の前座をやることもあった。ピーチズ＆テープスというレコード店で働いていた時にマスター・Pと出会い、ノー・リミット・レコードと契約。1995年のデビュー・アルバム『Good Girl Gone Bad』をはじめ、3枚のアルバムをリリースした。

LISTEN（必聴トラック）：
1992年のデビューシングル「Da Payback」では、「Females are women and girls, not bitches and hoes（フィメールっていうのはウーマンとガール、ビッチとホーじゃない）」とラップし、セックスの弱い男性を「weak-ass dick（軟弱チン〇）」とからかっている。

◆ ◆

Women in Duos & Groups

女性デュオとグループ

Doggy's Angels
ドギーズ・エンジェルズ

スヌープ・ドッグが結成した女性ラップ・グループ。メンバーのコニャック（Coniyac）、ビッグ・チャン（Big Chan）、コラ・ロック（Kola Loc）は、ファンクにインスパイアされたR&Bラップ・ソングをリリースした。

Us Girls
アス・ガールズ

デビー・D（Debbie D）、リサ・リー（Lisa Lee）、MCシャーロック（MC Sha-Rock）は当初、エンプレスとして活動していた。1984年公開の『ビート・ストリート（Beat Street）』でパフォーマンスしている。

Paulette Tee & Sweet Tee
ポーレット・ティー＆スウィート・ティー

2人はポール・ウィンリー（ハーレムを本拠とする、ウィンリー・レコードを主宰）の娘。10代だった1979年、父のバンドをバックにレコーディングした「Rhymin' and Rappin'」をリリースした。同年、シュガーヒル・ギャングの「Rapper's Delight」がラップ初のヒットに。

Get Em Mamis
ゲット・エム・マミズ

ボルチモア出身のロクシー（Roxzi）とシンフォニー（Symphony）は、「Cold Summer」や「When You See Us」など、ハイパーでハードコアなクラブ・アンセムを得意としていた。

The Playgirls
ザ・プレイガールズ

ソロになる前のスパーキー・D（Sparky D）が、ブルックリンのブラウンズヴィルで、友人のシティ・スリム（City Slim）とモー・スキー（Mo Ski）と結成したグループ。3人はスートラ・レコードと契約し、シングル「Our Picture of a Man」をリリースした。

Missy Dee & the Melody Crew
ミッシー・ディー＆ザ・メロディ・クルー

MCレディ・T（MC Lady T）を中心とした4人組。1981年の「Missy Missy Dee」では、ディスコ・トラックをバックに歯切れ良いラップを披露している。

Dee Barnes and Body & Soul
ディー・バーンズ・アンド・ボディ＆ソウル

ディー・バーンズ（Dee Barnes）とローズ "オールマイト・T"・ハッチンソン（Rose "Almight T" Hutchinson）は、ボディ＆ソウルとして1989年にデビュー・シングル「Dance to the Drummer's Beat」をリリース。ドクター・ドレーがプロデュースし、オールスターが集結したポッセ・カット「We're All in the Same Gang」参加によって、グラミー賞にノミネートされた。しかし1991年、バーンズはドレーの黒歴史の一部となってしまう。ドレーは、N.W.Aに関するコーナーに腹を立て、ミュージック・ヴィデオ番組『Pump It Up!』の司会を務めていたバーンズを暴行したのだ。長い年月を経て、ドレーはようやく謝罪した。

Sisters Disco
シスターズ・ディスコ

70年代初頭のDJブレイクアウトとDJバロンズによるブラザーズ・ディスコ、その女性版として名づけられた。

Figures of Speech
フィギュアズ・オブ・スピーチ

エヴァ・デュヴァネイ（Ava DuVernay）が『グローリー 明日への行進（Selma）』や『13th－憲法修正第13条－（13th）』といったアカデミー賞候補作を監督する数十年前、彼女はイヴという名前で知られ、ジャント（Jyant）というラッパーとロサンゼルスでデュオを組んでいた。オープンマイク・ナイトで知られるグッド・ライフ・カフェで、2人が高速ラップを駆使した「Don't Get It Twisted」という曲を披露している映像もある。「当時、グッド・ライフはLAに住むブラックとブラウンの若手アーティストにとって、最高の安息地だった。あの場で私は大きく変わった」とデュヴァネイは言う。「アーティストとして考え、行動することを初めて自分に許したの。アーティストという勇気ある行動に伴うリスク、勇気、献身と粘り強さ、全てを受け入れた」

Glamour Girls
グラマー・ガールズ

スウィート・ティーとジュース・クルーのメンバーだったMCグラマラスは、スウィート・ティーのバースデー・パーティ（MCグラマラスのプロム・ナイトでもあった）で出会い、1986年に「Oh! Veronica」をリリース。魅惑的ながらもヤリ○ンな女性のストーリーを語ったバッド・ボーイズの「Veronica」に返答している。

HWA

ビッチズ・ウィズ・プロブレムズ（Bytches With Problems）と同様に、ホーズ・ウィズ・アティテューズも、N.W.Aの女性版として結成されたグループだ。ジャズ（Jazz）、ディーヴァ（Diva）、ベイビー・ガール（Baby Girl）の3人はコンプトン出身。イージー・Eのルースレス・レコードと契約を結ぶと、1994年にアルバム『Az Much Ass Azz U Want』をリリース。「Eat This」（決して食べ物がテーマではない）をはじめ、際どいラップが満載だ。

Finesse & Synquis
フィネス＆シンキス

2人のソロ・ラッパーが、フィネス＆シンキスとしてアルバム『Soul Sisters』を制作。タイトル・トラックでは、ラベル（Labelle）のヒット曲「Lady Marmalade」の一部を刻み、アップビートな女性のためのアンセムに加えている。

Poizon Posse
ポイズン・ポッセ

4人のラッパーで構成されたニューヨーク拠点のグループ。リトル・アイス（Little Ice）名義でロクサーヌ・シャンテ（Roxanne Shante）のディス・レコードをリリースしたアイシャ・ボーム（Aishah Baum）もメンバーだった。トイ・"スウィート・ティー"・ジャクソンとコラボし、1993年にアルバム『Stompin'』をリリースした。

Deadly Venoms
デッドリー・ヴェノムズ

ウータン・クラン（Wu-Tang Clan）の姉妹グループ。ラッパーのN-タイス（N-Tyce）、フィネス（Finesse）、チャンプ（Champ）、J・ブー（J-Boo）の4人は、メジャー・レーベルからの1枚を含め、3枚のアルバムのほか、「Venom Everywhere」、「Bomb Threat」（「I got dreams like Jordan got cream.（ジョーダンにクリーム／金があるみたいに、私にはドリーム／夢がある）」とN-タイスはラップしている）などのストリート・レコードもリリースしている。

NIKKI D

ニッキー・D

◆ ◆ ◆

NEVER FORGET（功績）:
女性ラッパーとして初めてデフ・ジャム・レコーディングスと契約。

WHO SHE IS（略歴）:
1986年の秋、ニッキー・D（ニシェル・ストロング）はロサンゼルスからニューヨークに引っ越した。目的はひとつ。ヒップホップ界で最大のレーベル、デフ・ジャムと契約することだ。デフ・ジャムの代表だったラッセル・シモンズは、プロダクション・デュオ、L.A.ポッセからニッキーのデモテープを入手すると、「このビッチはドープだ！　契約したい！」と留守電を残したという。こうしてニッキー・Dは特別プロジェクトとなり、同レーベルからアルバムを1枚（『Daddy's Little Girl』）リリースした。

LISTEN（必聴トラック）:
DNAの「Tom's Diner」のベースラインとヴォーカルをサンプリングし、純真さの喪失を語った「Daddy's Little Girl」は、ビルボード誌のホット・ラップ・シングルズ・チャートで首位を獲得した。

◆ ◆ ◆

デフ・ジャム・レコーディングスがニッキー・Dを獲得する前、同レーベルを代表するラップ・アクトは全て、創業者のリック・ルービンが契約していた。ルービンのビジネス・パートナーでホリス出身の起業家だったラッセル・シモンズは、ルービン（ニューヨーク大学の寮で同レーベルを設立）と手を組み、デフ・ジャムをラップ界の名門企業に育て上げると、Run-D.M.C.、LL・クール・J、パブリック・エネミー、ビースティ・ボーイズなど、初期のレジェンドを世に送り出した。しかし、ヒップホップ界の最重要レーベルは、女性ラッパーをひとりも擁していなかった。それまでR&Bアーティストとしか契約していなかったシモンズは、ここで勝負に出た。

「ラッセルにとって、重要なプロジェクトだった」と、デフ・ジャムのビジネス・マネージャー兼A&Rディレクターだったフェイス・ニューマンは語る。「当時、LL・クール・Jやビースティ・ボーイズ、パブリック・エネミーと契約していたのはリックで、ラッセルはオラン・"ジュース"・ジョーンズやアリソン・ウィリアムズといったR&B（アーティスト）と契約していた。ニッキーは、ラッセルが契約したアーティスト。彼はあのプロジェクトと密に関わっていた。デフ・ジャム初の女性ラッパーだったから、彼にとって大きな意味を持っていた」。

また、レーベルが（少なくとも建前上は）女性ラッパーに力を入れていたことにも大きな意味があった。ビースティ・ボーイズやパブリック・エネミーのようなレーベルメイトと比べると、ニッキーの「売り」はそこまで際立っておらず、すぐには分からなかった。ニッキーのレザー・キャップと金歯が印象的なシングル「Lettin' Off Steam」のヴィデオでは、パブリック・エネミーのフレイヴァー・フレイヴがハイプマンとしてカメオ出演している。しかし、彼女に大ヒットをもたらしたのは、「Daddy's Little Girl」だ。「Before I made love, I should've been protected（セックスする前に、避妊

しとくべきだった）/ 'Cause now I'm in a jam with this careless punk（おかげで軽率なろくでなしと窮地に陥ってる）」というリリックが登場するが、当時は「妊娠を隠す」ことについてラップするアーティストは少なかった。同曲は、ビルボード誌のラップ・チャートで第1位を獲得した。

デビュー・アルバム『Daddy's Little Girl』の制作陣は豪華だ、「Fight the Power」や「911 Is a Joke」といったパブリック・エネミーの名盤を手がけたボム・スクワッドのエリック・サドラーも参加した。「Wasted Pussy」、「Your Man Is My Man」、「Gotta Up the Ante for the Panties」など、曲のタイトルを見るだけでも、彼女がメッセージを送っているのは明らかだった。「私がやっているのは、女子側のこと」とニッキーは1990年、ボストン・グローブ紙に語っている。「男性は、いつも私たちをけなしてきたでしょ。今度は私ボロカス言う番」。しかし、単にメッセージを発信するだけでは、デフ・ジャムに所属する他の大物には敵わなかった。「彼女は自分に正直にラップしていた。誰かが彼女をフェミニストの型にはめようとしていたワケじゃない」とニューマンは語る。真の課題は、彼女のレコードをヒットさせることだった。

シモンズがファット・ファーム（1992年創業のアパレル・ブランド）など、デフ・ジャム以外の他事業に力を入れ始めたことで、ニッキーの勢いは弱まってしまった。ニューマンはコロムビア・レコードに移籍し、シモンズのビジネス・パートナーだったリオ・コーエンがデフ・ジャムを指揮するようになった。レーベルの再編により、ニッキー・Dのプロジェクトは放置されてしまっ

た。「あれでデフ・ジャムは大きく変わった。リオがやって来て、全てを仕切るようになり、小さなレーベルをたくさん立ち上げていた」とニューマンは言う。「おそらく彼女は、デフ・ジャムの混乱期に巻き込まれてしまったんだと思う。サポートしてくれる人もいなくて、レーベルはあまりにクレイジーな状態だったから、アルバムはその中で埋もれてしまったのかも」。

配慮に欠けるデフ・ジャムに業を煮やしたニッキーは、契約解除を求めた。「あの頃、レーベルは女性を理解していなかった。男性アーティストのように私を売り出そうとしていたけれど、私は男性じゃないし」と、彼女は2009年にXXX誌のインタヴューで語っている。「私には何の決定権もなかったし、自分のキャリアをコントロールできないと感じていたから、身を引きたかった」。レーベルは彼女のニーズに応えられなかったが、デフ・ジャムが築いた帝国にとって、ニッキー・Dが重要なメンバーであることに変わりはない。

BYTCHES WITH PROBLEMS

ビッチズ・ウィズ・プロブレムズ

◆ ◆ ◆

NEVER FORGET（功績）：
ハイプ・ウィリアムズが初めて監督としてクレジットされたミュージック・ヴィデオは、BWPの「We Want Money」だ。

WHO THEY ARE（略歴）：
BWPのリンダ・マカスキル（クイーンズ出身）とタニーシャ・ミシェル・モーガン（ニュージャージー州ニューアーク出身）は、同世代のN.W.Aと同じように、物議を醸すアーティストとして名声を博した。2人は1991年に『The Bytches』をリリース。1993年に『Life's a Bitch』がリリース直前でお蔵入りになると、潔くラップから足を洗った。

LISTEN（必聴トラック）：
1990年のシングル「Two Minute Brother」は、ミッシー・エリオットのヒット曲「One Minute Man」の先駆けとも言えるだろう。

◆ ◆ ◆

1991年、『フィル・ドナヒュー・ショウ（The Phil Donahue Show）』は、女性ラッパーをテーマに多彩なゲストを迎えた。出演者はMCライトとYo-Yoのほか、正義感が強くアフロセントリックなハーモニー（ブギ・ダウン・プロダクションズの妹分）と、ハーモニーとは全く意見を異にする2人組、ビッチズ・ウィズ・プロブレムズだ。当時人気を博していたのは、ギャングスタ・ラップと昼間のトーク番組。その2つを見事に掛け合わせた放送回となった。

フィル・ドナヒューはベースボール・キャップを被り、「$」マークのチェーンを首にかけてステージに登場すると、「Producers say I need to chill（プロデューサーには言われた、チル［落ち着け］って）／I never do seem to sit still（どうやら俺はスティルで［じっとして］いられないらしい）」と、みっともないラップとダンスを披露した。彼はまず、「ビッチ」という言葉の使い方について質問した。BWPのリンダ・マカスキルが、「自分が欲しいものを追い求める、強くて、前向きで、積極的な女性」と同語を定義すると、ハーモニーはこれに激しく反論。電話参加した視聴者は、BWPを「黒人女性の悪い代表」と批判した。

この緊張感が、番組を盛り上げた。「あの番組で反対意見が出ることは分かっていた。他の番組でも共演していたし」とマカスキルは振り返る。しかし番組は、出演者同士がハグしあって終わった。

ご想像の通り、ビッチズ・ウィズ・プロブレムズは、問題のあるグループだった。物議を醸す彼女たちは女性版N.W.Aと称され、話題になったため、トーク番組にも頻繁に出演するようになった。ラリー・キングは2人を「ラップ界最凶のデュオ」と呼んだ。

彼女たちは、ハードコアなイメージを売りにしていた。また、堕落した黒人女性のイメージを白人に売っていると考える人々もいたため、これが憤怒の原因となった。シスター・2・シスター誌の編集長、ジェイミー・フォスター・ブラウンは、有害と思われるラップに注意を喚起するキャンペーンの一環として、BWPのリリック

を誌面に掲載した。「女性が自分のことをビッチと呼ぶのを聞き続けていたら、女性はビッチなんだと信じてしまうのではないでしょうか？」と、ブラウンは1990年、ボストン・グローブ紙に語っている。

トーク番組で注目を浴びたことに加えて、BWPはその音楽でも挑発的な姿勢を貫いていた。1991年のデビュー・アルバム『The Bytches』は、過激なまでにあけすけで、進歩的な点も多かった。2人は性的自由を推進し、生理についての曲を書き、「Fuck a Man」や「Is the Pussy Still Good?」など、露骨なタイトルをつけていた。また、デート・レイプ（「No Means No」）についても語っていた。さらに、2人はロドニー・キングの殴打シーン（ロサンゼルス「暴動」と抗議のきっかけとなった事件）の映像を買い、警察の暴力を語った「Wanted」のミュージック・ヴィデオに使用した。

ヒップホップ・ヴィデオの監督で名高いハイプ・ウィリアムズが、初めて正式にクレジットされたミュージック・ヴィデオが、BWPの「We Want Money」だ。資金力のある男性を求める女性について語る同曲のヴィデオで、2人は大勢の女性とともにラップし、路上で男性に立ち向かう。「ビッチ」という言葉を取り戻そう、という彼女たちの試みは、過激な楽曲の中に埋もれてしまい、ラップ界で燃え立つミソジニー（女性蔑視）という火に油を注いでしまった。また、より大きなメッセージを伝えるために、何が何でも注意を引こうという行動を煽るようになった。

「私たちは、時代の先を行き過ぎていただけ。ビッチって言葉は既に存在していたけれど、私たちは『欲しいものを追い求め、歯に衣着せずものを言う、自信と積極性に溢れた女性』を描こうとしていた」とマカスキルは言う。「メディア以外の人たちから、より大きな反響があった。普通の人たちは、（ビッチズ・ウィズ・プロブレムズという）名前を気に入ってくれていたと思う」。

初期の女性グループは、人気の男性ラッパーに呼応して作られることが多く、BWPもこうしたグループのひとつだった。『Yo! MTV Raps』の共同ホストで、マーク・スキートとノー・フェイスというラップ・グループでも活動していたエド・ラヴァーは、スキートとと

もに、「西海岸のN.W.Aみたいな女性版グループを作ろう」と思い立った。その答えが、ビッチズ・ウィズ・プロブレムズだ（なお、ルースレス・レコードのホーズ・ウィズ・アティテューズも、N.W.Aの女性版である）。

マカスキルは19歳でワーナー・ブラザーズ・レコードとソロ契約を結ぶと、テディ・ライリーのプロデュースで、10代の母親をテーマにした曲をレコーディングしていた。ノー・フェイスの「Half」に参加し、同曲のミュージック・ヴィデオで夫婦の財産半分を手にする花嫁を演じた後、マカスキルはスキートのために「Two Minute Brother」をレコーディングする。スキートは後で、この曲にBWPのタニーシャ・ミシェル・モーガンのパートを付け加えた。

ニュージャージー州ニューアーク出身のモーガンは、高校で臨時教師のアルバイトをしながら、KCフライトのバックダンサーとして活動するほか、バレエの講師もしていた。KCフライトとノー・フェイスのツアーに参加した際に、モーガンはリムジンの中で「yo mama（お前の母ちゃん）」ジョークをいくつか披露する。エド・ラヴァーは、モーガンのジョークと才能に感心し、彼女をBWPに引き入れた。

エド・ラヴァーの仲立ちでイージー・Eのルースレス・レコードのレコード契約を獲得すると、BWPのキャリアはすぐさま軌道に乗った。彼女たちのデモを聴いたラッセル・シモンズは、契約を買い取り、自身が運営するラッシュ・アソシエイテッド・レーベル（RAL）で販売契約を結んだ。BWPはファースト・アルバムをクイーンズの小さなスタジオ（駐車場はネズミの巣窟だった）でレコーディングし、マカスキルがリリックのほとんどを書いた。

マカスキルとモーガンは、「過激な発言をするギャングスタ・ガール」という市場性の高いキャラクターに傾倒していった。2人とも、自分たちが売っているのはイメージだと自覚しており、イメージは刺激的であればあるほど良いと考えていた。「私はフッド系女子じゃなかった。自分のことをビッチって呼んだこともないし。演技だと思ってやっていただけ。あれは素晴らしいマーケティング・ツールだった」とモーガンは語る。「例えば、

デスティニー・ガールズとかダイアモンド・プリンセシズとか、他の名前だったら、私たちは全く注目されなかったはず。でも、複雑な気分だった。ラジオで曲をかけてほしかったけれど、卑猥な曲ばかりでオンエアはムリだったから」。

モーガンによれば、『Yo! MTV Raps』は「Two Minute Brother」のワンシーンをカットするよう求めてきたという。マカスキルが、数センチのディックを手で表現するシーンだ。内容の露骨さは、グループ名で暗

BWPがDJクイックのプロダクション・チームと手を組み、ロサンゼルスでセカンド・アルバムのレコーディングを始めると、グループの音楽性とシモンズの思惑にずれが生じた。マカスキルによると、シモンズは「お前ら、俺のビッチズに何をした?」と侮辱的な発言をしたという。セカンド・アルバムでは、10代の妊娠や生活保護、金目当ての男探しなどについて語られている。しかし、先行シングルはほとんどラジオでかからず、2人のケミストリーも失われていった。話題性を持続でき

> **"**
>
> # BWPは性的自由を推進し、生理についての曲を書き、「Fuck a Man」や「Is the Pussy Still Good?」など、露骨なタイトルをつけていた。
>
> **"**

に示されており、最初はこれが大きなセールスポイントとなったが、その後はマイナスに作用してしまった。なお、90年代半ばには、世界中のフェミニストたちが、「ビッチ」という言葉を取り戻そうとしていた。例えば、カナダのライオット・ガール・バンド、フィフス・コラムは、アンセムとなった「All Women Are Bitches」をリリースし、1996年にはビッチ誌が創刊した。「ビッチ」という言葉は、蔑称として使うヒップホップ界の男性にかかれば武器になるが、女性の手にかかれば、よりパワフルかつ公共的な意味を帯びるようになる。BWPはそれを知っていたのだ。

「私がティーンの頃は、近所でよく使われていた言葉だった。仲良い娘たちと遊んでいる時、お互いを『ビッチ』って呼び合っていたし」とマカスキルは語る。「言葉は使っていたけれど、当時はああいった言葉にどれほどの力があるか、理解していなかった。これからも使うつもりだけど、今は昔ほどは使っていない。私たちがあの言葉を使って、ああいった姿勢を表明していたことが、実際どれほど役に立っていたかは分からない。気にしない人もいれば、嫌がる人もいた。でも、私たちはそのまま受け入れていた」。

ずに、グループは解散した。「テレビ(プロモーション)は諸刃の剣だった」とモーガンは言う。「私たちはあらゆるトーク番組に出ていたから、皆から活動家だと思われていた。すごくストレスが溜まった」。

それでも、BWPはまずまずの功績を残した。1991年に公開されたハル・ベリー主演のロマンティック・コメディ映画『ストリクトリー・ビジネス(Strictly Business)』では、クラブのバスルーム・シーンで短いながらも出演を果たした(2人はアップタウン・ガール1、アップタウン・ガール2とクレジットされている)。マカスキルはその後、薬物乱用のカウンセラーになり、モーガンはエディ・マーフィーのアニメ『The PJs』やマクドナルドのコマーシャルで声優/ナレーションを務めたほか、ニュージャージー州ニューアークの市長室でも仕事をした。

「私たちは、N.W.Aのようなギャングスタ・ラップをやったごく初期のガール・グループだった」とモーガンは言う。「私たち、ミリオンセラーは出していないけど、爪痕は残したと思う。今の人たちがやっているような音楽に、私たちは道を開いた。それについては、嬉しく思っている」。

N-TYCE
N-タイス

ワイルド・ピッチ・レコードと契約した時、私はノースカロライナ州グリーンズボロにある私立の女子大、ベネットカレッジで放送とコミュニケーションを専攻していた。

大学4年になる直前の夏、大学の友達数人とニューヨーク大学の寮に泊まっていた。夏のあいだ、皆でニューヨークに行って、私は音楽制作に励んでいたの。この時に作ったのが、「Hush Hush Tip」。レコード会社の人たちが、業界のパーティに連れて行ってくれたんだけど、ニューヨーク中がウータン・クランの話題で持ち切りだった。ノースカロライナでは聞いたことがなかったから、「ウータン・クランって何?」って思ったんだけど、彼らは既に業界で有名だった。

ワイルド・ピッチで働いていたシンシアって男性が、プリンス・ラキームって人を紹介してくれて、皆で一緒に遊ぶようになった。ラキームはパーティで私のところに来て、「ワッツアップ、N-タイス?」って挨拶してくれた。ウータン・クランのTシャツを着ていて、「俺はウータン・クラン!」なんて言っていた。私は「マジで! ウータン・クラン、知ってるよ!」って答えたんだけど、メンバーが何人もいるとは知らなかった。ちなみに、このラキームって、RZAのことね。

ラキームは、私をプロデューサーのフォース・ディサイプルに繋いでくれた。私がスタジオにいた時、ウータンもスタジオにいて、「Hush Hush」はもうレコーディング済みだったんだけ

ど、男性を入れたいと思っていた。メソッド・マンが「俺がやるよ!」って言ってくれて、「Hush Hush Tip」が誕生した。私はアトランティック・スターの「Secret Lovers」が大好きだったから、それのラップ版を作ったって感じ。

ワイルド・ピッチからは、「Black to the Point」、「Sure Ya Right」、それからB面として「Hush Hush Tip」を出した。でも残念ながら、アルバム『Single File』はリリースされなかった。ナズの曲もたくさん手がけていたL.E.S.がプロデュースしたクールな曲もあったんだけどね。ウータンと縁の深かったキラー・プリーストや、モニー・ラヴも参加していた。バランスの良いアルバムだったけれど、残念ながらワイルド・ピッチはEMIレコードと問題を抱えていて、私のアルバムは優先事項じゃなかった。

アルバムがお蔵入りになった後、ストームって知り合いがガール・グループを作るって話をしていて、興味があるか訊いてきた。デビュー前から、私はずっと女性ラッパーが大好きだった。大ファンだったのは、MCライトとソルト・ン・ペパ。アップタウン・レコードからデビ

ューしていたフィネス&シンクイスも大好きだったから、フィネスもグループに入るって聞いて、私も入ることにした。それから、チャンプとクイーンズブリッジ出身のJ・ブーが入った。これがデッドリー・ヴェノムズの始まり。ストームが(名前とコンセプトを)全て考えた。女性ラップ・グループに入るのはいいアイディアだと思った。女性グループって、全然いなかったからね。ソルト・ン・ペパとフィネス&シンクイスはいたけれど、ウータンみたいなグループはいなかった。私たちはウータンの女性版になるはずだったの。私は大学を卒業してすぐ、このプロジェクトに取り組み始めた。

結婚式に出るためにノースカロライナに戻って来たんだけど、そこで恋に落ちて、その後ニューヨークに戻ることはなかった。今の夫とは3年くらい付き合ってから結婚して、それ以来ずっと一緒。音楽活動に多くの時間を費やしてきたから、そろそろ家族を持とうと思って。私は母になった。子どもは2人。今はインスピレーショナルなヒップホップをやっている。

NEVER FORGET(功績): ノトーリアス・B.I.G.が死去する前、彼とのあいだでコラボ話が持ち上がっていた。

WHO SHE IS(略歴): ノースカロライナ州グリーンズボロ出身のN-タイス(アマ・アレン)は、MCスパイスとして地元のラップ・グループ、ビジー・ボーイズで活動していた。同グループのマネージャーの手助けを得て、16歳でワイルド・ピッチ・レコードと契約。その後、ウータン・クランの妹分とも言える女性ラップ・グループ、デッドリー・ヴェノムズのメンバーとなった。

LISTEN(必聴トラック): N-タイスの代表曲は、浮気について語ったメソッド・マンとのコラボ曲「Hush Hush Tip」。

YO-YO

ヨーヨー

◆ ◆ ◆

NEVER FORGET（功績）：
90年代の人気番組『Martin』で、マーティン・ローレンス扮するシェネネのお喋りな友人、キロロを演じた。

WHO SHE IS（略歴）：
ヨーヨー（ヨランダ・ウィテカー）は母ときょうだい2人とともに、ロサンゼルスのサウス・セントラルで育った。地元では有名人で、ワシントン・プレップ・ハイスクール時代は男子相手のラップ・バトルで名を馳せていた。フリーマーケットでアイス・キューブに出会い、シングル「It's A Man's World」でコラボしたことから、大きなチャンスを掴む。イースト・ウェスト・レコード傘下でキューブが主宰していたレーベルと契約を結ぶと、5年間で5枚のアルバムをリリース。キャリアのハイライトは、レゲエ・アーティストのパトラとコラボした「Romantic Call」。同曲のミュージック・ヴィデオには、トゥパックも出演している。

LISTEN（必聴トラック）：
スムーズなセルフ・エンパワーメント・ソング「You Can't Play with My Yo-Yo」の中で、ヨーヨーは「ウーマニスト」と名乗り、自分の意見を堅持。バックで90年代のソウルフルなホーンが響く同曲には、アイス・キューブも参加し、クイーン・ラティファの声もサンプルされている。

◆ ◆ ◆

男女が対決するレコードは、ヒップホップの定番だ。それはコラボレーションであると同時に、社会学的な実験でもある。男女のどちらも、遊び心を持ちながらも互角にトラッシュトークをして、男女間のダブルスタンダードを強調することが、こうした楽曲の趣旨である。ポジティヴ・Kが1992年にリリースした「I Got a Man」は、女性を口説こうと無益な努力をする男性（ポジティヴ・K）についての曲だ。「彼氏がいるの」という女性の答えに、「What ya man got to do with me?（君の彼氏、俺には何の関係もないけど？）」とポジティヴ・Kは答えている。（関係は大ありだが……）2000年の「Chickenhead」では、ラ・チャットがプロジェクト・パットの財力をディスり、プロジェクト・パットはラ・チャットを「禿げ頭の人でなし」と呼んでいる。

アイス・キューブとヨーヨーの「It's a Man's World」（リリース時、ヨーヨーは18歳だった）も、このカテゴリーの名曲だ。ジェームス・ブラウンの名曲をサンプルした同曲の中で、2人は男女のステレオタイプをラップしながら、攻防を繰り返す。「Women, they're good for nothing.（女って、何の役にも立たねえ）」とキューブが言うと、「I'm not your puppet, so don't even try to pull.（私はあんたの操り人形じゃない、操ろうとしないで）」とヨーヨーが返す。N.W.Aが「ビッチ」に対して残忍なキャンペーンを始めた時代（「A Bitch Iz a Bitch」を聴いてほしい）に、ヨーヨーは男性から仕掛けられる「ビッチ」の猛攻撃に対して攻守両方をこなし、「It's a Man's World」のヴァースを使って、一部ラッパーの女性描写がいかにお粗末かを語っている。同曲は、アイス・キューブのアルバム『AmeriKKKa's Most Wanted』（1990年）に収録された。なお、同アルバムには、「腹を蹴り飛ばすぞ」と妊娠中の彼女を脅す楽曲も収録されている。

1980年代後半の女性ラッパーは、おそらくビッチと呼ばれるの

IF YOU WERE A FEMALE RAPPER IN THE LATE 1980S, YOU WERE LIKELY LABELED A FEMINIST, BECAUSE MAYBE YOU DIDN'T LIKE TO BE CALLED A BITCH.

1980年代後半の女性ラッパーは、おそらくビッチと呼ばれるのを嫌がっていたために、フェミニストと称されることが多かった。

を嫌がっていたために、フェミニストと称されることが多かった。当時ヒットした曲からも、彼女たちがフェミニストであることが分かる。「A woman can bear you, break you, take you（女性はあなたを産むことも、壊すことも、殺すこともできる）/ Now it's time to rhyme, can you relate to（さあライムの時間、共感できる？）/ A sister dope enough to make you holler and scream（あなたを興奮で叫ばせるほどドープなシスタに）」と、クイーン・ラティファは1989年の「Ladies First」でラップしている。それから2年後、ヨーヨーはシングル「You Can't Play with My Yo-Yo」（クイーン・ラティファの声がサンプルされている）の中で、「Label me as a woman, and sometimes I feel inferior（女性ってレッテルを貼られると、自分が下だと感じてしまうこともある）/ Falling back on the hands of time makes no man superior（過去に頼っても、男性が上にはならない）」とライムしている。

　東海岸にはソルト・ン・ペパ、クイーン・ラティファ、MCライト。西海岸にはヨーヨーがいた。デビュー・アルバム『Make Way for the Motherlode』をリリースした時、ヨーヨーは19歳。ロールモデルで、女性と黒人を積極的に支持するスタンスは、ヒップホップに恋焦がれる少女たちを強く惹きつけた。しかし、ラップに関わるヨーヨーのような女性たちは、複雑な立場に置かれていた。ラップ・ミュージックは、女性に対する憎悪と暴力が蔓延る環境を支持し、エンターテインメントとして売っていたが、それと同時に、若い黒人女性に金銭的な報酬と逃避の手段を提供してもいたからだ。

　ファースト・アルバムの全編にわたって、ヨーヨーは賢い姉／頼れる女友達を演じている。「Girl, Don't Be No Fool」のイントロは、公共放送で始まり、ヨーヨーは「This is for the men who like to dog women（この曲を女を虐げるのが好きな男たちに捧げる）/And this is for the women who like to get dogged by men（それから、男に虐げられるのが好きな女たちにも）/And this is for Ice Cube and Jinx（アイス・キューブとジンクスにも）/Because those brothers know they some dogs.（彼らも自分たちが女扱いの酷い輩だって分かっ

てるから）」とラップしている。彼女の音楽は、キューブをはじめとする男性ラッパーの傍若無人さに真っ向から対抗した。音楽ファンは彼女のメッセージを受け入れ、メディアもそれを取り上げるしかなかった。ソルト・ン・ペパ、クイーン・ラティファ、MCライト、そしてヨーヨーを通じてラップが変化し、シーンで女性が発言権を持つようになったのだ。

　元ヴァイブ誌編集長、ダニエル・スミスは語る。「自分たちによく似た、近所のイケてる女の子。（ニューヨーク出身の）LLがラップしていたアラウンド・ザ・ウェイ・ガールにはリスペクトしかないけど、カリフォルニア出身だと、彼女たちに見惚れつつも、あれは私たちとは違うって思っていた。ヨーヨーこそが、私たちそのものだった。ブレイドも何もかも。彼女の体にも親近感を持てた。自信満々なスワッグや、ラップに込められたメッセージも熱くて、J.J.ファッドのようなアーティストとは違っていた。愛してくれない男と子どもを作らないで。街角でたむろするのもやめなさい。ネイルサロンに行けないからって、イケてないワケじゃないよって、私たちが感じていることをラップにしてくれた」。

　ヨーヨーは、アイス・キューブのような男性に直接対抗しようと、黒人女性のための非営利団体、インテリジェント・ブラック・ウィメンズ・コアリションを設立した。「インテリジェント・ブラック・ウィメンズ・コアリションを始めたのは、一部のラッパーが女性に関して発しているメッセージと、その影響力を懸念したから」と、彼女は1990年、コマーシャル・アピール紙に語っている。

　ヨーヨーは、アイス・キューブとプロデューサーのサー・ジンクス（デビュー・アルバムにプロデューサーとして参加）をコ・ライターやプロデューサーに迎えることなく、セカンド・アルバム『Black Pearl』（1992年）をレコーディングした。タイトル・トラックは黒人少女に向けた賛歌だが、アルバムは前作ほど売れなかった。アルバムのメッセージが、一般の消費者にはポジティヴすぎたのかもしれない。ヨーヨーは、2015年にTVワンで放送された『Unsung』の中で、「『Black Pearl』が売れなくても、あまり気にならなかった」と語ってい

"

初めてフェミニストって呼ばれた時、「うーん、フェミニストなのかなあ。分かんない」って思ったけど、本物のフェミニストと話してみたら、「ああ、そうだ、それは私だ」って思った。

"

る。「私は自由を謳歌していたし、ほら、私は自力でやってるんだよって、皆に理解してほしかった」（なお、サード・アルバムではアイス・キューブと再びタッグを組み、「The Bonnie and Clyde Theme」などをレコーディングしている）。

「彼女のサウンドはいかにもカリフォルニアって感じだったし、彼女はこのビジネスに携わる女性であるがゆえに、払わなければならない代償を払っていた」とスミスは言う。『Black Pearl』からのシングルを全米のラジオがヘヴィー・ローテーションするなんて、あり得ないことだった。そんなこと、絶対にあり得ないから」。

ヨーヨーは楽曲やインタヴューで女性の権利を擁護する一方で、「フェミニスト」と呼ばれることを拒み、その必要性を理解していなかった。ラッパーを含め、黒人女性の多くは、黒人女性の苦闘に目を向けない白人フェミニストのブランドに抵抗していた。ヨーヨーも同じく、フェミニストというレッテルを障害と考え、ウーマニストと名乗っていた。「興味深いのは、当時の女性ラッパーの中で、フェミニストを公言していたのは、おそらくリル・キムだけだった」と、著述家で大学教授のグウェンドリン・ポーは語る。「女性ラッパーの多くが、自分はフェミニストではないと言っていた……それなのに、『でも、女性は同等の権利を得るべきだと思う』とも話していた。つまり、フェミニストってことなんだけど」。

ヨーヨーは、自分の音楽が男性によって押しつけられた女性のイメージにどれほど反発しているかに気づくと、次第に考えを変えていった。また、当時はアメリカの政治が重大局面を迎えていた時期でもある。『Make Way for the Motherlode』がリリースされたわずか2カ月後に、アニタ・ヒルがクラレンス・トーマスのセクシャル・ハラスメントを訴え、これが職場におけるパワー・ダイナミクスを変えるきっかけとなった。そして2年後には、キンバリー・クレンショウが「インターセクショナリティ（交差性）」という言葉を作り出し、「黒人であり、女性である」ことの経験が、人種差別と性差別に対する独特の幅広い視点を黒人女性に与えていると説明した。ヨーヨーのラップを通した主張は実生活を反映しており、他の分野のフェミニストの活動と並行していた。「初めてフェミニストって呼ばれた時、『うーん、フェミニストなのかなあ。分かんない』って思ったけど、本物のフェミニストと話してみたら、『ああ、そうだ、それは私だ』って思った」と彼女はTVワンに語っている。

BOSS

ボス

◆ ◆ ◆

NEVER FORGET（功績）：
西海岸のギャングスタ・ラップ・ムーヴメントに
対するデフ・ジャムの回答となった。

WHO SHE IS（略歴）：
デトロイトのウェストサイドで2人の姉と育った
ボス（リシェル・ローズ）は、ラッパーになる夢
を追って、DJパートナーのディー（アイリーン・
ムーア）とロサンゼルスに移住した。2人はラッ
セル・シモンズ率いるデフ・ジャム・ウェスト
と契約し（「ボス」は彼女のソロ名義だけでなく、
デュオの名義でもあった）、1993年にデビュー・
アルバム『Born Gangstaz』をリリースした。

LISTEN（必聴トラック）：
「Deeper」は、ドラッグとパラノイアについて
語ったハスラーのアンセム。ボスは「ハード・ビ
ッチ」を自称している。

◆ ◆ ◆

　1991年にボスがデトロイトからロサンゼルスに移住した頃、ラップはアメリカ全土を恐怖に陥れていた。カリフォルニア州のコンプトンやワッツのような地域は、ギャングの温床となっており、レーガン大統領の下、黒人や貧困層を標的にした麻薬取締法や犯罪法によって消耗していた。こうした状況の中から、この上なく辛辣かつ荒んだラップのサブジャンルが生まれる。それは、政治的に全く悪びれることを知らないヒップホップだった。

　ギャングスタ・ラップは、ヒップホップ（主にハッピーな音楽で、気持ちを盛り上げ、情報を伝達し、政治的でもあった）をダーティな方向に進め、ジャンルの軸を西へと傾けた。ギャングスタ・ラップの理念を確立したのはフィラデルフィア出身のスクーリー・Dだが、このサブジャンルをメインストリームで大ヒットさせたのは、西海岸のラッパー、アイス・TやN.W.Aだ。2016年にN.W.Aがロックの殿堂入りを果たした際のステージで、ケンドリック・ラマーは「『ギャングスタ・ラップ』って呼ばれていたけれど、俺にとってはロサンゼルス、特にコンプトンのコミュニティで実際に起こっていたことを、詳細に伝える音楽だった」と語っている。

　東海岸では、ラッセル・シモンズとリオ・コーエンの指揮の下、デフ・ジャム・レコーディングスがLL・クール・J、EPMD、パブリック・エネミー（「911はジョークだ」とラップしていた）など、反逆的なアーティストを擁していた。しかし、デフ・ジャムにはギャングスタ・ラッパーがいなかった。ボスのようなラッパーはいなかったのだ。

　ボスは口調も見た目もギャングスタだった。ビーニーを被り、サングラスで目を隠していた彼女は、拳銃やドライヴバイ・シューティングについてラップしていた。その体は、オーバーサイズのジーンズの中で泳いでいた。ギャングスタ・ラップは、抑圧的なシステムに対してヒップホップが抱える超男性的な怒りだ。女性は使い捨

てとなるジャンルだからこそ、女性が最前線に出るのは、常識を覆す行為だった。デフ・ジャムにとって、ボスは願ってもないレアな逸材だった。「『私はG。女扱いしないで。男みたいにモルトリカー飲んで、マリファナもガンガン吸ってる』ってのが、彼女の個性だった」とデフ・ジャムの元社長、ケヴィン・ライルズは語っている。

「リアルにやってやるってのが、私のアプローチだった」とボスは振り返る。「自分が経験していること、生き延びるためにやらなきゃならなかったことを書くだけだってね。女性があんなこと言ってるなんて、なかなか信じてもらえなかったと思うけど」。

デトロイトのウェストサイドで育った彼女にとって、1970年代後半から80年代にかけてのヒップホップは、裏庭に宇宙船が到着したかのような一大事だった。アフリカ・バンバータ、ロクサーヌ・シャンテ、ソルト・ン・ペパ、MCライト、クイーン・ラティファ。ボスは彼らのリリックを書き留め、暗唱していた。自分でライムを書き始めたのは、14歳の頃だ。「私は音楽に心を奪われていた。でも、ラップが登場したら？　ああもう、ラップが全てになった」と彼女は語る。

ミシガン州ロチェスターのオークランド大学に入学した1年目、ボスはルームメイトからアイリーン・ムーア（通称ディー）というビートボクサーを紹介された。ボスとディーはデュオを組み、デトロイトの大型ラップ・クルーに加わる。プロデューサーのジュエル・サイラス率いる24Kプロダクションズの下、20〜30人がブートキャンプ形式のジー・ポッセというクルーのメンバーとして活動していた。彼らはサイラスのスタジオに集まってレコーディングをしたり、時にはショウをやることもあった。「皆が座って列を作り、早くラップしたいって、彼がビートを作るのを待っていた」ボスは回想する。デトロイトにもラップ・シーンはあった。ジー・ポッセのメンバーは、レコード契約を目指し、ブラザーフッドのような地元クラブで順番にパフォーマンスしていた。しかし、ヒップホップの将来性や、ボスが好むラップ・スタイルは、ロサンゼルスにあった。こうして、彼女とディーはロサンゼルスに引っ越し、泊まれる場所ならど

こにでも泊まった。時にはイングルウッド、リンウッド、コンプトン、パラマウントなどで金を稼ぐためにドラッグを売り、ホテルや近所で知り合った人々の部屋に寝泊まりしていた。工場の倉庫でゲスのオーバーオールに値札を付ける仕事もした。

共通の友人（プリンスのような服装をしたプロモーター）の勧めで、ボスはプロデューサーのジェフ・"デフ・ジェフ"・フォーストンに電話をかけた。ディーと一緒に泊まっているダイアモンド・インに来てほしい。コンプトンに行って3人でコラボしよう、とボスは彼を説得した。「彼女のラップを聴くために、ホテルまで行ったことを覚えている」とフォーストンは言う。「彼女はこれまでに聞いた中でも特に素晴らしい声をしていて、ライムもドープだった。スキーマスクを被って強盗、みたいなストリートなネタを話していたよ。いつも背中を向けてラップしていたんだ。サングラスをかけてね。『私がラップしてる時は見ないで』なんて言っていたけど。彼女の声はとにかくパワフルだった」。

コラボしているあいだ、フォーストンはノース・ハリウッドにある2ベッドルームの自宅アパートに2人を泊めた。しかし、彼がプロデュースした曲は、ハードではなかった。「俺がやっていた音楽はダンス・ミュージックに近い、アップテンポなヒップホップだった。彼女は『ギャングスタなシットが欲しいんだけど』って言っていた」。ボスは頑なだった。「男も聴けるような何かを作りたかった。良いレコード、良い曲。歴史に残るようなものをね」と彼女は語っている。

ボスとディーはコンプトンで、トレイシー・ケンドリックとコートニー・ブランチが経営していた音楽制作会社、トータル・トラック・プロダクションズと繋がりを持った（ケンドリックとブランチは、DJクイックのアルバム『Quik Is the Name』[1991年]に関わったプロデューサーだ）。同社は2人とマネジメント契約を結ぶと、4曲入りのデモがラッセル・シモンズに渡るよう仲介役を果たした。ボスとディーは、デュオとしてデフ・ジャム・ウェストと契約したが、紛らわしいことに、デュオの名義もボスだった。2人はまた、フォーストンと再会を果たした。「俺もハードなトラックを作る経験を

積んだ。友達のために作った曲があって、それが一番ハードなトラックだった」と彼は言う。「（友達に）電話して、あのトラックは彼女にあげることにしたって話したんだ」。そのトラックが、ボスのデビュー・シングル「Deeper」になった。

　フォーストンは、デュオが1993年にリリースした『Born Gangstaz』の大半をプロデュースした。なお、同アルバムにはMCサーチやRun-D.M.C.のジャム・マスター・ジェイもプロデューサーとして参加している。ディーがシモンズの指揮の下、アルバム向けにレコーディングした最初の曲は、「Explanation of a Mad Bitch」だ。この時、シモンズは彼女に「ディー・ザ・マッド・ビッチ」というニックネームをつけた。彼女はこのニックネームが好きではなかったが、この名義でトゥパックと「Judgement Day」という曲をレコーディングしている。

「ラッセルは、『ディー、ラップできるか？』って訊いてきた」と、ディーは当時の思い出を語る。「私があの曲でラップしたの。ゴミみたいな曲だと思ったけれど、彼はあの曲を『ゼブラヘッド（Zebrahead）』のサウンドトラックに入れた。皆はあれがボスだと思っていたけれど、あの曲は私だけしか入っていない。長年のあいだ、2人してずっと一緒にいたから、私たちの声は似てきていて、皆も混乱したんだよね。サウンドトラックに彼女の名前と顔が載っていたから少しショックだったけれど、あれは私」（ちなみに、ナズの名曲「Halftime」はこのサウンドトラックに収録されている）。

　アルバムのジャケットには、後方に銃を持ったディーが写っている。しかし、ボスがデュオではなく、ソロ・アーティストであるかのような報道ばかりだった。「ああやって後方に控えているのもいいなって思っていた。彼女に輝いてほしかったから。私は自分の活躍をママに見せることができなかったけれど、彼女はできたから」と、既に母が死去していたディーは語る。「彼女の両親を喜ばすために、私は全てのエネルギーを注いでいた」。

　1993年のロサンゼルス・タイムズ紙は、「ギャングスタ・ラップという露骨かつタブーなしの世界で、男性ラッパーに対して、本格的に勝負を挑む最初の女性」とボ

スを評したが、ギャングスタ・ラップを作ったアーティストたちは、この言葉を完全には受け入れなかった。よくある批判も持ち上がった。1994年の記事で、ウォール・ストリート紙はボスを「偽者」と呼んだ。ハードコアなイメージとは相反する、中流階級の出身だからという理由だった。ボスは自分のイメージを固守し、自分の生い立ちは率直に語ったと主張している。母を真似た声で、「ギャングスタなことのために、あなたにお金をかけたワケじゃないのよ」というメッセージを入れた『Born Gangstaz』のイントロ（「Intro: A Call From Mom」）がその例だ。

「ロサンゼルスやニューヨークに行く前に、私はミシガンでドラッグを売っていた。現金が必要だったの。中流階級とは何の関係もない」とボスは言う。「隠すようなことじゃなかった。マフィアのドンみたいに稼ぎまくってた、なんて言っていないし。クサ売ってたって言っただけ。自分が目指すところに行くために、必要なことをする覚悟はできていたし、誰にも邪魔されたくなかった。刑務所に入っていないのが不思議なくらい。今にしてみれば何考えてたんだろうって思うけど、誰かを痛めつける覚悟もあった」。

　ボス（と先達のビッチズ・ウィズ・プロブレムズ）は、売れるとされていた男性ラップの攻撃的なスタイルを用いていた。デビュー・アルバムの後、ボスとディーは解散してソロ・プロジェクトに携わり、2人とも子どもを産み、ボスはラップ界から姿を消した。なお、当時はスキャンダルとされた彼女の矛盾も、今振り返って考えてみると、それほどスキャンダラスなものではない。

SHOUTOUTS!
シャウトアウト！

RASHEEDA
ラシーダ

◆◆◆

NEVER FORGET（功績）：
アトランタとヒューストンで、自分のブティックをオープンした。

WHO SHE IS（略歴）：
2012年、VH1のリアリティ番組『Love & Hip Hop Atlanta』の第1回。「モータウンやジャイヴといったメジャーなレコード会社と契約してきたけれど、アーティストとしての私を理解してもらえなかったから、インディでやることにした」とラシーダは自己紹介した。彼女はダ・ケイパーズというトリオのメンバーとしてラップした後、2001年にはソロ・デビュー・アルバム『Dirty South』をリリース。アトランタのインディ・ラップ・シーンの中心人物となった。また、『Love & Hip Hop』のキャストの中では、番組に参加する前にアーティストとしてのキャリアを築いていた数少ないメンバーの1人でもある。

LISTEN（必聴トラック）：
ラシーダはパスター・トロイとリリーをフィーチャーした「Do It」で、ファイト・ライフをレペゼンしている。

◆◆◆

GANGSTA BOO
ギャングスタ・ブー

◆◆◆

NEVER FORGET（功績）：
信仰に出合う前は、「デヴィルズ・ドーター（悪魔の娘）」を自称していた。

WHO SHE IS（略歴）：
スリー・6・マフィアのレーベル、ヒプノタイズ・マインズと契約していたギャングスタ・ブーは、『Enquiring Minds』（1998年）と『Both Worlds *69』（2001年）という2枚のアルバムをリリース。スリー・6・マフィアのメンバーとしてホラーコアに挑戦した後、金銭的な問題でレーベルを離れ、レディ・ブーと改名した。「男って、自分が思っている以上に男尊女卑。目標を達成するために、胸を強調したりとか、そういったことをしなくちゃならなかった。男はそんなことしなくていいのに」と彼女はかつて、ヴァイブ誌に語っていた。

LISTEN（必聴トラック）：
「Can I Get Paid (Get Your Broke Ass Out)」は、ストリップクラブ向けの曲で、ギャングスタ・ブーはストリッパーの要求（つまり「金」）を代弁している。

◆◆◆

PRINCESS & DIAMOND
プリンセス＆ダイアモンド

◆◆◆

NEVER FORGET（功績）：
ソランジュは、2018年のアルバム『When I Get Home』で、2人のインタヴューをサンプリングしている。

WHO THEY ARE（略歴）：
プリンセスとダイアモンドはジョージア州エレンウッドで出会い、クライム・モブのメンバーになった。当時まだ高校生だった2人は、4人の男性クルーとともに、クランク・ラップ（ファイト・ソングやクラブ・トラック）を流行らせ、「Rock Yo Hips」や「Knuck If You Buck」といったクライム・モブの曲で、無尽蔵のエネルギーを武器に大暴れした。ビジネス上の確執により、クライム・モブは解散したが、2019年にプリンセス＆ダイアモンドはEP『Vagina Power』で再結成した。

LISTEN（必聴トラック）：
クライム・モブで最もメロウな「Circles」は、ルーサー・ヴァンドロスのサンプル（「Going in Circles」）にクランク調のひねりを加えた1曲。プリンセス＆ダイアモンドは、魅惑的だが未来のない関係についてラップしている。

◆◆◆

JACKI-O
ジャッキー・O

◆ ◆ ◆

NEVER FORGET（功績）:
「クイーン・オブ・ザ・サウス」を自称し、2006年にはラッパーのキアと真の「クイーン・オブ・ザ・サウス」は誰かを巡ってビーフを繰り広げた。

WHO SHE IS（略歴）:
フロリダ州リバティ・シティ出身で、米大統領夫人（ジャクリーン・ケネディ・オナシス）と同じ名前を持つジャッキー・Oは、デビュー・アルバム『Poe Little Rich Girl』を2004年にリリース。インディ・アーティストとして成功し、トリーナに続くダーティなサウス出身の女性ラッパーと呼ばれた。情欲を讃える2枚のアルバムと多数のミックステープをリリースした後、刺激的なイメージを卒業し、クリスチャン・ラップに転向した。

LISTEN（必聴トラック）:
デビュー・シングル「Nookie」は、そのタイトルが示すように（当初のタイトルは「Pussy」）、ジャッキー・Oのセックス・スキルを歯に衣着せずに絶賛している。

◆ ◆ ◆

RAH DIGGA
ラー・ディガ

◆ ◆ ◆

NEVER FORGET（功績）:
フージーズの「Cowboys」で、ローリン・ヒルと一緒にラップしている。

WHO SHE IS（略歴）:
バスタ・ライムズのようなラッパーの近くで、目立つのは難しい。しかし、ラー・ディガ（ラシア・タシャン・フィッシャー）は、MCライトを手本に自らを鍛え、個性際立つラップ・ヴォイスを生み出した。人気のオープン・マイク・サーキット「リリシスト・ラウンジ」でパフォーマンスを始め、フージーズのセカンド・アルバム『The Score』への参加がきっかけで、エレクトラ・レコードと契約。バスタ・ライムズ率いるラップ・クルー／レーベル、フリップ・モード・スクワッドの紅一点の座を射止めると、『Dirty Harriet』（2000年）、『Classic』（2010年）と、2枚のアルバムをリリースした。

LISTEN（必聴トラック）:
「I'll beat that bitch with a bat.（あのビッチ、バットでぶん殴ってやる）」のリリックを擁するシングル「Party & Bullshit 2003」は、金属探知機のあるクラブ向けに作られた1曲（バットなら金属探知機に引っ掛からない）。

◆ ◆ ◆

JEAN GRAE
ジーン・グレイ

◆ ◆ ◆

NEVER FORGET（功績）:
ウェブベースのシットコム『Life with Jeannie』の脚本と監督を担当した。

WHO SHE IS（略歴）:
南アフリカのケープタウンで生まれたジーン・グレイは、生後3カ月で母とニューヨークに移住。13歳でアルヴィン・エイリー・シアターのダンサーとなった。MCとして初めて活動したのは、ラップ・トリオのナチュラル・リソース。ホワット？　ホワット？が、当時のMC名だ。セックスを売り物にする業界で、彼女はウィットを優先し、2002年にデビュー・アルバム『Attack of the Attacking Things』をリリース。その後、さらに5枚のアルバムを発表。プロデューサーのナインス・ワンダーとコラボした2008年の『Jeanius』は、非の打ちどころのないソウルフルな作品だ。

LISTEN（必聴トラック）:
「My Story (Please Forgive Me)」で、彼女は16歳で中絶の決断をした過去を振り返り、「My primitive mind was struggling（私の未熟な心がもがいてる）／Just to understand the meaning of life, forgive me.（生きることの意味を理解するために。私を許して）」とラップしている。

◆ ◆ ◆

FACTOIDS

トリビア・コーナー

◆ ◆ ◆

ラッパー兼シンガーの**MCスムース（MC SMOOTH）**は、そのキャリアの中で、「Female Mac」という曲をレコーディングしている。MCライトのような語り口で、略奪愛を楽しむ移り気な女性について語った。

◆ ◆ ◆

ロンドンで大人気を博した**ミズ・ダイナマイト（MS. DYNAMITE）**は、2002年のデビュー・アルバム『A Little Deeper』で、イギリスのガレージ・シーンの魅力を多くのヒップホップ・ファンに伝えた。

◆ ◆ ◆

ネフェルティティ（NEFERTITI）は1993年に『L.I.F.E.』と題したソロ・アルバムをリリース。これは、「絶滅を恐れて生きる（Living in Fear of Extinction）」の略で、トランプ大統領時代にも通じるフレーズと言えるだろう。

◆ ◆ ◆

完璧なラップ・ネームを持つ**サーシャ・ゴー・ハード（SASHA GO HARD）**とケイティ・ゴット・バンズ（**KATIE GOT BANDS**）は、ギャングスタ・ラップの延長線上にあるドリル・ミュージックを実践するシカゴの誇りだ。

◆ ◆ ◆

チャイナ・ホワイト（CHYNA WHYTE）は、2000年にリル・ジョンのクラブ・レコード「Bia' Bia」にゲスト参加。ミュージック・ヴィデオでは雨の中でラップをし、斧を振り回していた。

◆ ◆ ◆

パッション（PASSION）は、1996年にアルバム『Baller's Lady』をドロップ。E-40をフィーチャーしたタイトル・トラックの「Baller's Lady」ではドラマティックなラップを繰り広げている。

◆ ◆ ◆

モデル／ラップ・ヴィデオ・ガールとして知られるエンジェル（Angel）は、**ロナ・モンロー（LONA MONROE）**としても活動していた。

◆ ◆ ◆

ティンバランドは、自身のレーベルで2人の女性ラッパーを育てようとしたが、2人とも宙に浮いた状態で数年を過ごした後、レーベルを離れた。**ミズ・ジェイド（MS. JADE）**はビート・キャンプと契約し、2002年にデビュー・アルバム『Girl Interrupted』と、キャッチーなシングル「Ching Ching」をリリース。モズリー・ミュージック・グループと契約した**ティンク（TINK）**は、ニッキー・ミナージュの後継となるようなラップとヴォーカルの才を持っていた。

HEATHER B.

ヘザー・B.

◆ ◆ ◆

NEVER FORGET（功績）:
リアリティ番組に出演した初の黒人女性として、
リスペクトされている。

WHO SHE IS（略歴）:
ヘザー・B.（ガードナー）は、『The Real
World』エピソード1のキャストメンバーとして、
リアリティ番組の歴史に名を残すだろう。ジャー
ジー・シティで育った彼女は、ラジオでRun-D.
M.C.とKRS・ワンを聴き、ヒップホップに出
合う。高校ではFMC（フィメール・ミッドタウ
ン・クルー）と呼ばれる女性のみ15人ほどで構
成されるラップ・クルーに加入していた。ジャー
ジー・シティのセント・ピーターズ大学を3年
生で中退し、KRS・ワンのクルー、ブギ・ダウ
ン・プロダクションズのツアーに参加すると、エ
レクトラ・レコード傘下のペンデュラムとの契約
を獲得。1996年に『Takin' Mine』、2002年
に『Eternal Affairs』と、2枚のアルバムをリ
リース後、シリウスXMのラジオ番組『Sway
in the Morning』の共同ホストとなった。

LISTEN（必聴トラック）:
デビュー・アルバム『Takin' Mine』のタイト
ル・トラックで、ヘザー・B.は公営住宅での貧
しい暮らしから逃れ、「アイランドの女ボス」に
なるところを空想している。

◆ ◆ ◆

1990年代にMTVの『The Real World』が始まった当初、リア
リティ番組は最も純粋な形で存在していた。見ず知らずの7人が同
じ家に暮らす実験のような同番組では、キャストメンバーが親交を
深めながら、人種差別やセクシュアリティについて学んだ。ニュー
ヨークを舞台にした1992年の第1シーズンでは、ジャージー・シ
ティ出身のヘザー・B.（当時21歳）が、アラバマ州バーミングハ
ム出身のジュリーとルームメイトになる。ジュリーは、ヘザー・
B.をドラッグ・ディーラーだと思い込んでいた。

ヘザー・B.はドラッグ・ディーラーではなかった。ブギ・ダウ
ン・プロダクションズと縁の深いラッパーだった（ブギ・ダウン・
プロダクションズは、KRS・ワン、D・ナイス、DJスコット・ザ・
ロックなど、メンバーの入れ替わりが激しかったヒップホップ・ク
ルーだ）。セント・ピーターズ大学に通っていた彼女は、会計学か
ら企業財務／マーケティング、さらに初等教育と、専攻を2回変え
た。金を稼ぐために、チキンとビールの1ドル・パーティを定期的
に開いていたところ、1988年にKRS・ワンの弟、ケニー・パーカ
ーに出会う。パーカーにヘザーを紹介されたKRS・ワンは当初、
自身が主宰していたレーベル、エデュテインメントのプロモーショ
ン担当に彼女を雇おうとしたが、彼女にラップのスキルがあること
を知ると、ブギ・ダウン・プロダクションズにスカウトした（ヘザ
ーは、ブギ・ダウン・プロダクションズが1990年にリリースした
アルバム『Edutainment』収録の「7 Dee Jays」で客演している）。

ヘザー・B.の声は、百戦錬磨のラフなニューヨーカーのようだっ
た。そのため、人々は彼女がジャージー・シティではなく、ブルッ
クリンかブロンクスの出身だと思っていた。また、彼女はリアリズ
ムに根差した曲を作っていた。銃に反対するシングル「All Glocks
Down」の中で、彼女は自身を「防弾のリリシスト」と呼んでいる。
「ヒップホップに心奪われた時、アントワネット、MCライト、ク
イーン・ラティファのファンだった。でも、ソルト・ン・ペパみた
いに独自のセクシーさを持つグループもいた。下品でもなく、露骨

でもなかった。私には、（アーティストとして進みたい）方向性を見極め、自分のスタイルを作る時間があった」。

1992年、ヘザー・B.はラップとは違うムーヴメントの顔となる。きっかけは、ドキュメンタリーのオーディションを受けるようにという、マネージャーからの電話だ。あるニュースキャスターの言葉を借りれば、それは「私生活をエンターテインメントとして公開することに同意した若者たち」を追ったMTVの番組で、これが『The Real World』になった。彼女はパーカーに尋ねた。「ドキュメンタリーみたいな番組のオーディションを受けなきゃならないんだけど、それって意味ある？」。彼はオーディションを受けるよう勧めた。「彼にはこう言われた。『やるべきだよ。初めて会った時、話してくれただろ。みんなにヘザー・B.って呼ばれていたのは、高校の時にアイム・ゴナ・ビー・フェイマス（有名になってみせる）って言いまくってたからだって』ね」と彼女は語る。「これがMC名の由来。アイマ・『ビー』・ディス（これになってみせる）、アイマ・『ビー』・ザット（あれになってみせる）って言いまくってたの」

もちろん、彼女はこの番組がそこまで大きくなるとは思ってもいなかった。ここからリアリティ番組という野獣が生まれることになるとも、自分がリアリティ番組初の黒人女性になるとも考えていなかった。「当時はMTVに出るのって、別に凄いことじゃなかった。実際、KRSは『こんなことするなんて、どうかしてるんじゃないか。なんでそんなことするんだよ？』なんて言っていた」と彼女は語る。「でも、あれがテレビ番組だとは説明されていなかった。（番組のプロデューサー陣は）アーティストのドキュメンタリーを撮りたいって言っていたの。『7人のアーティストを同じ家に住ませる』って。だから、失うものなんてないよね？　ギャラももらえるし……って思っていた。女性ラッパーがどんなものか、その生活ぶりを実際に見てもらうことができるなんて、ドープじゃんって」。

初顔合わせから間もなく、『The Real World』のエピソード2では、キャストメンバーの数人がスタジオでヘザー・B.のレコーディングを見学し、ラップ・ライフを体験する。この時、彼女はデート・レイプをテーマにした「The System Sucks」という曲をレコーディングした。レコーディング後、ヘザーはカメラに向かって、「私はイメージを作らなかった。イメージに多くの時間を費やす人たちは多いけれど、私はレコードを売るために、自分とは別の誰かを作りはしなかった」と語っている。『The Real World』のシーンは、今見ると古臭く感じられるが、このシーンは非常に現代的だ。ヘザーは、全国ネットのケーブル番組で、性的同意についてラップしていた。それも、MTVをはじめ将来的にテレビ業界を席巻することになるリアリティ番組の中で、それをやってのけた。つまり、時代を先取りしていたのだ。この曲はリリースされなかったが、『The Real World』の記録に残っている。番組に出演したことはプラスになったが、ヘザーの顔がひっきりなしに映し出されていたにもかかわらず、MTVは彼女のミュージック・ヴィデオを却下したという。そこで彼女は、当時MTVの社長だったダグ・ハーツォグを説得し、ヴィデオをローテーションに入れてもらった。

“

女性ラッパーがどんなものか、その生活ぶりを実際に見てもらうことができるなんて、ドープじゃんって思った。

”

LaDY OF RaGE

レディ・オブ・レイジ

◆ ◆ ◆

NEVER FORGET（功績）:
絶頂期のデス・ロウ・レコードに在籍していた。

WHO SHE IS（略歴）:
レディ・オブ・レイジ（ロビン・アレン）は、小学3年生で「Superstar」というタイトルの詩を書いた。テキサス州のプリンス・エドワード高校に通っていた9年生の頃には、髪の毛についての俳句（大ヒットしたシングル「Afro Puffs」の前身とも言える）を作った。彼女がラップを愛するきっかけとなったグループは、グランドマスター・フラッシュ＆ザ・フューリアス・ファイヴとザ・シークエンスだ。ヴァージニア州ファームヴィルからテキサス、さらにニューヨークへと移った彼女は、レコーディング・スタジオで臨時雇いの仕事をし、後に西海岸のデス・ロウ・レコードと契約。しかし、デス・ロウ帝国が崩壊したため、レイジはアルバム制作に取り組むことができなかった。1997年に、ようやくデビュー・アルバム『Necessary Roughness』がリリースされた。

LISTEN（必聴トラック）:
スヌープ・ドッグがハイプマンを務めたレイジのアンセム「Afro Puffs」は、黒人女性にとって生涯のマントラとなった。ドレーの極上ビートに乗って、レイジは渾身のラップをしている。

◆ ◆ ◆

シュグ・ナイトが率い、トゥパック、ドクター・ドレー、スヌープ・ドッグが在籍していた西海岸の名物レーベル、デス・ロウ・レコード。レディ・オブ・レイジは、同レーベルが誇る最新の天才ラッパーと位置づけられていた。しかし、彼女の前に障害がいくつか立ちはだかった。彼女を邪魔していたもの。それもデス・ロウ・レコードだった。

東海岸と西海岸のビーフについては、90年代のラップに衝撃を与え、トゥパックとノトーリアス・B.I.G.の死で終わった、というストーリーを中心に語られる。明快な説明だが、これがヒップホップの他要素を覆い隠してしまった。生き残った者たちは、すっかり脇役となってしまったのだ。1996年にトゥパックが殺害された後、デス・ロウの崩壊が始まった。プロデューサーのドクター・ドレーが、「プロジェクトをなかなか完成できない」という愛すべき欠点の持ち主だったため、レイジはグレーゾーンに取り残されてしまった。ビギーが死去した年の夏、彼女はようやくアルバム『Necessary Roughness』をリリースしたが、デス・ロウの勢いは既に衰えていた。

ヴァージニア州ファームヴィルで育ったレイジは、ラジオであまりラップを聴いていなかった。「人気があったのは、WFLOってラジオ局で、基本的にはカントリー・ミュージックを流していた」とレイジは語る。「一番近い都市はリッチモンドだったけれど、よほどのステレオ・システムを持っていない限り、リッチモンドやリンチバーグのラジオ局は聞こえなかったから……レコード店に行かなきゃならなかった」。

レイジは高校時代、友達2人とリージョン・オブ・ドゥームというトリオを組んでいた。高校を卒業してヒューストンに引っ越すと、ラキムの洗礼を受け、ラップに対する考えを一新する。「いつも言ってるんだけど、私はグランドマスター・フラッシュ、ザ・シ

ークエンス、Run-D.M.C.の影響でラッパーになった。そして、ラキムは私をMCに変えてくれた」と彼女は言う。「ラキムを聴いた瞬間に、心が決まった。こぢんまりと収まるもんかって。自分の口から出る言葉の全てが、皆を困惑させるものでなくちゃいけないと思った。『わあ、どうやってこんなの思いついたんだ?』って感じでね」。

レイジは、「ニューヨークに行って、Run-D.M.C.に会う」という野心的な計画を立てていた。彼らのつてで、デフ・ジャムとの契約を結べると思っていたのだ。野望を温めながら、彼女はテキサス州サンマルコスのゲイリー・ジョブ・コープスで働き、肉の切り方を勉強していた。暇な時間は、いつもライムを書いていた。

レイジは2回、友達をニューヨークに誘っている。ヒッチハイクを提案したこともあった(護身用に、祖父のリヴォルヴァーを携帯するつもりだった)。彼女はマドンナがニューヨークのシェルターに住んでいたという記事を読み、「家もなく、知り合いすらいなくても、あんなビッグになれるなら、私だってやってやるって思った」という。その後、彼女はヒッチハイクを諦めて銃を質に入れると、アーカンソー州に住む友人の家に泊まりながらマクドナルドで働き、1人でニューヨークに向かった。

レイジはチュン・キング・スタジオで仕事を見つけ、床掃除、セッション後の片付け、電話応対、コーヒーの買い出し、スタジオの予約受付など下働きに勤しんだ。この頃の彼女は、コーヒーポットを使ってお湯を沸かし、洗面所のシンクに注いで体を洗っていた。スタジオに食べ残しがあれば、それをもらって食べていた。スタジオに寝泊まりすることもあった。

たまりかねた友人/メンターでプロデューサーのチャブ・ロックは、彼女を自宅マンションに泊まらせ、自分が抱えていたアーティストのバック・ヴォーカルとして雇った(彼女はロッキン・ロビン名義で、ラップ・デュオ、ダウンタウン・サイエンスのシングル「Summertime」のバック・ヴォーカルを務めている。なお、この曲はDJジャジー・ジェフ&ザ・フレッシュ・プリンスの同名曲にそっくりだ)。

スタジオでレイジが出会ったもう1人のプロデューサー、DJプレミアは、東海岸を代表するラップ純粋主義者だ。ロサンゼルスに引っ越して、ドクター・ドレーと契約したい。レイジがプレミアにそう告げると、プレミアは彼女の成功を祈った。「『ラップできるって俺に言ってくるヤツらが、どれだけいるか知ってるか?』って、彼は言っていた」とレイジは振り返る。「彼は私がガチでラップできるとは思っていなかったから、DJのやり方を教えてもらった」。1988年頃、レイジはプロデューサーのダリルとマフに出会う。2人はL.A.ポッセとして知られ、ファロア・モンチやR&Bシンガーのモニファなどを手がけていた。L.A.ポッセのアルバム『They Come in All Colors』(1991年)でレイジのラップを聴いたドクター・ドレーは、1994年に彼女をデス・ロウに引き入れた(DJプレミアは、ロサンゼルスで警備の仕事をしていたレイジにばったり出くわしたという。もうすぐドクター・ドレーのレコードで私の声を聴くことになるよ、と彼女は言っていたそうだ。そしてそのレコードが、『The Chronic』だった)。

ノトーリアス・B.I.G.は、DJプレミアの曲でレイジを聴き、彼女はドープだと言った。それは極めて貴重なお墨付きだった。「ジェイ・Zに会って、ファンだって言われた時、ええ、そうなんだってびっくりした。同胞の女性ラッパーに認められるのは嬉しいけど、私たちがいるのは男性が支配する世界。だから、男性から認められると格別な感じがする」。

しかし、アルバムのレコーディングは、そう簡単にはいかなかった。ドクター・ドレーは、待望のソロ・アルバム『Detox』をほのめかし続けたが、一向に出る気配はなく、もはやアルバム自体が伝説となっていた。名リリシストのレイジは、音楽的な指導を必要としていたが、ドレーは複数のプロジェクトを掛け持ちしていた。ドレーは自分のアーティストをなおざりにすることが多かったが、彼のようなプロデューサーは、クリエイティヴな面でもロジスティックな面でも、主に男性を頼って音楽を作るレイジのような女性アーティストにとって、必要な命綱だった。これは可能性が無駄になった例だ。レイジによれば、リリース・スケジュールはドレーの

ONCE I HEARD RAKIM, IT WAS OVER. I DIDN'T WANNA DO ANYTHING MINIMAL. EVERYTHING I SAID HAD TO BE SOME-THING TO MAKE YOU SCRATCH YOUR HEAD.

ラキムを聴いた瞬間に、心が決まった。
こぢんまりと収まるもんかって。自分の口から出る言葉の全てが、
皆を困惑させるものでなくちゃいけないと思った。

『The Chronic』、スヌープ・ドッグのアルバム、そして彼女と続くはずだったが、大きな不幸が続いた。ドクター・ドレーはデス・ロウを去り、トゥパックは殺害され、シュグ・ナイトは収監され、スヌープ・ドッグもレーベルを離脱したのだ。
「こうして帝国が崩壊していく中で、『レイジ、君の番だ。スタジオに入っていいぞ』って声がかかった」とレイジは語る。「アルバムが制作されてるっていうのに、

指揮するはずだったドレーはもういなかった。先見の明のある彼が、アルバムをプロデュースするはずだったのに。私はただその場にいて、いろいろ迷っていた。どうしていいか分からなかった」。
　スケジュールが重なったために、レイジはレーベルメイトの名盤（ドクター・ドレーの『The Chronic』とスヌープ・ドッグの『Doggystyle』）に喜んで参加しながらも、自身のデビュー・アルバム（ドレーは『Eargasm』

> **"**
> 多くの人が私とコラボしたがっていたけれど、私はまだデス・ロウに
> 所属していたから、誰も「厄介な問題」に対処しようとはしなかった。
> **"**

と名づけようと考えていた）となる曲は、一切レコーディングしていなかった。

「Afro Puffs」をレコーディングした時、レイジはこの曲で自分のキャリアが終わると思ったそうだ。同曲は、トゥパックが主演した映画『ビート・オブ・ダンク（Above the Rim）』のサントラ用にレコーディングされたが、彼女は収録しないようドレーとシュグに談判した。インタースコープのCEOだったジミー・アイオヴィンは、この曲は絶対にヒットするとレイジを電話で説得した。なお、彼女のトレードマークとなった「髪を真ん中で分け、二つのミニアフロを作ったヘアスタイル」は、アフロヘアを丸く束ねていた従姉妹からヒントを得て生み出したものだという。

「Afro Puffs」は1994年7月にドロップされ、レイジの人気は高まった。しかし、この曲がヒットした後、デス・ロウは彼女が他のレーベルのアーティストとコラボすることを許さなかったという。彼女はジャズ・アーティストのブランフォード・マルサリスと「Black Widow」という曲をレコーディングしたが、「デス・ロウは、私のイメージを損なうからって、ブランフォード・マルサリスのアルバムからこの曲を外させた」そうだ。

その後、プロデューサーのアーヴ・ゴッティが、ロックス、マイク・ジェロニモ、DMXの「Usual Suspects」にレイジを入れようとしたが、デス・ロウはこれも阻止した。「アーヴ・ゴッティは小切手を持って私のホテルに来て、『いいから来いよ』って言っていた。私は既に

（デス・ロウに）電話して、『参加してもいい？』って訊いてたんだけど、許可は出なかった。アーヴ・ゴッティは『ジェイ・Zがスタジオにいるぞ』なんて言ってたんだけど」と彼女は語る。「多くの人が私とコラボしたがっていたけれど、私はまだデス・ロウに所属していたから、誰も『厄介な問題』に対処しようとはしなかった」。

ドレーの秘蔵っ子だったレイジだが、自分よりも優先順位の高いラッパーばかりのレーベルで、身動きが取れなくなっていた。リスペクトに値する将来有望なMCという評判を得ながらも、彼女の影は薄くなっていった。数年後、シャキール・オニールは自身が立ち上げた新レーベル、TWIsMでレイジと契約しようと考えた。時は2001年。レイジはデス・ロウの支配から抜け出していた。「シャックはこんなこと言っていた。『レイジ、レコード・レーベルは君をどうしたらいいのか、分かっていないんだ。君はNBAでプレイできるほどの女性だけど、NBAでは決してプレイできない。扱いかたが分からないんだ』って」。

女性ラッパーは、レーベルの中で長年のあいだ棚上げされていた。もちろん、音楽業界に停滞はつきものだが、女性ラッパーの場合、シーンで活躍する人数が増えなければ、不足が助長されるだけだった。「彼女たちをどう扱えばいい？」という問いは、業界の標準的なラップ・スターの型に当てはまらない女性たちに対して、幾度も繰り返された。そして、彼女たちの多くは、自ら答えを出すようになっていった。

FACTOIDS
トリビア・コーナー

◆◆◆

ラッパーのM.I.A.が主宰するN.E.E.T.レコーディングズと契約した**ライ・ライ（RYE RYE）**は、M.I.A.とのアッパーなデュエット「Sunshine」を2010年にドロップした。

◆◆◆

シャンダ・K（Shunda K）とション・B（Shon B）から成る**ヨー・マジェスティ（YO MAJESTY）**。ゲイであることを公表している2人の音楽は、ボルチモアのゴリゴリなクラブ・ラップだ。

◆◆◆

MCトラブル（MC TROUBLE）は、アルバムを1枚リリースし、グッド・ガールズの心地良いR&Bサウンドをフィーチャーした「I (Wanna) Make You Mine」でヒットを飛ばしたが、1991年に死去した。

◆◆◆

ニューオーリンズ出身のトランス・ラッパー、**ケイティ・レッド（KATEY RED）**は、ニューオーリンズ・バウンスのクィア・パイオニアとして称賛を得ている。コール&レスポンス・ラップの伝統にぴったりの声を持つ彼女は、ビッグ・フリーディア（ケイティの元バックダンサー）のようなアーティストに影響を与え、ニューオーリンズの非公式の母語とも言えるバウンスのメインストリーム化に貢献した。1999年には、デビュー・アルバム『Melpomene Block』をドロップした。

◆◆◆

メキシコ系アメリカ人ラッパー、**スノウ・ザ・プロダクト（SNOW THA PRODUCT）**は、「Immigrants (We Get the Jone Done)」でスペイン語のラップを披露している。同曲は、大ヒットしたブロードウェイ・ミュージカルの楽曲を集めたリン＝マニュエル・ミランダの『The Hamilton Mixtape』（2016年）に収録されている。

◆◆◆

オキシジェンのドキュメンタリー・シリーズ『Sisterhood of Hip Hop』には、**ブリアンナ・ベリー（BRIANNA PERRY）、サイヤ（SIYA）、リー・マジン（LEE MAZIN）、オードラ・ザ・ラッパー（AUDRA THE RAPPER）**など、女性ラッパーが多数出演していた。

◆◆◆

シングル「How Does It Feel」で知られるオークランド出身のラッパー、**カマイヤ（KAMAIYAH）**は、バスケットボール界のアイコン、レブロン・ジェームズと共演した2018年のCMで、スプライトを爽やかに飲んでいる。

◆◆◆

主にシンガー／ソングライターとして知られている**ジェシー・レイエズ（JESSIE REYEZ）**だが、ダークな「Scar」のような曲では、ラップの才能も発揮している。映画『ライオン・キング（The Lion King）』のリメイク版サウンドトラックで、ビヨンセが総指揮を執った『ライオン・キング：ザ・ギフト（The Lion King: The Gift）』に収録されている1曲だ。

THE CONSCIOUS DAUGHTERS

ザ・コンシャス・ドーターズ

◆ ◆ ◆

NEVER FORGET（功績）：
HIV/エイズ危機を題材とした「All Caught Up」をレコーディングした（セカンド・アルバム『Gamers』に収録）。

WHO THEY ARE（略歴）：
カーラ・グリーンとキャリル・スミスの出会いは、サンフランシスコのベイエリアにあるポートーラ・ジュニア・ハイスクール。12歳だった2人は、すぐさま親友になった。カーラの父はメアリー・ウェルズのシンガー／ベーシストで、メイズのフランキー・ビヴァリーとも親交があったため、カーラが生まれ育ったベイエリアの実家には、メイズのバンド・メンバーもよく泊まりに来ていた。ミュージシャンにベビーシッターされて育ったため、彼女は「完全なバンド・ベイビー」（本人弁）となったのだ。一方、キャリルはシアトル生まれで、20年間ラジオ局に勤務していた母に連れられて、スターが出演するイヴェントによく足を運んでいた。キャリルとカーラはザ・コンシャス・ドーターズを結成すると、『Ear to the Street』（1993年）、『Gamers』（1996年）、『The Nutcracker Suite』（2009年）と、3枚のアルバムをリリースした。

LISTEN（必聴トラック）：
車のルーフを開け放ったドライヴにぴったりの「Something to Ride To (Fonky Expedition)」は、ドクター・ドレーの「Nuthin' But a "G" Thang」に影響を受けている。

◆ ◆ ◆

1960年代にブラック・パンサー党の本拠地だったカリフォルニア州オークランドは、ブラック・コンシャスネスの中心地だった。ベイエリアにおける初期のラップは、M.C.ハマーやデジタル・アンダーグラウンド、トゥー・ショートのように軽快かつ陽気なものが多かったが、その数十年後にロサンゼルスで生まれたギャングスタ・ラップは、若者のダークな感性に訴えた。ザ・コンシャス・ドーターズは、リリシズムと社会意識を融合し（デュオ名に「コンシャス」という語が入っているのはそのため）、「ストリート・シット」をライムすることで、明と暗を結びつけた。

ザ・コンシャス・ドーターズは、若くて向こう見ずだった自らの経験を語る一方で、10代の妊娠（高校時代の友人が2人出産していた）や心の病（キャリルの父は入退院を繰り返していた）など、深刻な問題についてもラップしていた。2人の音楽はスムーズで、車のルーフを開けたドライヴにぴったりのメロディと、気の利いた言葉遊びが特徴だ。ここには明らかに、西海岸という土地からの影響があった。しかし2人は、ミスター・マジックによるニューヨークのラジオ番組『Rap Attack』にも夢中になり、キャリルはRun-D.M.C.のDJジャム・マスター・ジェイに影響を受けたスクラッチやカッティングの技術を使用していた。

「私たちはアクロバティックにリリックを披露したかった。ウェスト・コースト的な題材も扱ったけれど、ラップのデリバリーはニューヨーク勢のような威勢の良いスタイルだった」とグリーンは言う。「トゥー・ショート、N.W.A.、KRS・ワン、そしてニューヨークからインスピレーションを受けて、私たちのフロウが生まれた」。

キャリルは小中学校の野球チームで唯一の女子選手として活躍し、高校時代はバスケットボール選手という、花形のアスリートだった。一方、カーラは9年生で高校のラジオ番組の編成ディレクターとなると、授業をサボってカセット・テープにラップを録音していた（キャリルはスペシャルK、カーラはクール・モー・Cという

MC名を使っていた）。18歳になると、2人は自主制作したテープをクラブで販売しはじめ、デモ音源からの1曲「Wife of a Gangsta」が、友人を通じてベイエリア出身のラッパー、オスカー・"パリス"・ジャクソンの手に渡る。社会的に意識の高いミリタントなスタイルで知られていたパリスは、プライオリティ・レコード傘下にあった自身のレーベル（スカーフェイス・レコード）にザ・コンシャス・ドーターズを迎え入れた。

「リリック的に、『Wife of a Gangsta』はとてつもなく冷酷な内容で、ドラッグ・ゲームの裏にある試練を語っている。暴力の影響を受けている人々や、周囲にいる人々についての曲だ」とパリスは回想する。「2人の率直さと、ストリート的な感性に感銘を受けたよ。当時、女性アーティストからは、そういうラップは聞こえてこなかった。女性ラッパーなら、それをやっていたのはボスくらいかな。でも、ボスはもっとストレートなギャングスタ・ラップをやっていた」。

高校卒業後、カーラは映画監督ジョージ・ルーカスの製作会社、ルーカスフィルムのヴィデオ・ゲーム部門でアシスタント・プロデューサーをしていたが、仕事を辞めてザ・コンシャス・ドーターズのデビュー・アルバム制作に取り組んだ（なお、ルーカスフィルムが手がけたゲーム『モンキー・アイランド（The Secret of Monkey Island)』に登場する剣術師、カーラ・ザ・スウォードマスターは、カーラをモデルに描かれたキャラクターである。また、19歳の頃には、『テトリス（Tetris)』開発チームのオリジナル・チーム・メンバーにも名を連ねていた）。

セカンド・アルバム『Gamers』が1996年に発売される頃には、「リリックで暗殺してみせるってくらい気合が入っていた」とカーラは話している。「例えば、

『Mic-checka-one, two, with the chrome deuce holder with the gangsta（マイク・チェック・ワン、トゥー、ギャングスタとクロム製22口径銃と) / Dumdum slugs in the chamber（ダムダム弾を銃に装填)』ってね」。フォーティーズ〔モルト・リカー〕を飲む話から、家庭内暴力といったシリアスなテーマ、HIV/AIDSを題材としたパリスとの共作「All Caught Up」など、さまざまな題材を扱った。「どのアルバムにも、教育的な楽曲が少なくとも2曲はある」とカーラ。「パリスの才能のおかげで、私たちのコンシャスで社会的ながらも楽しい面と、彼が持つブラック・パワーの知識を組み合わせることができた。だからこそ、ギャングスタで政治的なのに、楽しいアルバムを作ることができた」。

「ザ・ドーターズは万能だった」とパリスは言う。「ラップ一筋の人生、刑務所、シングルマザー、生活苦、経済的なチャンスに恵まれないこと。2人はいろいろなテーマを語っていた。彼女たちのアプローチは、（女性ラッパーの）アイシス〔・ザ・セイヴィアー〕とは違って、『イースト・オークランド出身の女性たちが、逆境を乗り越えるために団結する』といった感じだった」。

デジタル楽曲時代の幕開けとなったナップスターの台頭によって、ザ・コンシャス・ドーターズの勢いがそがれた、とカーラは考えている。プライオリティ・レコーズも閉鎖した。「全てが凍結してしまった。誰も何も売っていなかった」と彼女は言う。カーラとキャリルはそれぞれソロ・アルバムをリリースする計画を立て、カーラは2011年に『The Jane of All Trades』をリリースしたが、キャリルは同年、血栓の合併症により他界する。パートナーを失ったカーラはその後、音楽制作から離れた。

Da Brat

ダ・ブラット

◆ ◆ ◆

NEVER FORGET（功績）：
1994年リリースのデビュー・アルバム
『Funkdafied』でプラチナ・アルバムを獲得し
た初の女性ソロ・ラッパー。

WHO SHE IS（略歴）：
シカゴのウェストサイドで育ったダ・ブラットは、
母と祖母が住む家と、父の家を行き来して子ども
時代を過ごした。父はやんちゃを許してくれたが、
母と祖母は彼女にスカートを穿かせ、サンクティ
ファイド派の教会に参加させていた（彼女は同教
会のクワイアで歌っていた）。1992年、シカゴ
で行われたクリス・クロスのコンサートでラップ
を披露し、ジャーメイン・デュプリと出会うと、
合計4枚のアルバムをリリース。2010年代には
ラジオ・ホストとして、We TVのリアリティ番
組『Growing Up Hip Hop』（必見！）のキャ
ストとして再ブレイクを果たした。

LISTEN（必聴トラック）：
「Give It 2 You」は、ジェリ・カールを揺らし
て夜中のフリーウェイをドライヴしているかのよ
うなサウンドが心地よい。

◆ ◆ ◆

ダ・ブラットは、サード・アルバム『Unrestricted』で、それま
でのスタイルを一新した。1994年のデビューから2000年までの彼
女は、ブレイズヘア、鼻ピアス、ティンバーランドの靴、ジルボー
のジーンズ、バギーなスポーツ・ジャージというスタイルで、折り
畳んだバンダナを額に巻いていることもあった。そんな彼女が、サ
ード・アルバムからの「What'chu Like」ではビキニ・トップを着
て、髪を下ろし、タイリースと踊っていたのだ。新しいダ・ブラッ
トの姿は人々を驚かせた。

ヴァイブ誌が2000年8月にダ・ブラットを特集した後、「ダ・
ブラットは一体どうしてしまったのか、誰か教えてください」とい
う読者からの手紙が編集者宛てに届いた。「どうして彼女は、いき
なりリル・キムみたいな格好をしはじめたんですか？」とも書かれ
ていた。90年代にリル・キムとフォクシー・ブラウンが絶頂期を
迎えた後も、セックス・アピールを強調するべきだというプレッ
シャーが、女性ラッパーには重くのしかかっていた。

ダ・ブラットは、1994年に『Funkdafied』でアルバム・デビュ
ーを果たした。当時、ラップの主流は、バッドボーイ・レコードの
ラップ（リッチな人々の抱える問題を語っていた）と、デス・ロ
ウ・レコーズのギャングスタ・ラップだった。そんな中で、ダ・ブ
ラットはジャーメイン・デュプリと手を組み、ウェスト・コース
ト・ラップの波に乗った。デュプリはラップ・デュオのクリス・ク
ロスを手がけ、ジーンズを後ろ前に穿くというファッション革命を
起こし、アトランタを拠点にソー・ソー・デフを創立したプロデュ
ーサーだ。アルバム『Funkdafied』収録の9曲は、Gファンクを主
体としていた（Gファンクとは、70年代ファンクを危険なまでに
スムーズなラップとして新解釈したサブジャンルである）。タイト
ル・トラックの「Funkdafied」では、デュプリとフロウを交わし、
「Lay back, and listen（リラックスして聴いて）／As I catch up on
my pimping（私がピンプなラップをかますから）」とラップし（ビ
ルボードのシングル・チャートで6位）、「Give It 2 You」では、「the
baddest little pimp in this hip-hop biz（ヒップホップ界で一番ヤバ
いリトル・ピンプ）」を自称している。

デュプリは当初、女性ラッパーとの契約に乗り気ではなかった。女性ラッパーでは儲からないと考えていたからである。しかし、鼻にかかったヴォーカルと中性的なスタイルで、ダ・ブラットは秘密兵器となった。彼女のフロウも一級品だった。「女性ラッパーはたくさんいたけれど、ブレイズヘアで、あんなにエネルギッシュな子を見たのは初めてだった」と、デュプリは2019年のドキュメンタリー『The Remarkable Rise of So So Def』で語っている。ダ・ブラットはデュプリのソー・ソー・デフに成功と利益をもたらした。つまり、幸運だったのは、彼女と契約したデュプリだったというわけだ。『Funkdafied』は、女性ラッパーによるアルバムで100万枚のセールスを記録した初のアルバムとなった。（エミネム、アウトキャスト、そしてビギーなど、1000万枚のセールスを達成した男性ラッパーはいるが、ダイアモンド・アルバムの認定を受けた女性ラッパーはいない）。

シスコが不滅のヒット曲「Thong Song」を放った翌年、ダ・ブラットがリリースしたシングル「What'chu Like」のミュージック・ヴィデオは、ヒップホップ界で関心を集めた。同曲はサード・アルバム『Unrestricted』からのファースト・シングルで、R&B色の濃いこのアルバムでは、情欲に関するリリックが大半を占めていた。『Unrestricted』は、人生を楽しむ『Funkdafied』の収録曲とはコンセプト的に異なり、ダ・ブラットはデュプリの助けをほとんど借りることなく、自分でリリックを書いた。そして、「What'chu Like」のミュージック・ヴィデオでは、モデル／シンガー、タイリースと踊ったのだ。

「それまでは、乳房を露わにしたことなんて一度もなかった。だから、サグでハードコアな口の悪いプラトニ・プリンセスがタイトな服着てるのを見て、みんなも度肝を抜かれたんだね」と2000年にダ・ブラットはヴァイブ誌に語ると、「今後もブレイズヘアのボーイッシュなイメージを捨てるわけじゃない」とファンに断言した。なお、ボーイッシュなスタイルは、心地良さだけが理由ではなかった。性的な目で見られるのではなく、1人のラッパーとして真剣に見てもらいたい、という願望も含まれていたのだ。

だが、セックスはいい商売になった。これまでのイメージを一変したセクシーなダ・ブラットが、ファンを惹きつけようとしていたことは、火を見るよりも明らかだった。たとえ売れるヴィジュアルの青写真を踏襲しても、女性側の選択肢は限られていた。当時の女性アーティストのイメージには、男性側の意向が強く反映されたため、女性がアーティストとして着たい服を決めることすら、決死の覚悟が必要となった。ゲイであることをカミング・アウトした後、ダ・ブラットは2000年に「レコードを売りたければ、男性からも女性からも『やれそう』だと思われるようになれって、ずっと言われてきた」とヴァラエティ誌に語っている。「今でも男性がレーベルを運営していて、その構造はおそらく永遠に変わらない。男性は女性アーティストを作り上げる。だから、有名男性アーティストのバックアップがあるか、大きな胸とお尻で超セクシーにトゥワークを踊れない限り、女性のMC、プロデューサー、ソングライターは今でも大変。私みたいに（タフなイメージで）業界に飛び込んで、『私はラッパー』って言ったところで、『ボーイッシュなファッションは置いといて、セクシーな下着を着ようか』なんて言われるはず。でも、服装は人を変えてしまう。イメージを変えると、ライムも変わっていく。そうなると、自分らしさを失い、みんなにも共感されにくくなる。別の人物になってしまうから、あんた誰？って感じになるの」。

ダ・ブラットのカタログは、リル・キム前とリル・キム後のラップ界を分ける指標のような役割も果たしている（ブラットの初期2作は、キムが登場する少し前にリリースされた）。しかし、デビュー・アルバムで稼げるアーティストであることを既に証明していたブラットが、ヒップホップ業界のスタンダードに合わせて、路線変更を余儀なくされたことは皮肉である。

もちろん、ダ・ブラットはバギーなファッションを決して捨てたりはしなかった。サード・アルバム『Unrestricted』をリリース後、彼女は再びバギーなスタイルに回帰していった。

LEFT EYE'S RHYMES

レフト・アイのライムを振り返る

「Ain't 2 Proud 2 Beg」(1991)

「So I choose to explain, it's evident（だから説明するね、はっきりしてること）／Left Eye don't mean the rest of my body is irrelevant（名前がレフト・アイだからって、左目以外のパーツは愛さないでいいってわけじゃない）」欲望や欲情を称賛する曲。レフト・アイは、女性にも性的衝動はあり、時には「上の唇だけでなく、下の唇」にもキスしてほしいとラップしている。

「HAT 2 DA BACK」(1992)

「Every day, last week, and not a place to go（先週は毎日、どこにも行ってないのに）／ This nut still had me dressin' like a fashion show（あいつにファッション・ショウみたいな格好させられてた）／But not this week, I'm chillin', 'cause it's nothin' to hide（今週は勘弁、リラックスしてんの、何も隠す必要はなし）」腰までデニムを下げたスポーティなファッションを讃えた同曲は、アスレジャー・ファッションのアンセム。レフト・アイは、着心地の良い服を選ぶことについてラップしている。

「WATERFALLS」(1994)

「I seen a rainbow yesterday（昨日、虹を見たの）／ But too many storms have come and gone, leaving a trace of not one God-given ray（次々と嵐が来ては去っていき、神からの光なんて見えない）／Is it because my life is ten shades of gray（私の人生が真っ暗すぎるから？）」レフト・アイの類いまれな才能は、

TLC最大のヒット曲「Waterfalls」で遺憾なく発揮された。セーフ・セックスとHIV／エイズ危機を比喩的に歌った同曲は、ポップ・チャートで首位を獲得した。

「KICK YOUR GAME」(1994)

「Miss Left Eye (Yo)（ミス・レフト・アイ［ヨー］）／ All I wanna do is kiss your hand（君のその手にキスしたいだけ）／Let you know I'm not just another fan, I am the man（俺はただのファンじゃない、ザ・マン／男の中の男なんだ）」レフト・アイが存在感を示す1曲。勝ち目がない恋愛ゲームで求愛する男性と、誘いを断る女性の二役を演じている。

「NO SCRUBS」(1999)

「If you can't spatially expand my horizons（私の世界や視野を広げることができないなら）／Then that leaves you in the class with scrubs, never rising（あなたもスクラブの部類に入る、決して上には行けない）／I don't find it surprising and if you don't have the G's（まあ、驚かないけどね、お金ないなら）」サード・アルバム『Fanmail』からのリードシングルで、TLCは怠け者を意味する新語を作ると、男女間の文化論争に火をつけた。レフト・アイはここで、知性をはじめあらゆる面で自分を驚かせてくれる男性を見つけたいとラップしている。

◆◆◆◆◆◆◆◆◆◆◆◆◆◆◆◆◆◆◆◆◆◆◆◆◆◆◆◆◆◆◆◆◆

NEVER FORGET（功績）: ボーイフレンドだったNFL選手（アンドレ・ライゾン）の自宅を全焼させ、放火罪で逮捕された後、他のTLCメンバーと一緒に消防士の格好でヴァイブ誌の表紙を飾った。

WHO SHE IS（略歴）: TLC唯一のラップ担当メンバーとして、リサ・"レフト・アイ"・ロペスはTLCの楽曲に活気を加えた。ティオンヌ・"T-ボス"・ワトキンズとレフト・アイ、クリスタル・ジョーンズの3人はセカンド・ネイチャーというグループを結成し、ペブルス・ライリーと契約した。グループ名をTLCに変更し、クリスタルに代わってロゾンダ・"チリ"・トーマスが新加入すると、伝説のトリオが誕生し、ベイビーフェイスとアントニオ・"L.A."・リードが立ち上げたラ・フェイス・レコーズの重要アーティストとなった。4枚のアルバム（1994年発表の名作『CrazySexyCool』を含む）を通して、TLCは史上屈指のセールスを誇るガール・グループとなった。2002年にホンジュラスでの自動車事故で他界する前、レフト・アイはシュグ・ナイトのザ・ロウ・レコードからリリースを予定していたN.I.N.A.名義のソロ・プロジェクトに取りかかっていた。

◆◆◆◆◆◆◆◆◆◆◆◆◆◆◆◆◆◆◆◆◆◆◆◆◆◆◆◆◆◆◆◆◆

A BRIEF HISTORY OF POSSE CUTS

全員集合！　ポッセ・カッツの略歴

1995
"Da Ladies In Da House"

ビッグ・キャップ
バハマディア
プリサイス
トリーブ
ユニーク
ローリン・ヒル

1996
"3 THE HARD WAY"

バハマディア
メッカ・スター
K-スウィフト

1997
"NOT TONIGHT (Ladies NIGHT Remix)"

アンジー・マルティネス
ミッシー・エリオット
リル・キム
レフト・アイ
ダ・ブラット

1999
"THOROUGH BITCHES"

チャーリー・バルティモア
レディ・オブ・レイジ
ギャングスタ・ブー
クイーン・ペン
ダ・ブラット
スカーレット

2001
"Gangsta BITCHES"

イヴ
トリーナ
ダ・ブラット

SYLK-E. FYNE

シルクE・ファイン

◆ ◆ ◆

NEVER FORGET（功績）：
トゥパックと2曲をレコーディングした。

WHO SHE IS（略歴）：
シルクE・ファイン（ラマー・ロレイン・ジョンソン）は14歳でラップを始め、9年生でドーシー・ハイスクールの「ベスト・ラッパー」に選出された（同校の卒業記念アルバムに新設された同賞の初受賞者がシルクだったという）。その後、トゥパックやイージー・E、スヌープ・ドッグと出会い、楽曲を共作すると、1998年にはメジャー・レーベルからデビュー・アルバム『Raw Sylk』をリリース。セカンド・アルバム『Tha Cum Up』をデジタル・リリースしたラフタウン・エンターテインメントについては、「過去最悪の契約だった」と語っている。

LISTEN（必聴トラック）：
シルク最大のヒット・シングル「Romeo and Juliet」は、ロマンティックなベッドルーム・バラード。滑らかなR&Bビートに乗せて、シルクは「最高のプナ ニ（プッシー）」と、一途に彼を愛する気持ちをラップしている。

◆ ◆ ◆

トゥパック・シャクールは、デス・ロウ・レコードと契約するよりも遥か前にビートボクサーのマウスマンことデイナ・スミスとラップしていた。2人が出会ったのは、ボルチモアのローランド・パーク・ミドルスクール。ニューヨークからボルチモアに引っ越した頃のトゥパックは貧相な少年で、裾をホチキスで留めて、体に合わないジーンズを穿いていた。トゥパックのごく初期のレコーディングに数えられるのが、スミスの祖母宅の地下室でレコーディングした「Babies Havin' Babies」だ。この曲では、10代のトゥパックとスミスが交互にフリースタイルしている。トゥパックが西海岸へ移ってレコード契約を手にした後に2人は再会し、ロサンゼルスのダウンタウンにあるレゲエ・クラブで、シルクE・ファインと出会った。

ロサンゼルスのウェストサイドで生まれ育ったシルクは、クイーン・ラティファやニッキー・D（デフ・ジャムが初めて契約した女性ラッパー）に影響を受け、14歳でラップを始めた。トゥパックとスミスの友達になった彼女は、2人が滞在していたホテル（ル・モントローズ）までフライド・チキンとマカロニの手料理やマリファナを届け、手厚くもてなした。

「俺がシルクを呼んで、彼女はパックと会った。それから、みんなでフリースタイルを始めたんだ」とスミス。「彼女みたいにガチでフリースタイルかまして、男たちと互角にやり合える女子は初めて見た。一晩中ぶっ通しでライムしていたよ。こっちの助けが要らない女性ラッパーなんて、それまで見たことなかったし、凄かった」。

数年後、遊びの延長だったセッションは、本格的なスタジオ・ワークへと移行し、シルクはトゥパックと1曲レコーディングした。この頃のトゥパックは、シュグ・ナイトが積んだ保釈金で刑務所を出て、デス・ロウ・レコードと契約し、ラップ界のアイコンの道を駆け上がっていた。

そのトゥパックのシングル曲「Breathin'」（彼の死後、2002年にリリースされたアルバム『Until the End of Time』に収録）で、彼女はこんなラップをしている。「Back in the days before I had my son（息子が生まれる前、遥か昔の話）／ Spitting the game and clowning niggas, how I had my fun.（ラップしたり、仲間をひやかしたり、最高に楽しかった）」。

全盛期を迎える前のトゥパックと1曲レコーディングしただけでも快挙だというのに、シルクは2曲もレコーディングしているのだから恐れ入る。「Thug Luv」は、トゥパックとボーン・サグス・ン・ハーモニーのビジー・ボーン（シルクが所属していたルースレス・レコードのレーベル・メイト）とのコラボ曲だ。シルクによれば、トゥパックは全身白のコーデで、ヴェルサーチのランウェイ・ショーへ向かう前にスタジオを訪れたという。

シルクは17歳の頃に、イージー・Eのインハウス・プロデューサーを務めていたリアル・リッチー・リッチと仕事をするようになった。彼女はリッチの携帯電話からイージーの電話番号を見つけると、約3カ月間イージー・Eに毎日電話をかけ、留守電にフリースタイルを残した。折り返しの電話はなかったが、それでも彼女は怯まなかった。そして祖母の葬儀の朝、彼女は無礼極まりないフリースタイルをイージー・Eの留守電に残した。「You little ho, I don't wanna be with you, you a little fake gangster（ちっぽけなホーめ、あんたとなんて一緒に居たくない／ちっちぇえ似非ギャングスタ）」。これで遂にシルクはイージー・Eから折り返し電話をもらい、オーディションの機会を得た。

その後、イージー・Eとプロデューサーのリズム・Dが、GBM（ギャングスタ・ビッチ・メンタリティ）というガール・グループ結成のためのオーディションを開催し、シルクはカリフォルニア州トーランスのオーディオ・アチーヴメンツ・スタジオに呼ばれた。ここは、かつてN.W.Aが『Straight Outta Compton』を録音したスタジオだ。

シルクはGBMのメンバーに選出され、ルースレス・レコードと契約を結んだ。他のメンバーにはダイアモンド、T・スキー、チャン・ロークことビッグ・チャンが

いた（チャンは後に、スヌープ・ドッグの女性ラップ・トリオ、ドギーズ・エンジェルのメンバーとなる）。「俺たちがハマっていたのは、女性ラッパーもそうなんだけど、ライムするのが大好きなヤツらだった。フロウがマジで上手いヤツらだ」とスミスは言う。

当時はギャングスタ・ラップの全盛期で、N.W.A、アイス・キューブ、アイス・Tが高い人気を誇っていた。西海岸のラッパーは、ストリートの権力闘争や、アメリカの構造的な抑圧をラップしていたが、ナンセンスな曲もあった。例えば、イージー・EとGBMによる

> ## 彼女は男たちと互角に
> ## やり合っていた。一晩中
> ## ぶっ通しでライムしていたよ。

「House Party」は、抑えめながらも切れのあるビートで、自由気ままにラップするシンプルなナンバーだ。

イージー・Eといえば、契約や金銭絡みの問題が常について回る。例えば、アイス・キューブは金銭的な理由でN.W.Aを脱退した。だが、シルクの場合は、イージー・Eと支払いで揉めたことは一切なかったそうだ。彼女はスタジオでイージー・Eのソングライティングを手伝うこともあった。「Eとのセッションでいいアイディアが浮かぶと、彼は『助かったよ』って感じで、1500ドルを渡してくれた」。イージー・Eの遺作

となったセカンド・アルバム『Str8 off tha Streetz of Muthaphukkin Compton』(1996年)に収録された「Ole School Shit」で、シルクは本名のラマー・ロレイン・ジョンソンとしてクレジットされている。

シルクは仕事の速いソングライターだった、とリズム・Dは語る。「彼女は最もドープなソングライターのひとり。これが有利に働いて、ソロでレコード契約も手にすることができた……曲がすぐに完成したのは、彼女が誰よりも先にヴァースを書き上げていたからだ。何の助けも要らなかった。ライティングが遅いヤツがいると、シルクが手伝っていた。俺がビートを作れば、すぐにライムしていたよ」とリズム・Dは語る。

1995年にイージー・Eがエイズの合併症で死去した後、シルクはグランド・ジューリーという音楽制作会社と契約し、マイケル・コンセプション(LAのギャング、クリップスを創設したメンバーの1人)と仕事をした。

シルクによれば、1999年にリリースされたデビュー・アルバム『Raw Sylk』は、わずか6日で完成し、彼女のギャングスタなDNAが入っているという。トゥー・ショートをフィーチャーしたオープニング・トラック「Keep It Real」で、「Dealers and smugglers, land of the hustlers(売人に密輸業者、ハスラーの国)／ Females with fame, watch out before we buck ya(有名な女たち、撃たれないよう気をつけな)／For all ya loot, yo Versace suit(あんたの有り金とヴェルサーチのスーツを狙うから)」とシルクはラップしている。この頃までには彼女も大人になり、恋愛や情緒面での成長を

テーマに曲を書くようになっていた。サグのロマンスを描いたシングル「Romeo and Juliet」は、ビルボード誌のホット100チャートで最高位6位を記録し、ホット・ラップ・シングルズ・チャートでは首位に輝いた。「It's like Romeo and Juliet(まるでロミオとジュリエット)／ Hot sex on the platter just to get you wet(レコード聴きながら、オマエを濡らす熱いセックス)」という、シェイクスピアの作品からインスピレーションを得たチルによるフックをフィーチャーしている。

「彼女が『Romeo and Juliet』を出した時はびっくりした。『え、何だよこれ?!』って」とスミスは振り返る。「そういう面は一度も見たことなかったから、『おいおい、セクシー系目指してんのか?』って思った」。

シルクがニューヨークでパフ・ダディと会った時、パフ・ダディは握手しながら、「俺の場所を奪った女性に会えて嬉しいよ」と挨拶したという(彼女はビルボード誌ホット100チャートでパフ・ダディの「Victory」に代わって首位を獲得していた)。

「90年代後半に、結婚や恋愛、誠実さを語る曲はなかった」とシルクは言う。「リル・キムやフォクシー・ブラウンは『男の金はもらうよ!』って感じだったけれど、私は違うことをやりたかった。私はシングルマザーとしてひとりっ子の息子を育てていたから、クールで大人っぽくて、セクシーなR&Bラッパーになりたかった。方向性を変えてもっと成熟した音楽をやる準備はできていたから、みんなが共感できるようなラヴ・ソングを書いた」。

BAHAMADIA

バハマディア

◆ ◆ ◆

NEVER FORGET（功績）:
オープン・マイクで知られるリリシスト・ラウンジの初コンピレーション・アルバム『Lyricist Lounge Volume One』（1998年）にフィーチャーされている。

WHO SHE IS（略歴）:
バハマディア（アントニア・リード）は、子どもの頃から詩や短編小説を書き、80年代にはハウス・トラックでラップし始めた。また、セトルメント・ハウス・オブ・ミュージックでドラムのレッスンを受け、ハウス・パーティやブロック・パーティ、地域のリクリエーション・センターでDJも務めるようになる。1993年にレコーディングされたシングル「Funky Vibe」は、クラプトやショーン・ディディ・コムズなどアーティストの耳目を集めたが、妹の友人がデモテープを渡したことがきっかけで、ラッパー／プロデューサーのグールーとタッグを組むこととなった。1996年にリリースされた『Kollage』は、彼女がメジャー・レーベルからリリースした唯一のアルバムだ。

LISTEN（必聴トラック）:
「Total Wreck」は、スクラッチを多用したメタリックなトラック。アンダーグラウンドなヒップホップ・シーン向けの1曲だ。

◆ ◆ ◆

バハマディアといえば、曲よりもフィーリング（チルな雰囲気）やサウンド（ジャズ）を思い浮かべる人もいるだろう。そのサウンドは、さまざまな意味でフィリーのサウンドだ。ザ・ルーツやジル・スコットのように、ライヴで躍動するソウルである。1993年に彼女がレコーディングした「Funk Vibe」は地元でヒットし、伝説的なヒップホップ・デュオ、ギャング・スターのグールーにまで届いた。バハマディアの特徴は、ソフトで瞑想的ながらもタフなサウンドだ。グールーの声を引き立てる繊細なスタイルである。

バハマディアのデビュー作『Kollage』は、心地良く官能的で、親密なラウンジ・セットを体感できる1枚だ。トランペットとダウンビートのキーボードに、ダブルテンポのラップを乗せたトラックの大半は、グールー、ダ・ビートマイナーズ、DJプレミアという東海岸を代表するプロデューサーが手がけた。

「女性のエネルギーは、静かに動く。一定のペースを保ち、会話のようなアプローチをすると、さらに深みが出て、インパクトも大きくなる。女王っぽさも出るし」とバハマディアは言う。「私が語ることは本心で、私は本心しか語らない。真実だって自分が共感できることしか話さない」。

彼女はウルトラマグネティック・MCズのようなラッパーだけでなく、ナンシー・ウィルソンやフィービー・スノウといったジャズやブルースのシンガーにも影響を受け、自身のフロウを確立した。

グールーはまず、彼女をスタジオに入れた。シングル「Total Wreck」は、こうした初期セッションでできた曲である。彼女は「Biggest Part of Me」を除く『Kollage』の全曲を、ワンテイクでレコーディングしたという。「グールーは、私に全てを任せてくれた。ゴーストライターも一切いなかった」と彼女は語る。こうして、彼女好みのくつろいだ自由なセッションが可能となった。「私は昔からギャング・スターの音楽が好きだった。それに、私の声だけでな

> **女性のエネルギーは、静かに動く。一定のペースを保ち、会話のようなアプローチをすると、さらに深みが出て、インパクトも大きくなる。**

く、私が作るライムや曲を引き立ててくれるサウンドだと思った。ラップのリズムもね。ジャズは（バック・トラックとして）すごくクールだったし、ソウルは歴史的にフィラデルフィアの得意分野だし」。

　グールーは、ジャズとヒップホップを繋ぎ、アンジー・ストーンやエリカ・バドゥなどのアーティストとジャズ・ミュージシャンを結びつけると、『Jazzmatazz』というコンピレーション・アルバム・シリーズをリリースした。バハマディアは、同シリーズの2作目『Vol. 2: The New Reality』収録の「Respect The Architect」に参加しており、ここでも静かな嵐のような存在感を示している。

LIL' KIM

リル・キム

◆ ◆ ◆

NEVER FORGET（功績）：
1996年のデビュー・アルバム『Hard Core』で、女性ラッパーとしてビルボード誌のアルバム・チャート初登場最高位（当時）を記録した。

WHO SHE IS（略歴）：
彼女がブルックリンでノトーリアス・B.I.G.と出会い、ジュニア・M.A.F.I.A.に加入した時、リル・キムの時代が始まった。キムは思春期の若者や大人にセックスを指南するとともに、ラップにおけるグラマラスなファッションの雛形を作った。デビュー・アルバムの『Hard Core』以降、『The Notorious K.I.M.』（2000年）、『La Bella Mafia』（2003年）、『The Naked Truth（2005年）』、『9』（2019年）と、4枚のアルバムをリリースしている。

LISTEN（必聴トラック）：
ビギーの声がバックグラウンドで響く「Suck My D**k」（セカンド・アルバム収録）。「Big Momma Thang」をはじめとする『Hard Core』の全曲。

◆ ◆ ◆

リル・キムのキャリアを決定づけたイメージといえば、ヒョウ柄のビキニでスクワット（M字開脚）しているポートレートだろう。デビュー・アルバム『Hard Core』（1996年）のフォト・セッションで撮影された1枚である。彼女のメンター（師）だったノトーリアス・B.I.G.は、同アルバムの宣伝用ポスターにこの写真を選んだ。どのポーズを使えばいいか、正確に把握していたのだ。「彼は写真のネガをテーブルに投げると、私が脚を広げている写真を指差して、『これだ』って言ったの」とキムはアルバムのリリースから10年後、XXL誌に語っている。レコーディングを通じて、ビギーはキムのイメージとラップを背後から操っていた。例えば、あまり男性的にならないよう、声を和らげた方がいいとキムに助言したのもビギーである。

キムはそのうち、このペルソナを自分のものにしようと決意し、男性が心に描くドリーム・ガール（理想の女性）となった。ラップ界随一のセックス・シンボルとなった彼女は、そのスキルとセックスを売る手腕で称賛された。キム以前の時代に活躍していた女性ラッパー（クイーン・ラティファ、MCライト、ソルト・ン・ペパ）は、ヒップホップにおける性差別と闘っていたが、キムは生々しい性的エネルギーをヒップホップにもたらした。自分のセクシュアリティを認めることと、自分のセクシュアリティを利用することの狭間に立たされた女性ラッパー世代のモデルとなったのがキムである。彼女は「音楽に合わせたセクシーなヴィジュアルを持つ女性ラッパー」という新しいコンセプトを、選択肢ではなく必須事項にしたのだ。

『Hard Core』をリリースする前のキムは、ビギーによって結成されたブルックリン出身の9人組、ジュニア・M.A.F.I.A.で活動していた。彼女が初めてラップした曲は、1995年の「Player's Anthem」。キムが17歳の頃にリリースされた同曲は、ジュニア・M.A.F.I.A.を強力な新人グループとして印象づけ、ソリストとしてのキムの方向性を示した。彼女の才能と能力を疑問視する者も、

ほとんどいなかった。『Hard Core』収録の「Queen Bitch」では、「Sippin' Zinfandels up in Chippendales（チッペンデールズ／男性ストリップ見ながら飲むのはジンファンデル）／Shoppin' Bloomingdales for Prada bags, female Don Dada has...（ブルーミングデールズで買うのはプラダのバッグ、女ボスが持ってるのは……）」と、ヴァースの終わりに息切れしてしまうほどハードにラップしている。それでもファンや評論家は、キムのライムに対するビギーの関与を憶測してばかりで、ビギーを語らずしてリル・キムを語ることは難しくなっていた。「女性であのグループにいただけでも、立派だった」とハニー誌の創刊編集長だったキエルナ・マヨは語る（キムは同誌の表紙を2回飾っている）。「キムの身長は4フィート11インチ（約150センチ）で、とても小さい。大柄なビギーと並ぶと、彼女の小柄さがさらに際立った。ビギーは人を操るスヴェンガリのような存在で、キムは彼の忠実な愛人だった。その関係はドラマティックで、時に痛ましいものだった」。『Hard Core』のリリースから1週間後、フォクシー・ブラウンがデビュー・アルバム『Ill Nana』をリリースし、二重のジレンマを生み出した。キムとフォクシーが打ち出した成功の新たな青写真は、女性が抱く淫らな欲望を解放したが、男性の妄想と密接に結びついていたからだ。

1996年、キムはタヴィス・スマイリーがホストを務める『BET Talk』に出演すると、ツー・ライヴ・クルーのルーク・キャンベルとともに、卑猥なリリックについて討論した。「これが私のイメージ。こんな格好をしていなければ、みんな私に気づかずに通り過ぎるはず」とキムは番組で語った。「大勢の男性が私に群がってくる。私のポスターだけでなく、私のカリスマにも惹かれているの」。

キムの不幸な生い立ちも、彼女のイメージ作りに役立った。両親の離婚後、母とニューロシェルに移ったキムは、ホームレスも経験した。当時のキムがアリス・チルドレスの『Rainbow Jordan』を愛読していたのは、里子の主人公に共感したからだ。

キムはその後、ブルックリンに戻り、父（と兄）と暮らした。元軍人の父は厳格だったが、グッチの服をキムに買い与え、キムはクラスメイトの羨望の的となった。それでも、父娘喧嘩が絶えず、キムは父をハサミで刺したこともあった。キムはやがて家を出ると、友人の家を転々としながら、売人のためにドラッグを運んで生計を立てていた。しかし、ブルックリンのフルトン・ストリートでビギーに出会い、彼の前でラップしたことで、キムの人生が一変する。ビギーこそが、彼女のメンターとなり、恋人となった男である。キムも後に、「scooped a young bitch off her knees（倒れそうになっていた若いビッチの私を助けてくれた）」と彼についてラップしている。

キムの所属レーベル、アンデアス・エンターテインメントの元社長、ジェイコブ・ヨークは、ビギーが本拠としていたセント・ジェームス・プレイスでキムに出会った。「彼女は黒いスパンデックスのレギンスにブーツを合わせていた。髪が短いから帽子を被っていて、ホルタートップを着ていたのを覚えている。彼女がラップを始めると、すごく低い声だった」とヨークは語る。「ジュニア・M.A.F.I.A.のアルバムでは、後に出したソロ・アルバムほどセクシュアルじゃなかった。彼女がもっと女っぽくなるように、俺たちはいろんなアドバイスをしていたんだ。『Hard Core』の頃になると、彼女は自分のサウンドを確立しはじめた」。

ビギーもキムの声が低いことに気づき、声を作り変えた。彼らの目標は、彼女の声色を柔らかくすることだった。完璧なラップ・ガールを作ろうとしていたのだ。「初めてリル・キムに会った時、彼女のラップはオニクスのフレドロみたいにアグレッシヴで、ビギーはそれをすごく嫌がっていた」と語るのは、ビギーとアンデアスを設立したランス・"アン"・リヴェラだ。「ジュニア・M.A.F.I.A.のアルバムを制作中に、キムは『Back Stabbers』をやった。ビギーは彼女の声を聞いて、『これだ』って言った。音楽的な観点からも、男の俺に訴えかけているってね」

キムとビギーの緊迫した関係は、ヒップホップの伝説となっている。2人はレコーディング・スタジオのエレベーターで喧嘩をした。キムは、ビギーがR&Bシンガーのフェイス・エヴァンスと結婚し、チャー

リー・ボルティモアと付き合うのを見てきた。『Hard Core』とジュニア・M.A.F.I.A.のデビュー・アルバム『Conspiracy』を同時にレコーディングしていた頃、キムはビギーの子どもを妊娠し、堕胎したため、死とドラッグについてのラップが多くなった。音楽が「どんどん暗くなって」いったため、レコーディングを中断しなければならなかった、とヨークは語っている。

「あの時点では、物悲しいアルバムだった。彼女はビギーと個人的にいろいろあったからね」とヨークは言う。『Hard Core』のオリジナル盤には、[『Crush on You』

キムはビギーからライムの方法について指導を受けていたが、リリックはほとんど自分で書いていた。キムと仕事した全員がそう証言している。

の中に]リル・キムのヴァースは入っていない。シーズのラップだけだ。『もういい、これをキムのアルバムに入れて、シーズのキャリアを盛り立ててやる。もう彼女からはラップが出てこないし』って、俺が言って、そうなったんだ」。

ビギーとリヴェラを通したキムのイメージは、男性の欲望を満たすことに主眼を置いていた。「キムに関する戦略は、本妻ではなく、ドラッグ・ディーラーが囲う最高級の愛人ってイメージ（で一貫していた）」とリヴェラは語る。「俺たちが生きている世界に彼女を置いてみ

たんだ。お前はナンバーワンのドラッグ・ディーラーの愛人で、何でも買ってもらえるから、最高級品に身を包む。全てが男性ホルモン、男のエゴ、妄想に突き動かされていたんだ。愛じゃなくて、セックスがテーマだった」。これは明らかに問題だった。彼女のイメージをコントロールする男性が複数存在していたという事実のせいで、「ビギーがキムのリリックをほとんど書いている」という俗説に、拍車がかかったのだ。

キムはビギーからライムの方法について指導を受けていたが、リリックはほとんど自分で書いていた。キムと仕事した全員がそう証言している。「彼女はアルバムの大半を書いた。ビギーは数曲書いただけだ。ヒットしたシングルは全て、彼女が自分でリリックを書いていた」とリヴェラは『Hard Core』について語っている。

ラッパーの故プロディジーは、キムがモブ・ディープの「Quiet Storm (Remix)」用のヴァースを全てスタジオで書いているのを目撃した、と語っていた。ジェイコブ・ヨークは、『Hard Core』のスタジオ・セッションのほぼ全てに立ち会っていたという。ビギーのような才能のあるラッパーと親しい女性ならば、リリックも全て彼に書いてもらっているはずだ、と人々は勝手に想像した。この思い込みは、ラップでは女性に対する期待値が低いことの表れだった。

「シングルのリリックは、彼女が書いていた。『Get Money』——あれは彼女が書いた。『No Time』もそうだ」とヨークは言う。「それよりも、キムはラップの仕方を教わっていた。何を書くかについては、最初からずっと分かっていたんだ。それでも、軌道修正が必要な時もあった。ディープな声でラップしていた、ストリートの少女時代に戻ってしまうこともあったからね」。

「彼女は『Get Money』で別のヴァースを書いていたんだけど、ビッグは『そのヴァースはゴミだな』って言ったんだ」とヨークは振り返る。「そこで彼は、自分のヴァースをラップして、彼女はそこから学んでヴァースを作った。彼は最初の8小節くらい手伝いながら、『俺のヴァースに合わせろ』（って言っていた）。『You wanna lick between my knees（私の股間、舐めたいんでしょ）』の後に来る「Don't cha」ってパート、あれはビギーの

I REMEMBER THAT KIND OF LANGUAGE BEING LIBERATING AND EXHILARATING, AND IT KIND OF PUT ALL OF US ON BLAST.

ああいった言葉に、解放感と爽快感があったのは覚えている。
とはいえ、みんな戸惑ったけれど。

影響だ。その後で、フロウががらりと変わるのが分かる。キムは自分の思い通りにラップしたんだ」。ジュニア・M.A.F.I.A.の「I Need You Tonight」で、キムはヴァネッサ・デル・リオの名前を出しているが、あれはヨークとリヴェラが入れたものだという。しかし、ヨークによれば、90年代半ばに活躍した2人の黒人ポルノ・スター、ヘザー・ハンターとジャネット・ジャクミーの名前を「Big Momma Thang」に入れたのはキムだという。「彼女は無理やり言わされてたわけじゃなくて、俺たちによって言葉の縛りから解放されたんだと思う。実際のキムは、レコードのまんまだし」。

しかし、キムはマーケティングの決定権を握る男性陣によって育成された。常に男性がキムのイメージを決め、セクシー以外の選択肢がなかったとしたら、彼女は自分が完全にパワーを握っているとは思えなかっただろう。ここで注目すべきは、キムやソルト・ン・ペパのような女性ラッパーが、男性プロデューサーの指導の下にありながらも、自分の声を解放の道具として使っていた点だ。

ビギーの関与は今後も議論の的となるだろうが、キムの最高傑作がファースト・アルバムとなったのは、ビギーによるところが大きい。しかし、彼からの助言はあったとはいえ、キムが自力で成し遂げたことには、大きな価値がある。「No licky licky, fuck the dicky dicky（舐めてくれなきゃ、入れさせないよ）」という彼女のリリックは、セックスに目覚めかけた女性とセックスに興じている女性にとって、慎みのないマントラとなった。「起源を辿ってみれば分かるけれど、成人セックス産業の本来の意図は、私たちの文化がセックスを受け入れられるよう扉を開くことだった。アフリカン・アメリカンの女性としては、自分のセクシュアリティに誇りを持ち、自分の体に誇りを持つことを趣旨としていたの。リル・キムをはじめ、ワンダ・ディーやフォクシー・ブラウンのような女性たちが、扉を開いてセクシュアリティを受け入れ、前進している姿を見て、私は美しいと思った」とヘザー・ハンターは語る。「ハードコア」なイメージをどれほど自分でコントロールしているのか、ペーパー誌のインタヴューでベル・フックスに尋ねられると、キム

はこう答えている。「みんなが私のキャリアに大きく関与してる。それぞれがアイディアを出しあってね。でも、これを始めたのは私だと思う。やるのは私だから、自分が納得してないといけないでしょ？　無理にイメージを押しつけたところで、必ずしも上手くいくわけじゃないし。自然じゃないと」。

キムは「ブラック・バービー」というファッショナブルなイメージを自ら築き上げ、他の場所で失ったコントロールの一部を取り戻した。赤いレザーのバイカー・ファッションにヘルメット、『かわいい魔女ジニー（I

> **キムが音楽やファッションでリスクを冒していなかったら、今でも女性ラッパーは自分の音楽を認めてもらうために、控えめな格好をしていたと思う。**

Dream of Jeannie）』のジニーが着ていたような透けたガウンにマスク（仮面）、ランジェリー、ミンクの手錠、露わにした片方の乳房にパープルの貝殻型ニップレス。リル・キムは、どんな場所でも目立つ格好をした。フォト・セッションでも、あらゆることをやってみせた。例えば、ダッチワイフを演じたほか、裸体にモノグラムを施してルイ・ヴィトンのアクセサリーに変身したこともあった。デザイナーのパトリシア・フィールドが作ったビキニを着て、スクワットを披露したこともある。シングル「Crush on You」のミュージック・ヴィデオ（ミ

ュージカル『ウィズ（The Wiz）』にインスパイアされて
いる）では、鮮やかなファーに50年代のハウスワイ
フ風ウィッグを被り、「No Time」のヴィデオでは、ホ
ットパンツ姿でワールドトレードセンターのエスカレー
ターに乗っていた。

「ありとあらゆる人が、彼女のスタイリングやメイクア
ップ、写真撮影をしたがっていた。アニー・リーボヴィ
ッツも、ブルース・ウェーバーもね」と、クリスティー
ナ・マレーは語る。彼女はアトランティック・レコード
のブラック・ミュージック宣伝部門のトップとして、キ
ムの初期2作品を担当していた人物だ。「ノーって言う
アーティストもいるけれど、キムは違った。『キム、あ
なたの髪をこんな風にしてみたいんだけど』って言われ
れば、キムは決してノーと言わなかった。他人が自分の
中に見ているものを理解して、あらゆることにオープン
だったの」。

キムのスタイリスト、ミサ・ヒルトン・ブリムは、フ
ァッション界でキムが「変幻自在のミューズ」となれる
よう、キムに衝撃的な要素を加えてスタイリングを施し
た（ちなみに、「No Time」のヴィデオでキムが身につ
けていたファーやジュエリーは、ブリムの私物である）。
「キムのリリックは際どかったし、当時キムはビッグと
付き合っていたから、アンは『ラップの愛人』というイ
メージを作ろうと思っていた。そして、このコンセプト
に基づいてスタイリングする自由を私たちに与えてくれ
た」とヒルトン・ブリムは語る。彼女が思うに、キムの
スタイルには、キムの内面が反映されていた。女性は人
形のような格好をしてもいい。アクセサリーで煌びやか
に飾り立ててもいい。ファンタジーを作り上げてもい
い。キムはそう考えていたのだ。

「キムが音楽やファッションでリスクを冒していなかっ
たら、今でも女性ラッパーは自分の音楽を認めてもらう
ために、控えめな格好をしていたと思う」とブリムは言
う。「キムが別の道筋を作ったおかげで、女性は自分の
イメージを形成し、ファッションを通じて好きなように
自己表現できるようになった。女性として、ひとつの型
に縛られる必要はない。何を着るか、どう着るかは、私
たちで選ぶことができるんだから」。

メディアはキムのキャリアについて、程度の差はあ
れ称賛と懸念をもって報道した。ソース誌は、1997年
2月号の表紙にリル・キムとフォクシー・ブラウンを起
用。背中合わせにポーズを取る2人の写真とともに、
「Sex & Hip-Hop: Harlots or Heroines?（セックスとヒ
ップホップ：娼婦かヒロインか？）」という見出しが躍
った。エボニー誌は2000年10月号で、アメリカのセッ
クス・シンボルとしてのキムについて、「Is Mainstream
Ready for Lil' Kim?（メインストリームはリル・キムを
受け入れる準備ができているだろうか？）」と題した記
事を掲載した。エッセンス誌も同月、「The Big Problem
with Lil' Kim（リル・キムのビッグな問題）」というタ
イトルでキムを表紙にした。

キムのイメージを不快に思う女性もいれば、それに自
由を感じる女性たちもいた。そして、男性も女性もファ
ンタジーを求めていた。女性ヒップホップ・ライターに
とって、リル・キムを論じることは、量子のもつれを解
読するくらい困難なことだった。彼女は、性的解放を推
進する人物としてだけでなく、ヒップホップが持つ最悪
の特徴について議論するためのトピックとして、存在し
ているかのように思われたからだ。彼女はラップ界のミ
ソジニーについての会話を進めるための題材であり、黒
人女性の自己不信を反映する人物でもあった。彼女のイ
メージだけでなく、容姿も年々変化していった。キムは
美容整形手術を受けたことを認めており、ボーイフレン
ドに殴られた後で、二度目の鼻の整形をしたという。こ
うした複雑さも魅力となり、彼女がスターとなる後押し
をした。彼女は綺麗になりたかった。セクシーになりた
かった。キンバリー・ジョーンズではなく、リル・キム
になりたかった。そして、リル・キムになることで、自
分と他人を自由にしたいと考えていたのだ。

ソース誌の元スタッフ・ライター、アリヤ・S・キン
グは、『Hard Core』がリリースされた1996年、ニュー
ジャージー州イースト・オレンジの高校で歴史を教えて
いた。女子生徒たちはキムのように踊り、キムのように
派手な色のウィッグをつけていたという。「私の世代と
は違って、あの娘たちは間違いなく解放されていた」と
キングは語る。

「キムを見ていると、幼馴染の女の子たちを思い出した。ファッションや男子が大好きで、みんなの話題になるタイプの女の子」と、ヴァイブ誌の1997年9月号でキムをインタヴューしたカレン・グッドは語る。「いろんな噂があって、彼女たちは『ホー』とか『ビッチ』とか呼ばれていたけれど、それでも『それじゃあ、私が最高のビッチになってやるから』なんて言っていた」。

『Hard Core』がリリースされた時、私は13歳だった。当時の私は解剖学の本やヤングアダルト小説、リル・キムのリリックでセックスを学んでいた。「I used to be scared of the dick（昔はディックが怖かったけど）／Now I throw lips to the shit（今はがっつり咥えこんでる）」というキムのライムは、これだけで成長物語のようだ。キムの音楽が助けとなり、少女たちはセックスについて気楽に話せるようになった。最も印象的だったのは、男性から女性へのオーラル・セックスを精力的に推進していたことだ。世界一の推奨者となったキムは妥協を許さず、スミソニアン博物館に残るような歴史的リリックを書いた。

「Lick up in my twat（私のアソコ、しっかり舐めて）／Gotta hit the spot（ツボは外さないで）」

「No licky licky? Fuck ya dicky dicky and ya quickie（舐めてくれなきゃ、入れさせないよ、さっくり入れるのすら却下）」

「Got buffoons eatin' my pussy while I watch cartoons（私がアニメ観てるあいだ、アホな男どもは私のプッシー舐めてる）」

「You ain't lickin' this? You ain't stickin' this（ここを舐めてくんないなら、ここには入れさせない）」

「Only way you seeing me is if you eatin' me（私を舐めること、それが私に会う唯一の方法）」

「All I wanna do is get my pussy sucked（私はプッシーをがっつり吸われたいだけ）」

こうした言葉が、ヒップホップを変えた。ラップに改造された成人映画。これが、キアやトリーナのようなアーティストの先例となった。「ああいった言葉に、解放感と爽快感があったのは覚えている。世間に向けて、こうした矛盾を晒せるほど解放されていなかった女性たちは、みんな戸惑ったけれど」とキエルナ・マヨは語る。「とにかく、みんなが度肝を抜かれていた」。

1997年にビギーが死去した後、セカンド・アルバム以降のキムは、その才能を試された。独力でラップできるのか？　1人でもヒットを出せるのか？　彼女は自身の実力と人気を証明してみせた。例えば、「Thong Song」でTバック愛を歌い上げていたシスコをフィーチャーした「How Many Licks」。クンニリングス宣言書ともいえる同曲のミュージック・ヴィデオでは、工場で製造された人形のようなキムの姿を堪能できる。また、2003年にリリースされたサード・アルバム『La Bella Mafia』に収録のシングル「The Jump off」では、「Black Barbie dressed in Bulgari（ブルガリを着たブラック・バービー）」を自称し、ディープスロートについてラップしていた。『Hard Core』のような精巧さはなかったものの、キムに自力でラップできる実力があることは明らかだった。

キムが矛盾とセックスを公にさらけ出したことで、彼女以降のラッパーは、キムの行動で最も重要な箇所だけを見習い、残りを反面教師とした。キムの努力は、カーディ・Bやニッキー・ミナージュを通じて実を結んだ。ニッキーは、キムをお手本にカラフルなウィッグをつけただけでなく、キャリア初期にはキムのスクワットポーズも再現していた。（その後、2人のあいだでビーフが勃発するが……）キムはあらゆる意味で、実験、ミューズ、生贄の子羊だったのだ。

THE SQUAT
伝説のスクワット

男たちを熱狂させたリル・キムのスクワット（M字開脚）。
写真家マイケル・ラヴィーンが撮影を振り返る。

　リル・キムに会ったのは1度だけだ。彼女はすごく大人しかった。僕たちはニューヨークの15丁目にあるブラウンストーンのアパートを見つけて、そこを借りて写真撮影をした。ビギーはいなかった。全てを仕切っていたのはアン（ランス・"アン"・リヴェラ）だ。リル・キムは、僕に一言も話しかけてこなかった。アンが彼女に指示を出していた。だから、リル・キムが殻を破って大胆に振る舞うのを見るたびに、衝撃を受けてしまう。彼女はすごく静かでシャイだった。

　彼らは、熊の皮の敷物を使いたがっていた。ベッドのシーンでは、電話やバラの花びらがあったけれど、ベッドの上の小道具は、僕が選んだわけじゃない。僕が決めたのは、アングルや照明、体勢や表情だ。花を持ってきたのは、小道具のスタイリスト。誰が何の小道具を持ってきたかは忘れたけれど、熊の皮の敷物やシャンペン・ボトルとかは、かなり陳腐だったね。

　彼女がスクワットしている写真は、とにかく大胆だった。あれは偶然の産物なんだ。あの現場にマッチしている感じがした。別にあのポーズが独創的ってわけじゃないけれど、彼女があのポーズを取ることに意味があったんだ。レコード会社も、あのイメージを利用して、世に出すことにした。あのポーズには、「ファック・ユー。私は強い女。こんなポーズだって取ってやる」なんて印象がある。性的な対象にされながらも、「この体をコントロールしてるのは私」って気概も感じる。

　彼女は美しく、あのポーズは挑発的だった。彼女は興味深くて、みんな彼女に興味を持っていた。それに、彼女は素晴らしいラッパーだった。あらゆる要素が揃って、スターが誕生したんだ。

The "Lady" Rappers

名前にレディがつくラッパー

Lady B
レディ・B

レディ・Bはヒット・シングルの「To the Beat Y'all」で、ジャックとジルのストーリーを、ジルが妊娠する話に書き換えた。その後は、出身地のフィラデルフィアで人気ラジオDJとなった。

Lady Sovereign
レディー・ソヴァリン

アメリカ進出に成功したイギリスの女性ラッパーといえば、モニー・ラヴとレディー・ソヴァリンが思い浮かぶだろう。コックニーのアクセントでラップするレディー・ソヴァリンが、アイランド・レコードと契約中にリリースしたシングル「Love Me or Hate Me」は、アメリカで中ヒットを記録した。

Lady Leshurr
レディ・リーシャ

バーミンガム出身のイギリス人グライム・ラッパーは、フリースタイルに大量のシラブルとジョークを盛り込む。代表曲は「Queen's Speech」。

Lady May
レディ・メイ

2002年のシングル「Round Up」は、リヴェンジ・シングル「Hit 'Em Up Style (Oops!)」の大ヒットで知られるR&Bシンガーのブルー・カントレルをフィーチャー。

Lady Crush
レディ・クラッシュ

14歳の頃、ティム・グリーンのオーディションを受けて優勝し、「Facts of Life」に参加。自身のシングル「MC Perpetrators」では、80年代のブレイクダンス映画を思わせる熱いラップを披露した。「You wanna battle me, you betta eat your Wheaties（私とバトルしたいなら、ウィーティーズ／シリアル食べてエネルギー補給しな）」と挑戦状を叩きつけている。

Big Lady K
ビッグ・レディ・K

プライオリティ・レコードと契約中の1989年に、80年代スタイルのラップ・アルバム『Bigger Than Life』をリリース。

FOXY BROWN

フォクシー・ブラウン

◆ ◆ ◆

NEVER FORGET（功績）：
『Chyna Doll』は、ビルボードのアルバム・チャートで首位を獲得。ローリン・ヒルの『The Miseducation of Lauryn Hill』に次いで、女性ラッパーのナンバーワン・アルバムは史上2枚目。

WHO SHE IS（略歴）：
フォクシー・ブラウン（インガ・マーチャンド）は、裕福なトリニダード系移民の子どもとして、ブルックリンで育った。16歳になる頃には、期待の大型新人となって、LL・クール・J（「I Shot Ya（Remix）」）やジェイ・Z（「Ain't No Nigga」）ともラップで堂々と渡りあい、法廷飲酒年齢に達する前に、レコード会社の争奪戦を巻き起こした。最高にクールで、時に恥知らずなまでに猥雑な彼女は、『Ill Na Na』（1996年）、『Chyna Doll』（1999年）、『Broken Silence』（2001年）、『Brooklyn Don Diva』（2008年）と、4枚のアルバムをリリースしている。

LISTEN（必聴トラック）：
フォクシーはパーティにぴったりなダンスホール・シングル「Oh Yeah」で、「too pretty to spit rhymes this gritty.（ここまでガチな／ライムをするには綺麗すぎる）」と思われてしまうジレンマについてラップしている。

◆ ◆ ◆

90年代のソース誌が、新人ラッパーを表紙にすることは皆無に等しかった。だが、リル・キムとフォクシー・ブラウンは、ただの新人ラッパーではなかった。2人はライヴァルと噂されており、「ヒップホップのバイブル」だったソース誌は、話題作りに打って出た。1997年2月号の表紙に、2人が肩を並べた写真を掲載したのだ。後に敵となる2人だが、ここでは明るい黄緑色をバックに、結束感を出している。ソース誌は、女性ラッパー2人を表紙に起用することで、ラップ界の変化を予見していた。そしてこの変化の一端を担ったのが、フォクシー・ブラウンだった。

「Sex & Hip-Hop: Harlots or Heroines?（セックスとヒップホップ：娼婦かヒロインか？）」というソース誌の見出しは、「ラップ界の女性たちが、2つの極論のあいだで板挟みになっている」という考えを提起している。フォクシーもキムも、1996年11月にデビュー・アルバムをリリースしたため、常に競い合っていた。どちらも若く、才能に溢れ、過激だった。「『わあ、女性がこんな風にラップするの、聴いたことがない』って感じだった」と語るのは、当時ソース誌の編集長を務めていたセルウィン・ハインズだ。「2人ともセクシュアリティという概念に臆することはなかったから、こちらもその挑発に乗ろうと思ったんだ。そのイメージ、可能性、矛盾、そして危険に乗ってやろうってね」。表紙の撮影を担当したのは、ジョーダン・ドナー。当時、ファッション誌の撮影で活躍していた写真家である。彼は、現場での軋轢を覚えているという。「（2人のうちの）1人は、トイレにしばらく閉じこもり、出てこなかった」とドナーは語る。「途中で僕は、2人を呼んでこう言った。『なあ、君たちはすごくクールだし、素晴らしいよ。キャリアも絶好調だし。だから5分だけ、一緒にやってみよう。最高の写真がたくさん撮れるはずだから』って。どっちが見栄えするかって、競争になっていた」。

美貌と才能に恵まれた2人は、得難い存在だった。しかし、セクシーで「女子にしてはラップが上手い」と思われていた2人だが、キムよりもフォクシーの方が男性の中で馴染んでいた。彼女が繰り出すダーティなパンチラインは、男性からの羨望を集め、ショック

を引き起こした。

　フォクシーは16歳でLL・クール・Jのシングル「I Shot Ya (Remix)」のヴァースを書いた。プロディジー、キース・マーレイ、ファット・ジョーもゲスト参加した同リミックスの中で、彼女はLL・クール・Jに先んじたヴァースを担当し、「sexing raw dog without protection, disease infested. (ゴムつけずに生でセックス、病気が蔓延)」とラップすると、堂々たるデビューを飾った。フォクシーの従兄弟でプロデューサーのクラーク・ケントは、彼女をラップ界の女王に仕立て上げようと、著名なラッパーやトラックマスターズ（トーンとポークによるプロダクション・デュオ）とのセッションに彼女を参加させた。

　「妹はあの曲（「I Shot Ya (Remix)」）のヴァースをスタジオで全部書いたんだけど、誰も信じてはくれなかった」とフォクシーの兄、ギャヴィン・マーチャンドは語る。「俺は現場にいた。あの曲に参加したラッパーがみんな大物だったもんだから、彼らに引けを取らないライムを女性が書けるはずがないって、世間から勝手に烙印を押されてしまったんだ」。

　「I Shot Ya (Remix)」と「Ain't No Nigga」で、彼女の知名度は一気に上がった。後者でジェイ・Zと共演したフォクシーは、そのラップで、男性が「playing inside my pubic hair（私の陰毛の中で遊んでいる）」というイメージを喚起したのである。人々は度肝を抜かれた。

　「正気がぶっ飛んだよ」と、デフ・ジャム・レコーディングス元社長のケヴィン・ライルズは言う。「彼女のこと、ジェイと一緒にラップしている男だと思っただろう。それほどまでに、リリックもデリバリーも素晴らしかった。『これはジェイだけの曲じゃない。私とジェイの曲だよ』って雰囲気でね」。

　キムもフォクシーも男性の欲望に訴えていたが、フォクシーのラップは特に男性ファンを惹きつけた。彼女は信憑性のあるリアルさを醸し出していた。ナズ、AZ、ネイチャーと組んでザ・ファームを結成し、1997年にグループ唯一の『The Album』をリリースした時の彼女は、ラップで男性を打ち負かそうと、クルーに潜入したファム・ファタールのようだった。同アルバムに収録

されたソロ曲「Fuck Somebody Else」でフォクシーは、「Niggas is my hoes, cop my dough, wanna lace me with some head after my shows... Fuck a man, bitch got the world in her hands.（男たちは私のホー、しっかり稼ぎな、ショウの後で、ここ舐めてくれる……男なんてクソ、ビッチが世界を仕切ってんの）」とラップしている。

　フォクシー・ブラウンのデビュー・アルバム『Ill Nana』は、彼女のプッシーを指すタイトルではあるが、トピックはセックスだけに留まらず、ブラクスプロイテーション映画の要素も併せ持つ。キャッチーで猥雑な曲のほかにも、フォクシーはブラックストリートと共演した「Get Me Home」のようにソフトで一般受けする楽曲を作り、ケイスの名曲「Touch Me, Tease Me」にもゲスト参加した。サード・アルバム『Broken Silence』では、ダンスホール・ミュージックに挑戦し、自身の持つレゲエとの深い繋がりと、レゲエが持つラップとの繋がり（これはボブ・マーリーの時代から明らかで、マーリーは初期のラッパーとみなされることが多い）を取り入れた。これまでにも、クイーン・ラティファのようなラッパーがライムにパトワを取り入れていたが、最も優れたダンスホール・ラップ・レコードを作ったのはフォクシーだ。1枚のアルバムの中でヒップホップとダンスホールをシームレスに融合したアーティストとして、彼女は傑出していた（このトレンドは続き、イヴ、ニッキー・ミナージュ、ドレイクといったラッパーがパトワを使い、カリビアン・スタイルをレコードに組み込んでいった）。

　『Ill Nana』でフォクシーは影響力の大きなアーティストとなり、キムと真っ向から対立する地位を与えられた。かつては友人だったフォクシーとキム。1996年にはR&Bグループ、トータルの「No One Else (Remix)」に揃ってゲスト参加していたが、競争が原因で袂を分かち、二度と一緒にレコーディングすることはなかった。ヒップホップにとって大きな損失である。

　2人が所属していたデフ・ジャム・レコーディングスとアトランティック・レコードは、『テルマ＆ルイーズ (Thelma & Louise)』にインスパイアされたジョイント・アルバムを計画していたが、それも中止となった。

報道によれば、レーベル側はフォクシーとキムそれぞれに少なくとも50万ドルを支払っていたという。レーベルの重役、プロデューサー、仲間たちがスタジオで待ち構えていたが、2人ともセッションをすっぽかした。なお、待ちぼうけを食わされた人々の中には、ノトーリアス・B.I.G.、ジェイ・Z、リオ・コーエン、ケヴィン・ライルズの顔もあった。

「ビートから何から、全てが仕上がっていた」とギャヴィンは言う。「2人とも電話の電源を切って、姿も見せなかった。レコード会社が費用を負担する破目になったよ」。リル・キムとフォクシー・ブラウンの対立の原因を知る者はほとんどいないが、噂によれば、「あのビッチが私のスタイルを盗んだ」といった単純な理由だという（2人はデビュー・アルバムに掲載された写真の中で、同じ衣装を着ていた）。その後、2001年にキムとフォクシーの両陣営がホット97（ラジオ局）の外で銃撃戦を繰り広げ、2人の争いは沸点に達する。キムはこの事件について法廷で虚偽の発言をしたために有罪となり、10カ月服役した。

2人のビーフは、女性ラッパーが共存できないことを裏付けているかのようだった。「2人は対立するようなポジションに置かれたため、成功できる女性ラッパーは1人だけという考えが強化されてしまった」と、ヴァイブ誌の元編集者、エリザベス・メンデス・ベリーは言う。「もっと豊かな考えを持てたらいいのにって思う。フォクシーやキムのようなタイプだけでなく、幅広いタイプの女性ラッパーが活躍できて、『成功するためには他を蹴落とさなきゃならない』って考えがなくなればいい」。

世間が抱くフォクシーの評判は芳しくなかった。キムは好感度が高く、インタヴューでも愛嬌を振り舞いたが、フォクシーはあまり寛容ではなかった。インタヴューでは、礼儀正しくビジネスライクな印象だった。キムが妹なら、フォクシーは遠い親戚と言ったところだろうか。「フォクシーは既にスター・モードだったけれど、キムは普通の女の子って感じだった。彼女はすごく感じが良くてオープンだった」とライターのマイケル・ゴンザレスは語る。フォクシーとキムがソース誌の表紙を飾った際に、2人のインタヴューを担当した彼は、後にフォクシーと友人になったという。「フォクシーは中産階級だ。勤勉な家庭に生まれて、一軒家で育って、良い人って感じじゃなかった（笑）……フォクシーはずっとフォクシーだったんだ。決してインガじゃなかった。常にオンの状態でね。キムの場合は、スタジオから出て、ステージを下りたら、いつものキムに戻っていた」。

ギャヴィンは振り返る。「妹はパーティが好きじゃなかった。『クラブで自分の音楽が流れてるの、聴きたくないのか？』って俺が言っても、『全然ない。ってか、何のために？』なんて言っていたよ。彼女の態度を失礼だと感じる人もいたかもしれない。でも、ビジネス面を考えたら、彼女は冷酷にならざるを得なかった。成功するために、男みたいな考え方をして、状況に応じてタフになる方法を学ばなきゃいけなかったんだ」。

10代で大きな期待を背負い、海千山千の大人たちが集まる音楽業界で仕事をしてきたフォクシーである。愛想のなさは、生き残るための手段だったのかもしれない。

フォクシーは、自分のイメージや楽曲を擁護する際に、ジョセフィン・ベイカーやベッシー・スミスなど、ビジネスのために自分のセクシュアリティを誇張した女性たちの名前を挙げた。

「性的に自由な振る舞いをする彼女たちによって、ラップ界にいる女性のイメージが変わり、コミュニティが女性アーティストに求めるものも変わった」とソース誌の元編集長、キム・オソリオは語る。「リル・キムが大成功したから、女性ラッパーのほぼ全員が、彼女の真似をするようになった。でも、ラー・ディガやバハマディアみたいなアーティストだと、みんなが聴きたいのはそんな音楽じゃない、なんて言われてしまった。注目されたいなら、パンティ姿でラップしなくちゃダメだってね」。

フォクシーは自分の肉体的な魅力に気づいていたが、ティーンエイジャーだというのに、男性からは性の対象とされ、女性ラッパーに対する全く新しい期待を生み出した。そんな彼女が自分で全権を握るなど、幻想に近かった。キムとフォクシーによって始まったセクシュアルな路線は、長年にわたってラップ界に影響を及ぼし続けた。

DESIGNER RAPS:

デザイナー・ラップ
フォクシー・ブラウンが曲の中で宣伝したファッション・ブランド（アルファベット順）。

A

ARMANI／アルマーニ

B

BURBERRY／バーバリー

C

CARTIER／カルティエ
CESARE PACIOTTI
　　／チェザレ・パチョッティ
CHLOÉ／クロエ
CHRISTIAN LOUBOUTIN
　　／クリスチャン・ルブタン

D

DIOR／ディオール
DOLCE & GABBANA
　　／ドルチェ&ガッバーナ

E

ELLEN TRACY／エレン・トレーシー

F

FENDI／フェンディ

G

GUCCI／グッチ

I

ISAAC MIZRAHI
　　／アイザック・ミズラヒ

M

MARC JACOBS
　　／マーク・ジェイコブス
MOSCHINO／モスキーノ

P

PRADA／プラダ

V

VERSACE／ヴェルサーチ

Z

ZAC POSEN／ザック・ポーゼン

NONCHALANT
ノンシャラント

リル・キムの『Hard Core』とフォクシー・ブラウンの『Ill Nana』がリリースされた年は、ワシントンDC出身の26歳（当時）、ノンシャラントが唯一の大ヒット・シングル「5 O'Clock」をリリースした年でもある。クラックの取引を戒めるスムーズな同曲のフックは、90年代のヒップホップ・ファンにはお馴染みだろう。「5 o'clock in the morning（午前5時）／Where you gonna be?（あなたはどこにいる？）／Outside on the corner（街角にいる）」。

ワシントンDCには、クエスチョンマーク・アサイラムやDCスコーピオなどが活躍するローカルなラップ・シーンがあった。しかし、「DCのラップといえば、（E.U.の）『Da Butt』くらいしか知られていなかった」とノンシャラントは言う。「ゴーゴー以外で知られているDCの音楽はこれだけだったから、DCのラッパーとして前代未聞のレコード・セールスを上げることができて、最高の気分だった」。

ノンシャラントによれば、「5 O'Clock」は当初「Brother Man」というタイトルで、「Brother man, come on...（ブラザーマン、カモン……）」というコーラスが入っていたという。しかし、朝の5時に通りを歩いた時、その時刻に近所を歩いていたのはサービス・ワーカーとドラッグ・ディーラーだけであることに気づき、タイトルとコーラスを書き換えた。郵便局員だった彼女は、前者に属していた。「私の出勤時間はすごく早かった。アメリカの都市ではみんなそうだったけれど、DCでもドラッグが

蔓延っていた。若い男たちが公衆電話の周りにたむろしていて、『朝の5時に道端で甥っ子を見かけませんように』って思ったのを覚えている。道端に立っているのが、彼らの仕事だった。ここで私はコーラスを変更したの。『Give o'clock in the morning, where you gonna be, outside on the corner（午前5時、あなたはどこにいる？ 街角にいる）』ってね」。

ノンシャラントのヴァイブスはメロウで、ファースト・シングルは危険に手を染める黒人男性に対するメッセージだったため、彼女は「コンシャス・ラッパー」だと決めつけられてしまった。1999年、ロサンゼルス・タイムズ紙は彼女をローリン・ヒルの後継者候補だと記してい

る。「5 O'Clock」はデビュー・アルバム『Until the Day』のファースト・シングルとなり、同アルバムは、時代の転換期にリリースされた。バッド・ボーイ、ラグジュアリー・ラップ、リル・キムがちょうど天下を取った時代である。女性ラッパーが男勝りに振る舞っていた時代から、より肌の露出を増やすようプレッシャーを感じる時代へと、シーンは変化していた。「（昔は）女性らしい一面を見せられなかったし、セックスが好きなんて言うこともできなかった。服は全てダボダボで、タイトな服なんて着たら、それだけでレッテルを貼られてしまった。フォクシー・ブラウンやキムみたいな女性がデビューすると、自動的にカテゴリー分けされてしまった」。

◆◆◆◆◆◆◆◆◆◆◆◆◆◆◆◆◆◆◆◆◆◆◆◆◆◆

NEVER FORGET（功績）:
シングル「5 O'Clock」は、ビルボード誌ホット100チャートで最高24位を記録した。

WHO SHE IS（略歴）:
ノンシャラントは、ワシントンDCの中流階級の家庭で育った。彼女が最も影響を受けたラップ・アルバムは、スリック・リックの『The Great Adventures of Slick Rick』だという。当初はシンガーだったが、ラッパーに転向し、1996年にバムというプロデューサーと「The Flow」というデモをレコーディングすると、2カ月以内にMCAレコードとの契約を獲得した。

LISTEN（必聴トラック）:
『Until the Day』（ノンシャラント唯一のアルバム）に収録の「Lookin' Good to Me」では、惹かれ合う2人が朝の5時に勤しむ「活動」が語られている。

◆◆◆◆◆◆◆◆◆◆◆◆◆◆◆◆◆◆◆◆◆◆◆◆◆◆

MISSY ELLIOTT

ミッシー・エリオット

NEVER FORGET（功績）:
グラミー賞の最優秀女性ラップ・ソロ・パフォーマンス部門で、第1回および第2回の受賞者となる。なお、同部門はミッシーが受賞したこの2回で廃止された。

WHO SHE IS（略歴）:
ヴァージニア州ポーツマスの自宅ベッドルームで、ミッシーはひとりっ子の孤独を最大限に活用していた。少女時代は人形を観客に見立てて歌い、『アメリカン・バンドスタンド（American Bandstand）』を見て、ダイアナ・ロスやジャネット・ジャクソンにファンレターを書いて過ごした。「一緒に遊ぶきょうだいはいなかったから、自分だけの世界を作っていた。誰にでも想像上の友達はいるけれど、私は想像上の世界を丸ごと作っていたの」と、ミッシーはビルボード誌に語っている。R&Bグループ、シスタでの活動を経てソロになった彼女は、プロデューサーのティンバランドと手を組み、プロデュース、ソングライティングに従事。6枚のソロ・アルバムをリリースした。

LISTEN（必聴トラック）:
ミッシーがリッチでアグレッシヴなパワーを見せつける「She's a Bitch」は、そのタイトルだけでも聴く価値のある1曲。

◆ ◆ ◆

　ミッシー・エリオットの世界では、ゴミ袋だって、単なるゴミ袋では終わらない。衣装になった。ミッシー初のミュージック・ヴィデオは、遠くから魚眼レンズで歪められた彼女のショットで幕を開ける。膨らんだ黒いゴミ袋らしきものに身を包んでいるミッシーは、まるで漫画のようだ。そのボリュームは、宇宙的でさえある。続くリバースショットでは、シンプルな白いTシャツを着たミッシーが、カメラを見つめて満面の笑みを浮かべている。

　1997年にリリースされたデビュー・アルバム『Supa Dupa Fly』からのリード・シングル「The Rain (Supa Dupa Fly)」のヴィデオは、ミッシーが斬新なサウンドとヴィジョンを世に披露した初の作品となった。単に新しいだけではない。ミッシーは奇抜なアイディアを次々と生み出すアーティストで、ラップ、歌、プロデュースをこなすだけでなく、ミュージック・ヴィデオや音楽そのものを体験する従来の方法に挑むようなコンセプトを作り出した。彼女は音楽と映像をゼロから制作し、それをアートとして宇宙空間に送り出すことができる稀有なイノヴェーターなのだ。

　ハイプ・ウィリアムズ（1990年代に多額の予算を投じた象徴的で風変わりなヴィデオを制作したディレクター）は、「The Rain」のヴィデオでミッシーをミシュランマンにしようと考えた（ヴィデオの本書きには、文字通り「彼女はミシュランマン」と記されている）。ミッシーはこの案に惚れ込んだ。マイケル・ジャクソンからインスピレーションを受けてきた彼女の目標は、映画のようなスケールのミュージック・ヴィデオを作ることだった。スタイリストのジューン・アンブローズは、内側にネオプレンを使用したビニール製の膨らむボディスーツを作り、ミシュランマンのアイディアを実現した。

　撮影のあいだ、アンブローズはクイーンズのスタジオから1ブロック離れたガソリンスタンドで、ミッシーが入ったままのスーツ

（ゴミ袋ではなかった）を膨らませた。予期せぬ空気漏出により、アンブローズは3日間の撮影中、数分ごとに自転車用の手動式空気入れでスーツを膨らませ続けた。「これが私のイメージした黒いミシュランマンだった。モックネックにして、ミッシーがすっぽり入るようなものにしたかった」と、アンブローズはエル誌に語っている。

「The Rain」のヴィデオでは、ミッシーの世界が垣間見えた。特大の衣装、映像の質感や色、派手で大袈裟な雰囲気を強調した彼女のミュージック・ヴィデオは、全て現実を超えた時空の中で繰り広げられた。ウィリアムズが監督した「Sock It to Me」のヴィデオに登場するミッシーは、トランスフォーマーのようなロボットの衣装を着て宇宙空間にいる。「She's a Bitch」（これもウィリアムズが監督した）では、フェイスペイントを施した禿げ頭の彼女が、チャコールカラーのコスチュームを着ている。まるで巨大なハエのようだ。「One Minute Man」でのミッシーは、自分の頭部を取り外し、それを手に持ってラップしている。

ミッシーほど大胆に冒険できるラッパーは、ほとんどいなかった。ミッシーはヴィデオの中で妄想し、他のイノヴェーターに自分の奇妙な一面を引き出してもらった（バスタ・ライムズも映像の魔術師だが、ミッシーは彼からもインスピレーションを受けている）。ゴミ袋のようなボディスーツは、彼女が見た未来像の一部だった。「私たちは、音楽にフューチャリスティックな雰囲気を加えている。音楽もヴィデオも1997年向けに作ってはいない——2000年に向けて作っているの」と、ミッシーはニューヨーカー誌に語っている。また、ロサンゼルス・タイムズ紙には、「他とは一線を画す、最先端のヴィデオを作りたい。メルセデスを乗り回して、シャンペンを飲んでいるラッパーのヴィデオは見飽きちゃったから」と語っている。

ミッシーは、共通の友人（ラッパーのマグー）を通じて、音楽的ソウルメイトのティム・モズリーと出会った。初対面の場は、ヴァージニア・ビーチにあるモズリーの自宅寝室のレコーディング・スタジオだ。彼は魔法の手腕を持つフレッシュな若手プロデューサーとして知られていた（なおこれは、彼が大手靴メーカーのティンバーランド並みの人気を誇るスーパー・プロデューサー、ティンバランドになる前の話である）。ミッシーは、友人のチョニータ・コールマンとラディア・スコットとフェイズ（Fyze）というガール・グループで活動していた。初対面の時、ミッシーがティンバランドのトラックを数曲聴いて歌うと、瞬時に2人のケミストリーが生まれた（ティンバランドは、ミッシーとの結びつきを「老夫婦」のようだと形容している）。

フェイズは地元でショウをやっていたが、1991年時点でレコード契約は結んでいなかった。3人はジョデシ（当時最もセクシーなR&Bグループ）のコンサートを見に行くと、バックステージに忍び込み、ドナルド・"ディヴァンテ"・デグレイトのオーディションを受けた。エレクトラ・レコード傘下にスウィング・モブというレーベルを持っていたディヴァンテは、3人と契約を結ぶと、グループ名をフェイズからシスタ（Sista）に変更し、後にラショーン・フリーマンを追加する（なお、ディヴァンテは自身の擁するアーティスト集団をダ・ベースメントと呼んでいた）。ティンバランドは、シスタのインハウス・プロデューサーを務めた。

ミッシーは他のメンバーを楽々と追い越すペースで、楽曲の大半を書いた。「彼女は、みんなが呆然として固まっちゃうような台詞を書くことができた」とフリーマンは言う。「ディヴァンテが『おい、ミッシーがアルバム全曲書いてるぞ。みんなも頑張れ』なんて言っていたのを覚えてる。こうして、メンバー同士でちょっとした競争をしていたの」。「It's Alright」という曲で、ミッシーは「When I fart, I poops cash from my ass（私がおならすると、尻から現金が出てくる）」と言ったかと思うと、「Oh, daddy, is you ready（ダディ、準備はいい？）／To slurp me in ya mouth like spaghetti?（スパゲッティみたいにその口で私を啜ってくれる？）」とセクシュアルなラップをしている。

シスタは印象的な「Brand New」というシングルを出したが、フル・アルバム『4 All da Sistas Around da World』はリリースされずにお蔵入りしてしまった。ジョデシが解散すると、スウィング・モブは閉鎖され、シ

スタも解散した。しかし、ディヴァンテと過ごした時間は無駄にならなかった。シスタはダ・ベースメントのメンバーとともに、見習いとしてジョデシの雑用をこなしていた。ティンバランドはこの経験をブート・キャンプに喩え、ディヴァンテを見て曲の構成を学んでいたと語っている。ミッシーがハイプ・ウィリアムズに出会ったのもこの頃だ。ジョデシの「Feenin'」のヴィデオ撮影現場で、ケータリング係を担当したことがきっかけだった。

当時エレクトラ・レコードの会長兼CEOだったシルヴィア・ローンは、ミッシーとのソロ・アーティスト契約を熱望していた。彼女はミッシーのレーベル、ゴールドマインドをエレクトラ傘下に設立し、ミッシーがアーティストと契約し、育成できる場を作った。レイヴン・シモーネの「That's What Little Girls Are Made Of」(1993年) に参加後、ミッシーがソロとして初めて大々的にフィーチャーされたのは、ジーナ・トンプソンが1996年にリリースしたR&Bシングル「The Things That You Do (Remix)」だ。ミッシーはゲスト・ヴァースで「Hee-hee hee-hee haw / Hee-hee-hee-hee-hee-hee-haw」とラップし、人々の耳を釘づけにした。

90年代前半から半ばにかけて、ミッシーは702 (「Steelo」) やジニュワイン (「I'll Do Anything/I'm Sorry」) などのアーティストにR&Bヒットを提供していた。また、バッド・ボーイ・レコードで、ショーン・コムズ (パフ・ダディ) のために、匿名でライター／指揮官も務めていた。例えば、「All About the Benjamins」のヴォーカル・アレンジを手がけたのもミッシーだ。ザ・ロックスのシーク・ロウチは、サイファ・サウンズの即興ライヴ中にこう語っている。「(ジェイダキスが) ヴァースをやったら、(ミッシーは)『あなたはここで入って。あなたはここで。そこの2人、あなたとキスは、パフのヴァース書いてね』って仕切ってくるから、『おいおい、何なんだ?』って思ってた。すると彼女は、ビートボクシングしながら去っていった……彼女が『Benjamins』を取りまとめたんだ」。

ミッシーとティンバランドは緊密に仕事を続け、最も先鋭的なR&Bヒットを生み出すプロダクション／ライ

ティング・デュオとしての地位を確立した。2人の成功の鍵となったのが、ミッシーのソングライティングだ。特に、1996年に出会い、2人のミューズとなったR&Bシンガー、アリーヤとの仕事ではそれが顕著だった。アリーヤは2人がプロデュースした「Sugar and Spice」というデモ・トラックに感銘を受け、2人とのコラボを希望した。

ミッシーは萎縮することなく、堂々たる態度で自身の体をアートとして扱い、セックスをコミカルな喜びとして表現した。当時の音楽業界は、女性のセクシュアルなコンテンツを一大事として捉え、その後は冷笑するようになった。また、ミッシーのような体型を歓迎することもなかった。そんな時代において、彼女は自分のセクシュアリティを積極的に楽しみ、ユーモラスに提示した。たとえ音楽業界がそう思っていなくても、ミッシーは自分が間違いなく魅力的だと信じていた。だからこそ、彼女はカジュアルかつ大胆にセクシュアリティを語り、ファンもそこに惹かれていた。1分しか持たない早漏の男についての曲もあれば、ビッグ・ディック・エナジー (自信と自己肯定感を持つ男性が醸し出すエネルギー) についてのラップもあった。

ミッシーのソングライティングによって、アリーヤのセカンド・アルバム『One in a Million』は、クールなSFの天使が生み出したかのような作品となった。ミッシーとティンバランドの音楽出版契約を結んだワーナー・チャペルの重役、アンジェリーク・マイルズは、ヴァイブ誌にこう語っている。「ミッシーは詩人なの。『Baby, you don't know what you do to me... (ベイビー、あなたは気づいていない、私に何をしているか……)』──『One in a Million』の冒頭の歌詞もロマンティックでしょ」。ミッシーとティンバランドは、新しいR&Bを生み出した。風変わりなパーカッションと、不規則な鼓動のように停止と起動を繰り返すリズムを基盤としたスタイルだ。2人はサウンドの間を最大限に利用した音楽を作るのが得意だった。「The Rain」はドラマティックな休符がちりばめられており、「I feel the wind (風を感じる)／Begin (始めよう)／Sit on hills like Lauryn (丘／ヒルに座る私、ローリンみたいに)」など、どのラ

SHE COULD SAY SOME STUFF THAT WOULD MAKE YOU STAND THERE LIKE A DEER IN HEADLIGHTS.

ミッシーは、みんなが呆然として固まっちゃうような
台詞を書くことができた。

インもポエトリー・スラムで披露される詩のようだった（ただし、クールさではミッシーが勝っている）。ティンバランドとミッシーがプロデュース／ソングライティングを手がけた『One in a Million』も、異質かつ未来的なサウンドで瞬く間にゲーム・チェンジャーとなり、数々の模倣者を生んだ。

　ティンバランドが「The Rain」用にサンプルしたアン・ピーブルズの「I Can't Stand the Rain」をスタジオでかけた時、ミッシーは自分のヴァースを録音しようと姿を消した。いかにもひとりっ子らしい行動である。彼女は1人で消えることが多かった。「彼女がマイクの前でレコーディングしてるところ、見たことないんだよ」とティンバランドはフェイダー誌に語っている。「アーティストは誰しも、完璧に仕上げたいと思うものだけど、ミッシーの場合は……レコーディングの時は1人になりたがるんだ。エンジニアと2人きりでね」。

「The Rain」は、地上波のラジオと実世界ではヒットしたが、チャートには入らなかった。当時は、消費者にアルバムを買わせる戦略として、レコード会社はアルバムからの楽曲をフィジカル・リリースせずに（シングルは、スリムなカセットテープやCDシングルとして、実店舗で販売されていた）、プロモーショナル・シングルとしてラジオに配ることも多かった。エレクトラが「The Rain」でこの戦略を使ったため、同曲はホット100チャートの対象とはならなかった。

ミッシーやティンバランドの近くで若き日を過ごしたヴァージニア州出身のプロデューサー、ファレル・ウィリアムズは、ミッシーについてエル誌にこうコメントしている。「俺たちは、ノーと言われるのが当たり前の時代に活動を始めて、いつも決められた型の中に押し込められていた。でも、彼女は何度もそれに逆らった。彼女は上から押しつけられる物理に逆らった。規範や偏見、ステレオタイプという重力を無視したんだ」。

女性のラップ・プロデューサーで、広く名前を知られている人物は1人だけだ。彼女の名前は……もちろん、ミッシー・エリオット。ミキシング、エンジニアリング、ビートメイキングが、幼い少女の活動として奨励されることがないからかもしれない。今日でも、女性プロデューサーは稀な存在である。最優秀プロデューサー（ノン・クラシカル）部門でグラミー賞を獲った女性はいない。一方、ティンバランドやファレル（最優秀プロデューサー部門でグラミー賞を2回受賞）、ディプロやスウィズ・ビーツなどのスーパースター・プロデューサーは、その特徴的なサウンドで評価されている。

ティンバランドとのコラボ作品を含め、ミッシーがプロデュースした楽曲の大半は、世に知られずに終わった。「私がソングライティングやプロデュースに関わった作品の多くは、あまり知られていない……これが男性プロデューサーなら、私がやった仕事の半分の量で実績を認知されるだろうなって、いつも言ってるんだけど」と、彼女は2016年にAP通信のインタヴューで語っている。

2019年、ミッシーはソングライターの殿堂入りを果たした。女性ラッパーとしては初、ヒップホップ・アーティストとしてはジェイ・Z、ジャーメイン・デュプリについで3人目という快挙だ。長いあいだ待ち望まれていた栄誉だった。彼女の実績のひとつに、クリスティーナ・アギレラ、ピンク、リル・キム、マイヤをフィーチャーしたナンバーワン・ヒット「Lady Marmalade」の共同プロデュースがある。同曲は2002年にグラミー賞のベスト・ポップ・コラボレーションを受賞した。ミッシーはこの他にも、共同プロデューサー／共同ソングライターとして、以下を含む多数のR&Bレコードを手がけてきた。

- SWVの「Can We」と「Release Some Tension」
- モニカの「So Gone」
- ホイットニー・ヒューストンの「In My Business」と「Oh Yes」
- デスティニーズ・チャイルドの「Confessions」
- ビヨンセの「Signs」
- マイヤの「My Love Is Like Whoa」
- ジャズミン・サリヴァンの「Need U Bad」
- キーシャ・コールの「Let It Go」
- マライア・キャリーの「Babydoll」
- トゥイートの「Oops (Oh My)」
- シアラの「1, 2 Step」
- ファンテイジアの「Free Yourself」

ミッシーは10年間アルバムをリリースせず、バセドウ病のために活動を休止していたが、2015年に再び姿を現した。この頃には、ニッキー・ミナージュ、ティエラ・ワック、タイラー・ザ・クリエイターなどのアーティストが、ミッシーの抜けた穴を埋め、ショッキングでシュールなヴィデオを作っていた。同年、ファレル・ウィリアムズをフィーチャーした「WTF (Where They From)」のヴィデオで、ミッシーはディスコボールのスーツを着て、自分とファレルのマリオネット人形を踊らせていた。ミッシーが変人クイーンの座に帰還する時が訪れたのだった。

ALL UP IN THE VIDEOS

ミッシーの奇想天外な映像世界

デイヴ・マイヤーズ監督が、ミッシー・エリオットと作った斬新なヴィデオについて語る。

　僕がミッシーに出会ったのは、ヴィデオで功績を残したいと必死に努力していた頃だ。僕はリル・モーのヴィデオを撮ったことがあるんだけど、ミッシーはリル・モーのゴッドマザー的存在だった。ミッシーがリル・モーの撮影現場で僕を見ていたって話は聞いていて、それから約3カ月後に、ミッシーのA&Rがミーティングをセッティングした。ミッシーは、ロサンゼルスのウェストウッドにある寿司屋に僕を連れて行ってくれた。

　ディナーの後、ミッシーのランボルギーニに乗り込むと、彼女は「Get Ur Freak On」をかけてくれて、『グリーン・デスティニー（Crouching Tiger, Hidden Dragon）』を観に連れて行ってくれた。ヴィデオ（を監督する）前に、僕と時間を過ごしてくれるアーティストなんてほとんどいないから、彼女のクリエイティヴなラヴコールに心を奪われた。（ミッシーと）何か普通じゃないことをやろうって気持ちに駆られて、ワクワクしたよ。彼女の信念を心でも頭でも理解して、『常識を遥かに超えたことをやらなければ、彼女には満足してもらえない』って思ったから、できる限り奇抜なことをやった」。

　お互いにクレイジーなものが好きっていう共通点から、僕たちは友情を築いた。「Get Ur Freak On」は、地下建築に関する日本の書籍からヒントを得た。予算が許す範囲内で、鉄骨の桁や、地下の奇妙なテクスチャーを再現して、できるかぎり多くのセットを作った。コラボを始めた当初は、（ミッシーが）シャンデリアからぶら下がるとか、僕が奇抜なことを試して、彼女がどこまで許してくれるかを見極めていた。コラボの機会が増えるにつれて、ヴィデオもどんどん奇抜になっていった。レーベルの社長がミッシーのブランド力を心から信じていたから、ラッパーがもらえる予算の上限まで使うことができたんだ。

「One Minute Man」では、「顔」を外すシーンを提案したら、ミッシーは「オーケー、デイヴ」って返してくれた。特殊効果って、やり方を間違えると安っぽくなってしまうという問題があるんだけど、彼女が信頼してくれたおかげで、僕は映像作家として成長できたし、周りに合わせるのではなく、周りから突出することで評価されるようになった。あの頃は、協調を重んじるシステムを相手にしなくちゃならなかったから、ミッシーが（限界を）超えるためには、鋼のような意志が必要だった。あの（信念の）強さは異色だった。というのも、大半のアーティストは……提案することはあっても……目標はパーティ・ヴィデオみたいなものを作ってMTVに馴染み、同化することだった。ミッシーは、流行の最先端を行くヴィデオを作っただけでなく、他人が作った型には収まらない人でもあった。

ANGIE MARTINEZ
アンジー・マルティネス

NEVER FORGET（功績）:
ジェイ・Zのインタヴューをはじめ、誰よりもホットなインタヴューをすることで有名。

WHO SHE IS（略歴）:
アンジー・マルティネスは、アーバン系ラジオ局WQHTでのホットラインを担当した後、「ニューヨークの声」として知られるようになる。ホット97では、外科医のような正確さでスターに的を射た質問を浴びせて名を馳せると、その後パワー105.1に移籍。また、短期間ではあるが、ラッパーとしても活動した。

LISTEN（必聴トラック）:
「Take You Home」は、アンジー・マルティネスとシンガーのケリスが、アフター・アワーズに理想の男性を探すクラブ・ナンバー。

LADIES NIGHT

レディース・ナイト

アンジー・マルティネス、リサ・"レフト・アイ"・ロペス、ダ・ブラット、ミッシー・エリオットをフィーチャーしたリル・キムの「Not Tonight (Ladies Night Remix)」について、ファンが知っておくべきこと：

1 この曲は、1997年にリル・キムのデビュー・アルバム『Hard Core』に収録された「Not Tonight」のリミックスとしてリリースされた。

2 しかし、オリジナル・ヴァージョンのサウンドとはかけ離れていたため、「Ladies Night」と呼ばれるようになった。

3 リル・キム、レフト・アイ、ダ・ブラット、ミッシー・エリオット、アンジー・マルティネスと、一流女性アーティストが結集した同曲は、ポッセ・カットの最高峰に数えられる。楽しさでは、間違いなくナンバーワン。

4 クール＆ザ・ギャングの「Ladies Night」をサンプリングしている。

5 アンジー・マルティネスは曲の中で「I just made this muthafucka up last night（このヴァース、昨日の夜に作ったばかり）」とラップしているが、これは事実だ。彼女が初めてラップしたのはKRS・ワンの「Heartbeat」だった（KRS・ワンが彼女のためにヴァースを書いた）。ランス・"アン"・リヴェラから、キムのオールスター・リミックスへの参加を依頼されると、アンジーはヴァース作りに苦労したという。「家の中でノートとペンを持って2日間、何ページもライムを書いたけど、どれも酷い出来だったと思う」とマルティネスは自著『My Voice: A Memoir』に記している。「自分では、どれが良くてどれが悪いか判断できなかったから、100小

節くらい書いた。レコーディング・ブースでは、とにかく書いたもの全てをラップしてみた。それを何度も繰り返して、アンが一番良かった8小節を選んでくれた」。

6 「Not Tonight」は、キムの別の一面を見せたいと考えたアトランティック・レコードの思惑から生まれた。「キムがスクワットしてるあのポスターを作った時、彼らは言ったんだ。すごい反発を食らうだろうから、このポスターに社名は入れたくないって」とリヴェラは言う。「（リル・キムは）『Ladies Night』で女性を結束させようと考えていた。ミッシーが楽曲の構成をやってくれて、歴史に残る曲になった」

7 マーティン・ローレンスが主演した映画『ナッシング・トゥ・ルーズ（Nothing to Lose）』のサウンドトラックに収録された。

8 ビルボード誌のホット100チャートで最高6位を記録。

9 最優秀ラップ楽曲（デュオ／グループ）部門でグラミー賞にノミネートされた。

10 ランス・"アン"・リヴェラが監督したミュージック・ヴィデオでは、女性たちがジェットスキーやスキューバダイビング、船上パーティを楽しみ、ウェスト・パーム・ビーチでマッチョなメンズに手厚いもてなしを受けている。

11 リヴェラによれば、「エキゾチックな島。誰も見たことがなく、女性だけがその存在を知っていた。洞窟の中を泳いでその島に辿り着くと、そこは女性のあらゆる要望に応える場所だった」というのがヴィデオのコンセプトだったという。

12 このヴィデオには、クイーン・ラティファ、SWV、メアリー・J・ブライジ、エクスケイプ、トータル、ブラック・アイヴォリー、マイア・キャンベル、ビッグ・レズ、チェンジング・フェイシスがカメオ出演している。

13 メアリー・J・ブライジが裸足で踊る姿が印象的。

14 ミッシー・エリオットはシングル「The Rain (Supa Dupa Fly)」で既に有名だったが、「Ladies Night」のリリース時点では、まだデビュー・アルバム『Supa Dupa Fly』をリリースしていなかった。

15 MTVヴィデオ・ミュージック・アワードでは、参加アーティストが全員集合し、「Ladies Night」をパフォーマンスした。ジューン・アンブローズがスタイリングした衣装を覚えている人もいるだろう。アンジー・マルティネスはサテンのパンツスーツ、リル・キムとレフト・アイはネフェルティティのようなコスチューム、ミッシー・エリオットはゴールドのスウェットスーツ。ダ・ブラットはグラディエーターそのものの衣装で登場した。

16 2017年にリル・キムは、カーディ・Bとレミー・マーとの「Ladies Night」リメイクを示唆した。

17 2018年、ニッキー・ミナージュは自身の番組『Queen Radio』で、リミックスのリメイクについて、「いいんじゃない？」と前向きな姿勢を示した。

18 2020年現在、リル・キムもニッキー・ミナージュも、リメイクをレコーディングしていない。

CHARLI BALTIMORE

チャーリー・ボルティモア

◆◆◆

NEVER FORGET（功績）：
それが誰かはいまだ明かされていないが、某男性ラッパーのゴーストライターを務めていた。

WHO SHE IS（略歴）：
チャーリー・ボルティモア（ティファニー・レイン）はフィラデルフィアの校庭で少年たちとMCバトルをして育ったが、11歳の彼女にとって、ラップは趣味のようなものだった。なお、彼女が最初に携わった創作は、詩を書くことだった。燃えるような赤い髪、ノトーリアス・B.I.G.との交際、ジャ・ルールのヒット「Down Ass Bitch」（2001年）での客演が、特に印象深い。

LISTEN（必聴トラック）：
ゴーストフェイス・キラーと丁丁発止のラップを繰り広げる「Stand Up」で、チャーリーは持久力のあるラップを聴かせている。

◆◆◆

1997年にノトーリアス・B.I.G.が他界した後、チャーリー・ボルティモアのキャリアは危機に瀕した。ビギーのビジネス・パートナーだったランス・"アン"・リヴェラは、チャーリーをスターにするという故人の遺志を引き継ごうとしていた。死んだビギーのために一肌脱ごうと、アンは自身の新レーベル、アンターテインメント・レコードでチャーリーと契約を結ぶ。彼はチャーリーのラップを聴いたことすらなかったが、全く気にしていなかった。チャーリーは自分でライムを書けると言っていたが、アンはアルバムの制作に向けて、ゴーストライターを雇うつもりだったのだ。

アンは、彼女に男性ライターが必要だと考えていたわけではなく、「ヒットを書いてくれるなら、誰でもいいと思っていた」という。「ヒットを書いてくれるヤツになら、俺は誰にでも金を払っていたよ」。1997年、アンはラップ・トリオのザ・ロックスに、チャーリーのファースト・シングル「Money」のライティングを依頼した（同曲は、1998年に公開されたジェイダ・ピンケット・スミス主演のロマンティック・コメディ『Woo』のサウンドトラックに収録）。また、ゴーストライター候補には、チャーリーのレーベルメイトでハーレム出身のラッパー、キャムロンの名前も挙がった。しかしチャーリーは、ゴーストライターを拒否した。彼女はラップ界のシャーロット・ブロンテになろうと思っていたわけではない。ただ、ライムなら自分で書けると思っていただけだ。そして、世間にもそれを知ってほしいと強く願っていた。

ホイットニー・ヒューストン、マドンナ、アレサ・フランクリンといったポップ・アイコンは、複数のソングライターと仕事をしていた。しかし、ラップのルールはより厳格だった。自分でライムを書くか、自分で書いているふりをするかの二択で、表立ったゴーストライターの使用は、犯罪とみなされていた。男性が自分のライムを書かなければ嘲笑されたが、一方で女性に対する期待値は低く、ファンのあいだでは、リル・キムやフォクシー・ブラウンには男性のゴーストライターがいるのが当然のことのように思われていた（ただし、これは事実ではない）。チャーリー・ボルティモアは、これに憤慨していた。

アンによれば、「ファレル」で通じるほどの大物になる前のファレル・ウィリアムズが、チャーリーのデビュー・アルバムを全面プロデュースすると手を挙げ、ライティングを外部に委託するつもりだったというが、チャーリーはこれも断ったという。「彼女は『私はライター。自分で書けるから』って言っていた」とアンは振り返る。

最終的に折れたのはアンだった。「アンは、私がガチで書けると分かると、『マジか、本当に書けるんだな』ってびっくりしてた。それ以来、他人には一行たりとも私のリリックを書かせることはなかった」とチャーリーは語る。「でも、90年代は、誰も気に留めてはくれなかった。『キャムが彼女のライムを書いてるんだ』なんて言われてたし。女性ラッパーのリリックは、クルーの男性が書いているって思われていた。男よりも腕の立つ女子はいるのに。自分が小道具みたいでずっと嫌だった。それに、私は若かったから、業界を分かっていなかった」。

アンとチャーリーは、アーティストとしての方向性でも衝突した。チャーリーは「モブ・ディープ、オニクス系のフロウ」ができるハードコアなレコードを求めていた。一方、アンはモデルのようなルックスを持つ彼女を「ラップ界のブリトニー・スピアーズ」にしたかったという。チャーリーは、ラッパーとしての自分のスキルをアピールしたかった。「私はフィリー出身。フッドの出だから、ポップ・レコードなんて絶対ムリって思っていた。私はハードコアなストリート系ライターだし」。

チャーリーが14歳の頃、ギャラリー・モールのフィラデルフィア・フットウェアでバイトしていると、フレッシュ・プリンスことウィル・スミスがモールに現れた。チャーリーは店を飛び出し、その場でスミスにラップしてみせた。その後、スミスは彼女に電話をかけ、スタジオに招待したが、チャーリーの門限が早かったために、何も実現しなかった。

1995年の夏、チャーリーはもう1人のラッパーと出会う。フィリーで公演したノトーリアス・B.I.G.だ。その頃の彼女は、ピアース大学を卒業し、次女を出産したばかりだった。ショウの後、ビギーと写真を撮ろうと、彼女は従姉妹とクラブの外で出待ちをしていた。ビギーは記念撮影を快諾してくれたが、周囲があまりに慌ただしかったため、チャーリーにホテルまで一緒に来てほしいと頼んだ。2人はホテルの外で電話番号を交換し、ここから友情が始まった。

ビギーの悪名高き（ノトーリアスな）恋愛関係には、ヒップホップ界の著名女性3人が絡んでいた。妻（R&Bシンガーのフェイス・エヴァンス）と、交際していた2人のラッパー（リル・キムとチャーリー・ボルティモア）だ。3人とも、それぞれがインタヴューで彼との関係を語っており、エヴァンスは2008年に回顧録を出版している。ここで紹介するのは、チャーリーの記憶に基づいた出来事である。

ビギーとは初対面の後、何週間も電話で連絡を取り合っていた、とチャーリーは語る。ビギーは彼女をパーティに招待し、後に2人は付き合い始めた。ツアー中のビギーに会うために、法律事務所での仕事を休んだこともあった。ビギーがカリフォルニアに行き、人気シットコム『Martin』のカメオ出演を撮影した時には、彼女も同地で一緒に週末を過ごした。彼女によれば、この頃のビギーは「非の打ちどころのない紳士」だったという。彼はまだフェイス・エヴァンスと結婚していたが、チャーリーには別れたと話していた。

チャーリーはしばらくのあいだ、女性たちがビギーの留守電に残したメッセージを保存していた。十分なネタを集めたところで、彼女はこうしたメッセージをヴァースに書き換え、彼にラップしてみせた。ビギーはここで、チャーリーの才能に気づく。もっと書いた方がいい、とビギーは言うと、毎日ライムを書くよう彼女に促した。「彼は『お願いがある。毎日ラップを書いてくれないか？　毎日電話で俺にラップを聴かせてほしい』なんて言っていた。あのビギー・スモールズが、ラップを書いて、彼のために毎日ラップしてほしいって私にお願いしてるの？って信じられなかった。本気で私がラップできるとは思ってないんだろうし、からかってるんだろうなって思ってた。でも、彼はしつこかった。『書いてるか？書いてるか？』って、朝早くから夜遅くまで電話してきた」とチャーリーは当時を振り返る。

数カ月後、彼女は頻繁にスタジオ入りするようになり、法律事務所での仕事を辞めざるを得なくなった。彼

女がラップ・ファンに知られるようになったのは1996年。ブロンドのウィッグなどでフェイス・エヴァンスのコスプレをして、ビギーのラップ・クルー、ジュニア・M.A.F.I.A.のヴィデオ「Get Money」に出演した時だ。

ビギーの生前、ザ・コミッションというスーパーグループの計画があった。メンバーに予定されていたのは、ビギー、チャーリー、パフ・ダディ、ジュニア・M.A.F.I.A.のリル・シーズ、ブルックリンの若手ラッパーだったジェイ・Zだ。「ビギーがザ・コミッションのアイディアを思いついたの。彼は『What's Beef?』の中で、ザ・コミッションのメンバー全員の名前をシャウトアウトしてる。ビギーが亡くなってしまったから、レコーディングはできなかったけど」。

ビギーが死去すると、彼とフェイス、リル・キム（彼の死後、精神的にすっかり参っていた）、チャーリーを取り巻くドラマが取り沙汰され、ゴシップが広まった。「そういう話は、一切気にしてなかった。みんな、気にするポイントが間違ってるよって思ってた。レジェンドを亡くしたばかりだっていうのに」とチャーリーは言う。「みんな、『彼は自分のものだ』って感じで主張していたけど、彼はもういないのにって私は思ってた。フェイスの本は読んでいないけど、彼女は私がビギーのガールフレンドだったことは認めている……アンは私が『ビッグの彼女』だったことに便乗しようとしてたから、キツかった。そんなこと、私は絶対したくなかったのに。自分の才能だけで十分だと思っていたし。ビッグについてのコメントばかり求められて、私の音楽とは何の関係もないじゃんって思っていた」。

人々の意識がラップだけに向くよう、ポスターではあえてチャーリーの顔を隠す。これがビギーの考えていたマーケティングだった。アンとジェイコブ・ヨークも、同じ路線で広告キャンペーンを展開した。後ろを向いたチャーリーのポスターに、「チャーリー・ボルティモアとは誰？」というキャッチコピーを付けたのだ。

ビギーの下で2年間修業を積んだおかげで、チャーリーのソングライティングは上達していた。しかし、アンとの険悪な関係は続き、チャーリーがレコーディングした約60曲とともに、デビュー・アルバムはリリース前にお蔵入りしてしまった。経営陣の変化と「エピック・レコードの機能不全」により、アンはエピックとの契約を失った。

1999年6月にリリース予定だったチャーリーのデビュー・アルバム『Cold As Ice』が、正式にリリースされることはなかった。アルバムの楽曲は平均以下だったと彼女も認めている。しかし、ウータン・クランのゴーストフェイス・キラーをフィーチャーした「Stand Up」は、今でも彼女のお気に入りだ。「I swallow rhymes, making bitches swallow nines（私はライムを飲み込み、ビッチどもにはナイン／9ミリ拳銃を飲み込ませる）」と、彼女のライティングの才が最も発揮された1曲である。チャーリーは他の曲をほぼ全て嫌っており、特にテディ・ライリーのプロデュースによるポップなシングル「Feel It」には我慢がならなかった（ただし、テディを侮辱するつもりはない）。同曲のヴィデオ撮影のために、彼女はマイケル・ジャクソンとも仕事経験のある振付師とトレーニングを積んだが、撮影当日には振付を全て忘れてしまった。

ダンスは明らかに彼女の得意分野ではなかった。ここでも、彼女はそのルックスで型にはめられてしまった。「俺たちの過ちは、チャーリーを見た目で判断して、『彼女はメイスの女性版だ』って思ってしまったことだ。チャーリーは、メイスよりもナズに近かった」とヨークは語る（バッド・ボーイ・レコードと契約していたメイスは、バッド・ボーイらしいキラキラしたポップなラップで知られていた。それとは対照的に、ナズは天才リリシストだった）。「ゴーストフェイスとコラボさせると、彼女は見事にラップしてみせた。彼女はリリックもメタファーも素晴らしいからね。彼女のイメージをポップ路線にしようとしたのが間違いだった。ハードコア路線にすべきだったんだ」。

2000年頃、チャーリーはアーヴ・ゴッティに出会う。アーヴは、ジャ・ルールを擁するマーダー・インク・レコードの社長だった。開口一番、アーヴは尋ねた。「お前のライム、誰が書いてるんだ？」自分で書いている、と彼女が答えると、「冗談だろ」と彼は取り合わなかったという（笑ってさえいたかもしれない）。このサイク

ルは続いた。

アーヴとの厳しいトレーニングが始まった。「アーヴ・ゴッティ・ブート・キャンプ」（チャーリー談）では、ロサンゼルスのスタジオで48時間のセッションが行われた。アーヴは次々とビートを出し、チャーリーにライムを書かせた。チャーリーが曲を書く過程を目の前で確認するためだ。彼は大勢の男性が集まるスタジオ・セッションに彼女を招き、「あいつらを打ち負かせ」と発破をかけた。彼女は見事に男性陣を圧倒し、アーヴは大喜びだった。

マーダー・インクをソングライターの帝国にしようと目論んでいたアーヴは、所属アーティスト同士の競争を促し、最もフレッシュなフックを書くことができた者にビートを与えていた。レーベルの稼ぎ頭だったジャ・ルールは、ダミ声のシンガーとして副業を始め、ジェニファー・ロペスの「I'm Real (Murder remix)」やメアリー・J・ブライジの「Rainy Dayz」といったR&Bヒットも書いていた。

ジャ・ルールは、マーダー・インクのアーティストのためにチャーリーが書いた曲をアーヴから聴かされた後、彼女を仲間として迎え入れた。1年後、ジャ・ルールはサード・アルバム『Pain Is Love』に収録の「Down Ass Bitch」にチャーリーをフィーチャーする。ボニーとクライド的な同曲のヴィデオでは、チャーリーが密告よりも刑務所を選ぶ、タイトル通りの「ダウン・アス・ビッチ（決して仲間を裏切らない任侠系女子）」を演じている。ファンのあいだでは、チャーリーはシーンから消えたと思われていたため、ジャ・ルール作品への客演は、ある種のカムバックとも言えるものだった。

デフ・ジャム傘下のマーダー・インクは、飛ぶ鳥を落とす勢いでヒットを飛ばしていた。ジェニファー・ロペスとのリミックス（「I'm Real」、「Ain't It Funny」）を含め、リリースする曲は全てヒットした。全盛期のジャ・ルールは、その2年前に登場したネリーのように、最もメロウなストリート・ラップをラジオで流行らせた。アシャンティは、ナンバーワン・レコードとなった「Foolish」で、2000年代初頭に最も売れたR&Bシンガー／ソングライターとなった。また、たとえ一瞬であっ

ても、レーベルがヴィータとチャーリー・ボルティモアという女性ラッパー2人を同時に擁するのは、極めて珍しいことだった（当初、アーヴはチャーリーが他のレーベルと契約できるよう手助けすると約束していたが、「Down Ass Bitch」の後でオファーが殺到すると、マーダー・インクで契約を結んだ）。

2003年にFBIがアーヴと兄のクリス・ゴッティのオフィスを強制捜索し、2人をマネーロンダリングの罪で起訴すると、マーダー・インクの黄金時代は終わりを告げた。この事件は大々的に報道された裁判を経て、2005年に2人の無罪が確定したが、レーベルの勢いは失われてしまった。また、この頃のジャ・ルールは、宿敵50セントから絶え間ない口撃を受けていた。

裁判が始まる前から、チャーリーはマーダー・インクとの契約解除を求めていた。ラッパーのザ・ゲームが、自身の主宰するブラック・ウォール・ストリートにチャーリーを誘ったこともあったが、チャーリーは2006年、スーパー・プロデューサーのスコット・ストーチとのソングライティングという別の仕事を見つけ、マイアミでおよそ1年のあいだ執筆活動に勤しんだ。その後の彼女はリアリティ番組に出演し、ミックステープをリリースしながら、ソングライティングを続けている。

FACTOIDS

トリビア・コーナー

◆ ◆ ◆

かつて**ウェイヴィー・スパイス（Wavy Spice）**
として知られた**プリンセス・ノキア（Princess
Nokia）**は、2020年の同日に『Everything Is
Beautiful』と『Everything Sucks』をリリー
ス。2つのプロジェクトで、夢いっぱいの一面と、
悩み多き一面を表現した。

◆ ◆ ◆

アフロ・ラティーナのラッパー、**ニッティ・スコ
ット（Nitty Scott）**は、2017年にバッスル誌
のインタヴューで「君は最高だなんて言いながら
近づいてくる人（やレーベル）がいるけど、もう
少しこれとかあれが欲しいとか、いろいろ注文つ
けてくるんだよね」と語っている。

◆ ◆ ◆

キッド・シスター（Kid Sister）は、A-トラッ
クとニック・キャッチダブズのレーベル、フール
ズ・ゴールドと契約し、シングル「Pro Nails」
をリリースした。これは、チョップト＆スクリ
ュードなビューティ・ショップ・アンセムだ。

◆ ◆ ◆

ロサンゼルスのサウス・セントラルで生まれ育っ
た**アクセント（Ak'sent）**は、デビー・アレンの
ダンス・クラスでパフォーマンスしていたが、そ
の後クランピングとラップに転向した。

◆ ◆ ◆

1992年、作家としての活動で最もよく知られる
シスター・ソウルジャー（Sister Souljah）は、
「ブラック・ピープルが毎日ブラック・ピープル
を殺しているのなら、ホワイト・ピープルを殺す
週があってもいいのでは？」と発言し、当時アー
カンソー州知事だったビル・クリントンを挑発。
クリントンはこれをヘイトスピーチと呼び、彼女
をクー・クラックス・クランのデヴィッド・デュ
ークと比較した。

◆ ◆ ◆

カナダ人ラッパーの**ミシー・ミー（Michie
Mee）**は、エメテロをフィーチャーした「Don't
Wanna Be Your Slave」で、「overworked
and underpaid for days（低賃金で連日こき使
われまくってる）」ことについてラップしている。

MEDUSA

メデューサ

NEVER FORGET（功績）：
1997年に公開された『グリッドロック
（Gridlock'd）』のサウンドトラック用に、スポ
ークン・ワード作品「Life Is a Traffic Jam」
をプロデュースした。劇中では、俳優のタンデ
ィ・ニュートンがトゥパックと一緒に同曲をパフ
ォーマンスしている。

WHO SHE IS（略歴）：
メデューサ（モネ・スミス）はロサンゼルスのア
ルタデナ地区で育ち、シンガー／ソングライター
として有名だった叔母のビリー・レイ・カルヴィ
ンから音楽について学んだ。ロサンゼルスのアン
ダーグラウンド・ラップ・シーンでも特にリスペ
クトされていたメデューサは、2012年にアルバ
ム『Whrs The DJ Booth?』をリリースした。

LISTEN（必聴トラック）：
S.I.N.をフィーチャーした「Power of the P」
で、メデューサはプッシーの神秘性についてラッ
プしている。

R&Bシンガーのブランディが悩める郊外のティーンを演じた1990年代のシットコム『モエシャ（Moesha）』は、ロサンゼルスのラマート・パーク地区が舞台になっている。シーズン6（最終シーズン）には、モエシャと仲間たちが「Poetry Night at the Pendulum」というオープンマイク・ナイトに参加するエピソードがあるが、ここでレディ・ルナティックという詩人役を演じたのが、ロサンゼルス出身のラッパー、メデューサだ。彼女は周りと同化する危険について、2分間のスポークン・ワードを披露した。

話の設定、ラッパーの出演、ポエムのテーマ。どれも偶然ではなかった。『モエシャ』は、中流階級のブラック・コミュニティ／その後高級化が進んだ人気アート地区に住む高校生を中心に展開する物語だ。90年代、ラマート・パークにはグッド・ライフ・カフェがあった。健康食品店としてスタートした同カフェは、西海岸で生まれたギャングスタ・ラップに代わる表現方法を求める詩人やリリシストのパフォーマンス拠点となり、共同スペースとなった。「全年齢対象のオープンマイクをやっていたのは、この店だけだった」とメデューサは語る。「それに、家では味わえないようなソウルフードや、ベジタリアンなライフスタイルを紹介してくれる場でもあった」。

子どもの頃のメデューサが最も影響を受けたのは、叔母のビリー・レイ・カルヴィンだ。彼女はシンガー／ソングライターで、モータウンと契約していたアンディスピューテッド・トゥルースというグループのメンバーだった。カルヴィンがジャクソン5とツアーした時には、7歳だったメデューサも、叔母に付き添って西海岸の公演地を回った。叔母のスタジオ・セッションに同席し、曲作りやピアノ演奏を見学することもあった。なおカ

ルヴィンは、ローズ・ロイスのヒット曲「Wishing on a Star」の作者として知られている。「バックステージに行って、盛り上がって、ミュージシャンと会ってっていう、あのエネルギーの全てが私をインスパイアしてくれた」とメデューサは語る。

メデューサとヒップホップの出合いはラップではなく、ポップロックがきっかけだった。10年生になる頃には、グルーヴ・ア・トロンズ（Groove-A-Trons）というダンス・クルーに入り、学校をさぼってはヴェニスビーチやウェストウッド、パレードやローラースケート・リンクで他のグループとダンス・バトルに勤しんでいた。「ヒットもキックも、絶対に男子に負けるもんかって思ってた。ずっと気合を入れていたの」。

メデューサは偽造文書所持の罪で1年を刑務所で過ごしたが、出所してすぐに従姉妹のココ（通称S.I.N.）とレコーディング・スタジオに入り、「Diva's Den」という曲を書く。さらにその後、プッシーに捧げる曲「Power of the P」をレコーディングすると、グッド・ライフ・カフェでパフォーマンスしてみることにした。というのも、「あの店の前を通るたびに、駐車場に人がたくさんいたから」だという。「罵り言葉は禁止だってことは分かっていた。ルールがあることも知っていた」。グッド・ライフ・カフェのオーナーは、過激な内容にすぐさま気づき、彼女たちのパフォーマンスを中断した。「女性のことは常にエンパワーしていきたい。私たち女性の力はすぐに奪われてしまうし、女性が何かのエンパワーメントのために力を尽くしても、蚊帳の外に置かれてしまうこともあるし」。

なお、メデューサは自身のステージで「This Pussy's a Gangsta」という曲も披露したことがあるが、この曲は正式な作品としてリリースはされていない。

SHOUTOUTS!
シャウトアウト！

MONIE LOVE
モニー・ラヴ

◆ ◆ ◆

NEVER FORGET（功績）：
クイーン・ラティファの「Ladies First」でラップした
時は、まだティーンエイジャーだった。

WHO SHE IS（略歴）：
モニー・ラヴ（シモーヌ・ジョンソン）は、ヒップホッ
プ・ファンの多くが初めて夢中になったイギリス人ラッ
パーだ。彼女は母国イギリスでファンベースを獲得して
からアメリカに渡り、クイーン・ラティファの「Ladies
First」で見事なブレスコントロールを駆使したラップを
披露。ア・トライブ・コールド・クエストやデ・ラ・ソウ
ルも所属していたコンシャス・ラップ集団、ネイティヴ・
タンズの一員としても名を馳せるようになった。アルバ
ムを2枚リリースした後は、アトランタを本拠とするラジ
オ・パーソナリティに転身した。

LISTEN（必聴トラック）：
1990年のデビュー・アルバム『Down to Earth』に収
録されている「Monie in the Middle」は、彼女がラッ
パーのビッグ・ダディ・ケインの誘いをかわし、彼の友人
と仲良くなったという実話に基づいた曲である。

◆ ◆ ◆

CHOICE
チョイス

◆ ◆ ◆

NEVER FORGET（功績）：
シングル「The Big Payback」で、N.W.A、トゥー・
ショート、ゲトー・ボーイズをディスった。

WHO SHE IS（略歴）：
1990年にデビュー・アルバム『The Big Payback』を
リリースしたラッパーのチョイスを覚えているのは、当時
ヒューストン周辺に住んでいた人だけかもしれない。リ
ル・キムの『Hard Core』よりも遥か前、ラップ・ア・
ロット・レコード（J・プリンスが設立したレーベルで、
ゲトー・ボーイズも所属）からリリースされた同アルバム
は、その猥雑さでは史上屈指の内容を誇っている。チョイ
スは自立した「バッドアスなビッチ」であることや、小さ
いディック、金目当てで男と付き合うことの危険などにつ
いてラップしているが、彼女の名が知られるきっかけとな
ったのは、N.W.Aのメンバーをはじめ、トゥー・ショー
ト、ゲトー・ボーイズなどを徹底的にディスったタイト
ル・トラックの「Payback」だ。1992年にはセカンド・
アルバム『Stick-N-Moove』をリリースした。

LISTEN（必聴トラック）：
ゲトー・ボーイズのウィリー・Dと共演した「I Need
Some Pussy」は、男性が欲求不満を募らせる曲。こ
の中でチョイスは、「I got a pussy 'bout the size of
Bolivia（私のプッシーは、ボリビア並みの大きさ）」と
ラップしている。ちなみに、CIAのウェブサイトによれば、
ボリビアの大きさは「モンタナ州の3倍弱」だという。

◆ ◆ ◆

LADYBUG MECCA
レディバグ・メッカ

NEVER FORGET（功績）：
彼女が所属していたディガブル・プラネッツは、シングル
「Rebirth of Slick (Cool Like That)」で、1994年に
グラミー賞の最優秀ラップ・パフォーマンス（デュオ／グ
ループ）賞を獲得。

WHO SHE IS（略歴）：
メリーランド州で生まれ育ったレディバグ・メッカ（メア
リー・アン・ヴィエイラ）は、ブラジルのシンガーや、ビ
リー・ホリデイなどのジャズ・シンガーを聴いて、自身の
メロウなラップ・スタイルを確立した。ラッパー／プロデュ
ーサーのイシュマエル・バトラー（バタフライ）、クレイ
グ・アーヴィング（ドゥードゥルバグ）と彼女の3人で
構成されたディガブル・プラネッツは、ア・トライブ・コ
ールド・クエストやデ・ラ・ソウルといったアーティスト
の流れを汲んでおり、ラップとジャズを融合した音楽を制
作した。どれも黒人のロマンティック・コメディのサウン
ドトラックになりそうな楽曲だ。「私たちは、みんなが逃
避できるような全くの別世界を作ったけれど、それでも現
実の生活をラップしていた」とメッカは語っている。

LISTEN（必聴トラック）：
ディガブル・プラネッツのデビュー・アルバム
『Reachin' (A New Refutation of Time and
Space)』からのリード・シングルとなった「Rebirth
of Slick (Cool Like That)」は、ビルボード誌のホット
100シングルズ・チャートで15位を記録。また、タイド
（洗濯洗剤）のコマーシャルにも使用された。

◆ ◆ ◆

QUEEN PEN
クイーン・ペン

◆ ◆ ◆

NEVER FORGET（功績）：
ルーサー・ヴァンドロスの「Never Too Much」をサン
プリングしたシングル「All My Love」は、トップ40
ヒットとなった。

WHO SHE IS（略歴）：
クイーン・ペン（リニス・ウォルターズ）は、R&Bグ
ループのブラックストリートが1996年に放ったヒット
曲「No Diggity」に客演し、デビューを果たした。その
後まもなく、プロデューサーのテディ・ライリーが主宰す
るレーベル、リル・マンと契約し、1997年にデビュー・
アルバム『My Melody』をリリースした。同アルバム収
録の「Girlfriend」では、男性のガールフレンドを寝取
ることをテーマにラップして新境地を開拓。ゲイである
ことを公言しているミシェル・ンデゲオチェロをフィーチャ
ーし、彼女のシングル「If That's Your Boyfriend (He
Wasn't Last Night)」（1993年）の一節を取り入れた同
曲で、クイーン・ペンのセクシュアリティに関しても憶測
が飛んだ。1998年にニューヨーク・タイムズ紙は、「女性
蔑視と同性愛嫌悪のリリックで知られるラップというジャ
ンルを使ってレズビアン・ライフを描いた、おそらく初の
レコーディング・アーティスト」とクイーン・ペンを評し
ている。ただし、クイーン・ペンは女性と付き合うことに
ついてラップしたかもしれないが、自身がクィアであるか
どうかは公表しくいない。

LISTEN（必聴トラック）：
自分こそがパーティの主役、自分が到着するまでパーテ
ィは始まらない、と高らかに宣言する「Party Ain't a
Party」は、パーティに出席する前に、脳内再生したいパ
ーティ・アンセム。

◆ ◆ ◆

Eve

イヴ

◆ ◆ ◆

NEVER FORGET（功績）：
1999年のデビュー・アルバム『Let There Be Eve... Ruff Ryder's First Lady』で、（ローリン・ヒル、フォクシー・ブラウンに次いで）ビルボード誌のアルバム・チャートで首位を獲得した3人目の女性ラッパーとなった。

WHO SHE IS（略歴）：
ウェスト・フィラデルフィアのミル・クリーク・プロジェクトでシングルマザーに育てられたイヴは、15歳の頃にはランチルームでフリースタイル・バトルに興じ、高校のガール・グループ、EDGP（エジプトと発音）で活動していた。1998年、ドクター・ドレーとの契約解消後、彼女はラフ・ライダーズのファースト・レディとなり、4枚のアルバムをリリース。2017年には、CBSの昼番組『The Talk』の共同司会者に抜擢された。

LISTEN（必聴トラック）：
レーベルメイトのドラッグ・オンと交互にラップを繰り広げる「Let's Talk About」で、イヴは「little dick niggas（ちっせえディックの男）」や調子のよい友達をディスっている。

◆ ◆ ◆

スタイルは、ヒップホップにおいて昔から極めて重要な要素だった。ラップが世界で最も収益性と影響力を持つジャンルとなった1999年、自力で億万長者となったラッパーは、スタイルでその富を誇示しようとしていた。リル・キムとフォクシー・ブラウンがハイファッションを見事に着こなしていたため、煌びやかなスタイリングセンスは、ルックスを重視される女性ラッパーのイメージ作りに不可欠となった。そんな状況の中、イヴがデビューする。気鋭のラッパーDMXを精神的支柱とするクルー、ラフ・ライダーズのファースト・レディという触れ込みだった。その夏、サルサにインスパイアされたファースト・シングル「What Y'all Want」で、イヴは未来のスターと目されると、1999年にはヒップホップ最大級のショーケース、ソース・アワードでパフォーマンスを披露することとなった。

まずはレーベルメイトのドラッグ・オンが登場し、次にザ・ロックスがステージに上がった後で、イヴが四輪バギー（ATV）に乗って現れた。レザーパンツにカットアウトしたトップスを合わせ、マントを羽織るという、バットガール風の衣装だった。

視聴者は、イヴのマントを覚えていないだろう（ましてや、このマントのデザインが、当時ほぼ無名だったラフ・シモンズによるものだとは、知る由もないはずだ）。この衣装を選んだのは、ヨーロッパにコネのあるファッション・エディターで、イヴの新スタイリストとなったカイス・ブリュースター。彼はトム・フォードやカール・ラガーフェルド（当時シャネルのアーティスティック・ディレクターを務めていた）といったデザイナーへのアクセスを駆使し、ゆっくりとイヴのスタイルを革新していく。2000年のソース・アワードでソロ・アーティスト・オブ・ザ・イヤーを受賞した際に、イヴが着ていたのはフェンディだった（ネリーと一緒にプレゼンターとして登場したビヨンセが、Tモバイル社の携帯端末サイドキックを開いてイヴの名前を読み上げていたのが、時代を感じさせる）。

イヴのスタイルは、戦略的なチームワークで作り上げられた。「最初からファッション業界をターゲットにしていたんだ。みんなで彼

女の自己イメージを高め、他の女性ラッパーとは一線を画す個性を確立することができた」とイヴの元マネージャー、マーク・バイヤーズは語る。「ファッション業界からすぐに招待が届いたわけじゃないけれど、イヴにヒットが出始めて、そのファッションも話題になると、ファッション業界のヤツらも俺たちがカルチャーを動かしていることに気づき、彼女を招き入れざるを得なくなった」。

高級ブランドはラッパーに服を貸し出さなかったため、リル・キムやメアリー・J・ブライジと仕事をしていたミサ・ヒルトン・ブリムのようなスタイリストは、衣装を自作するしかなかった。「あの頃のファッションハウスは、音楽とカルチャーを理解しようとしている最中だった」とクリス・チェンバースは言う。インタースコープ・レコードの広報担当部長だった彼は、イヴをカイス・ブリュースターと結びつけた人物だ。「ヒップホップとファッション・コミュニティの関係が発展していく中で、イヴは極めて重要な役割を果たした。彼女はセクシーになりすぎることなく、ハイファッションを着こなしていた」。

ヒップホップとデザイナー・ブランドを非公式に結びつけたパイオニアは、ダッパー・ダンことダニエル・デイだ。自分の服にグッチやルイ・ヴィトンの偽造ロゴを縫い込だことで有名なテーラーである。彼が1982年にハーレムでブティックを始めると、ソルト・ン・ペパからLL・クール・Jに至るまで、彼の服を着るラッパーが続出した。ダッパー・ダンには知的財産侵害行為の停止通告書が出され、1988年にはフェンディが彼の商品を一部差し押さえた。しかしその後、ヒップホップ・カルチャーを冷遇してきたファッション業界は、ヒップホップのクールさを盗むようになる。

シャネルが発表した1991年のコレクションは、ヒップホップにインスパイアされていた。トミー・フィルフィガーは、オーバーサイズなアーバン・ウェアを販売して帝国を築いた（2018年、グッチはダッパー・ダンをブランドのアンバサダーに起用した）。リル・キムはマーク・ジェイコブスのミューズとなり、90年代のニューヨーク・ファッション・ウィークには欠かせない存在

となった。クリスチャン・ディオールの「ポスター・ガール（看板娘）」を自称していたフォクシー・ブラウンは、「out the Range in Iceberg tights（アイスバーグのタイツを履いて、レンジローヴァーから飛び降りる）」姿もクールだとラップし、ストリートとハイファッションのギャップをさらに埋めた。カニエ・ウェストやファレル・ウィリアムズも、バルマンに影響を与えたことで評価されているが、ラップ界でいち早くハイファッション系インフルエンサーになったのはイヴだ。

親しみやすさは、イヴの強みだった。キムとフォクシーは、誰憚らず男性向けの音楽を作り、男性のファンタジーを具現化したのに対し、イヴは愛、クルーへの忠誠心、ドープなラッパーでいることに焦点を当てた楽曲を作っていた。イヴはアルバム中のスキット「My Bitches」（DMXの「My Niggas」に対応する作品）で、男性と付き合いながらも、自分で生計を立て、子どもを世話する女性たちを称賛している。また、「Love Is Blind」では、虐待を受けた女性とその加害者に向けて、「How would you feel if she held you down and raped you?（もし彼女に抑えつけられて、レイプされたらどんな気分になる？）」と直接訴えかけている。イヴが扮するキャラクターが最後に虐待者を殺害するこの曲は、戒めの物語と復讐のファンタジーを兼ね備えている。この曲は、イヴの友人アンドレアの実体験を基にしており、イヴとアンドレアは、2000年4月にクイーン・ラティファのトーク番組に出演した。イヴはハイファッションに身を包み、虐待という重要なメッセージを発信した。「初めてイヴを見た時、わあ、超セクシーって思った」とラッパーのミーガン・ジー・スタリオンは言う。「彼女はスムーズで、官能的だった。ちょっとした体の動きとか。ああいうヴァイブスを目指そうって思った」。

イヴは、ドクター・ドレーの主宰するアフターマス・エンターテインメントでキャリアをスタートした。東海岸の新人（それも女性ラッパー）が、西海岸のレジェンドと組むのは、非常に稀なことだった。ドレーはイヴのためにロサンゼルスのアパートを準備し、家賃も全額負担した。

しかし、この関係はすぐに終わった。2人が制作して

リリースした唯一の楽曲は、1998年に映画『ブルワース（Bulworth）』のサウンドトラック用にレコーディングした「Eve of Destruction」だ。このタイトルは、当時のイヴのMC名でもあった。「Baby girl from Illadel here to enhance your lives（ヤヴァいフィリー出身のベイビーガールが、生活の質を向上させてあげる）／Doubted my skills, bet you mad now, shoud'a snatched me up（私のスキルを疑ってたあなた、私を拾っとくべきだったって、今は悔しがってる）／I'm in LA now with Drew now, ain't comin' back 'cause I'm stuck（今はLAにいる私、ドレーと一緒。戻らないよ、ここから離れないから）」と同曲でラップしている。結局、ドレーはアフターマスとイヴの契約を解除した。「ドレーは私をどうしたらいいか分からなかった」と、イヴは2001年にニューズウィーク誌のインタヴューで語っている。ドレーはイヴだけでなく、所属アーティストの多く（キング・ティー、RBXなど）についても、どうしてよいか分からなかったようだが、こうした方向性の欠如は、特に女性ラッパーにとっては致命的な問題だった。そして現在でも、この問題は変わっていない。

　イヴのマネジメント・チームは、インタースコープ傘下にあった別の人気レーベルと彼女を引き合わせた。ダーリン・"ディー"・ディーン、ホアキン・"ワー"・ディーン、シヴォン・ディーンが設立したラフ・ライダーズだ。イヴは同レーベルのドラッグ・オンとインフラ・レッドとフリースタイルを披露したが、これはあくまで形式的なオーディションで、ディーはすぐに契約を提示した。1998年秋、イヴはラフ・ライダーズに加入し、「ファースト・レディ・オブ・ラフ・ライダーズ」の称号を冠された。胸元に犬の足跡のタトゥーを入れ、洗練されたストリートの雰囲気を醸し出すファースト・レディは、クルーの紅一点として、ひときわ人目を引いた。

　21世紀の初頭までに、ローリン・ヒルはデビュー・アルバムを残して引きこもってしまった。アメリカに存在する全てのラップ・クルーやレーベルは、女性ラッパーを擁していた。ミッシー・エリオットは、最高にディストピア的な宇宙服を着て異彩を放っていた。イヴやトリーナは、女性ラッパーの中ではイメージを自らコント

ロールできているように見えたが、レコード会社は女性ラッパーのイメージを重視し、スタイリストや美容チームにより多くの予算を割いていた。しかし、次第にこれが経済的負担となると、女性ラッパーの契約は儲からないと考えられるようになってしまった。女性を美しく見せようとしていたレーベルが、女性は高くつきすぎると判断するようになったのだ。

　2001年にセカンド・アルバム『Scorpion』をリリースしたイヴは、シングル「Whos' That Girl?」をはじめ、ポップ・ラップの魅力を炸裂させた。また、ドクター・ドレーがプロデュースし、グウェン・ステファニーが客演した「Let Me Blow Ya Mind」はビルボード誌ホット100チャートの第2位を記録し、彼女にとって最大のヒットとなった。当時イヴのスタイリストを務めていたアレクサンダー・アレンは、イヴのハイファッション計画を推進し続けた。2002年のVH1 ヴォーグ・ファッション・アワードで、アレンがイヴのために選んだブランドは、ローンチされたばかりのディースクエアードだ。アレンによれば、カスタムデザインのディースクエアードをレッドカーペットで着た女性は、イヴが初めてだという。イヴは「Gangsta Bitches」の中で、「Pretty with the heels on, or shitty with the Tim boots（ヒールを履けばプリティ、ティンバーランドのブーツを履けばタフ）」と、自身のスタイルを説明している。

　当時はディディのショーン・ジョンやジェイ・Zのロカウェア、バスタ・ライムスのブシ・スポーツなど、自身の服飾ブランドを立ち上げるラッパーが相次いでおり、イヴがファッション・ビジネスに参入するのも時間の問題だった。2003年、イヴはフェティッシュというファッション・ラインを設立したほか、ラップ以外にも活動範囲を広げると、自身の名前を冠したUPNのシットコム『Eve』で、シェリー・ウィリアムズというマイアミのファッション・デザイナーを演じた。2009年にフェティッシュは閉鎖したが、イヴはファッション・サークルに定着した。いまや時代は変わり、ファッション・ショウにラッパーが現れることが、デザイナーの成功を意味するようになったのだ。

PRETTY & GRITTY

プリティ&グリッティ

スタイリストのカイス・ブリュースターが、イヴをハイファッションに仕立て上げた背景を語る。

　フォクシーとリル・キムは、ヒップホップにハイファッションを持ち込んだとラップしていたし、実際にキムは状況を大きく変えた。とはいえ、あの頃は時代が違う。特にヨーロッパの大手ファッションハウスは、ラッパーと親密に仕事をしてはいなかった。イヴがヨーロッパのブランドと連携できたのは、僕にコネがあったからだ。例えば今、ニッキー・ミナージュやカーディ・Bがファッションハウスにサポートされているのは、イヴがその前例を作ったおかげだ。イヴがファースト・アルバムで着ているのは、トム・フォードやグッチ。発売前の最新コレクションだった。「発売前」っていうのが、凄いところなんだ。あの頃は、発売前の服をラッパーやヒップホップ・アーティストといった類の女性たちに着せるなんて、あり得ないことだったからね。

　キャリアの大半をヨーロッパで過ごしてきた僕にとって、ラッパーをクライアントに迎えるというのは異例のことだった。叔父が経営するファッション・ショウルームのバイトから、僕はこの世界に入った。19歳でパリに渡り、パリで何年も過ごした後、ロンドンに移った。ビー・ウィッチド（スパイス・ガールズの後続グループ）やフィンリー・クェイと仕事をしながら、雑誌の仕事もしていた。僕はファッションハウスの面々にはよく知られていたから、ハイファッション系の雑誌やランウェイに登場するスタイルを入手するのは簡単だった。それでも、ファッションハウスのプレス担当とは闘った。僕にはジュリアン・ムーアのような大物のクライアントがいたから、こうしたメゾンには「イヴに服を貸してくれないなら、今後そちらがハリウッド女優に服を着させたいって時には、ちょっと考えさせてもらいますから」なんて言っていたよ。

　最初のミュージック・ヴィデオをよく見てみれば、イヴが成功する可能性を秘めていることが分かるはずだ。彼女にはそれほどまでに圧倒的な存在感があった。（僕は彼女に）ラフ・シモンズを着せて、アレキサンダー・マックイーンみたいな先鋭的なデザイナーを勧めていた。有名デザイナーだけじゃなくね。ナオミ・キャンベルをはじめ、モデルたちがこぞって「イヴみたいになりたい」って言っていたのを覚えている。イヴは必要に応じて、中性的になれた。彼女にはボーイッシュでタフな一面があった。僕としては、そのタフな雰囲気を伝えたかった。華やかなスタイルでも、そのタフさを保ちたかった。（この2つを）融合する方法があるって、確信していたんだ。

SOLÉ

ソレイ

◆ ◆ ◆

NEVER FORGET（功績）:
JT・マネーの「Who Dat」（ラップ・チャートで首位を獲得）でデビュー。

WHO SHE IS（略歴）:
12～13歳の頃、ソレイはRun-D.M.C.の「My Adidas」をベースに、ペットの猫にちなんだ「My Makita」という替え歌を作った。カンザスシティの高校では、親友とディヴァイン（Divine）というデュオを結成。オープンマイク・サーキットを回り、デモをレコーディングし、レコード契約も獲得した。ソレイはコミュニティ・カレッジで心理学を専攻するために音楽の道を諦めたが、1990年代後半に、ふと思い立ってスパのマネージャーの仕事を辞め、ロサンゼルスに移り住んだ。

LISTEN（必聴トラック）:
エクスケイプのキャンディをフィーチャーした「4, 5, 6」はボーイフレンドの浮気を案じて、疑心暗鬼になった女性のアンセム。ヴィデオでは、ソレイがストリップクラブで踊り、彼を驚かせている。

◆ ◆ ◆

ソレイのラッパー時代の活躍を象徴しているのが、ジェット誌の2000年2月21日号だ。理髪店や美容院で人気を博していた黒人誌の表紙に、イヴ、リル・キム、フォクシー・ブラウン、ソレイの写真が掲載された。見出しは、「ブラック・ミュージックで最もホットな女性たち」。当時、リル・キムとフォクシー・ブラウンはセカンド・アルバムの準備中／リリース後で、イヴは「ラフ・ライダーズのファースト・レディ」だった。ソレイはJT・マネーとのコラボ曲「Who Dat」の大ヒットで、同誌の表紙に抜擢された。

2000年代前半から半ばにかけて、女性ラッパーに繁栄が訪れた。しかし、その繁栄は一時的なものだった。「1980年代後半から1990年代初頭にかけて、メジャー・レーベルと契約していた女性が40人以上いたのに対し、2010年にはわずか3人しかいなかった」とNPRは指摘している。フォクシーとキムに触発され、ソレイはパーティ・ソングを作るティーンから、「セミ・ハードコアなキャラ」へと変貌したという。シングル「4, 5, 6」のヴィデオでは、ストリップクラブでカウボーイや看護師のコスプレをした彼女だが、「実際にストリッパーの衣装を着るんじゃなくて、キッチュでバーレスクな感じにしたの。だからストリップクラブって設定を使ってはいても、奨励しているわけじゃないって、20代の私は思ってた」と語っている（26歳でブレイクしたソレイだが、業界では「年寄り」と考えられており、年齢を偽るよう言われていたそうだ）。

トリッキー・スチュワート（ビヨンセの「Single Ladies」やジャスティン・ビーバーの「Baby」で知られるスーパー・プロデューサー）は、ロサンゼルスでソレイと出会った。ソレイはスチュワートのプロダクション会社、レッド・ゾーン・エンターテインメントのアーティストとして、テイマー・ブラクストンのデビュー・アルバムでバックグラウンド・ヴォーカルを務め、キャリアをスタートした。彼女がヴァースを提供したJT・マネーの「Who Dat」は、

スチュワートのプロデュース作品としてはごく初期のヒットとなり、ソレイは同曲をきっかけにソロ・アーティスト契約を獲得した。

「彼女のデリバリーは、フォクシーやイヴに匹敵する説得力を持っていたし、ライムのリズムも独特だと思った」とスチュワートは語る。「彼女のラップの仕方やスピードは、カンザスシティ出身だからか少し早口で、ボンサグっぽかった」。

しかし、当時のラップ・アーティストはヒップホップ業界に長居しない者が多く、ソレイもその1人となった。デビュー・アルバム『Skin Deep』(1999年)の次作は『Fly Away』というタイトルで、リード・シングルも準備されていた。しかし、音楽業界の虚飾に気が滅入ったソレイは、契約を反故にして、アルバムの発売を中止した(アルバムは、結局リリースされなかった)。ドリームワークス・レコードに出した契約解除の要請も受け入れられた。彼女はヒップホップのクリエイティヴな面を愛していたが、ライフスタイルが苦手だったのだ。彼女はクラブ嫌いで、酒もドラッグもやらず、喫煙すらしたことがなかった。ツアー中は、何冊も本を入れたバッグを持ち歩き、ホテルの部屋で読書していた。そのため、レコード会社を離れた後のソレイは、音楽業界と完全に縁を切った。キャリアで一番の功績を尋ねられると、彼女は「業界を去ったこと」と答えている。

ソレイはその後、ヨガ講師として第二の人生を歩み始める。ジヴァムクティからタントラヨガ、骨盤ヨガ、マタニティヨガなど、あらゆるヨガのトレーニングを受け、レイキやチャクラ・バランスなどのセラピーを取り入れると、デヴィ・トライブ・ウェルネスという会社を興した。かつては「Ya ex-bitch can't fuck with this(あんたの元カノなんて、私のセックスには敵わない)」とラップしていた女性が、スピリチュアル・ヒーラーになったのだ。

「私は(ラップ)業界にいたけれど、業界には馴染めなかったから、最終的に業界を去った。何をすべきか、何になるべきかを人に指図されるのは嫌だった。嘘やごまかしも苦手だったし」と彼女は言う。「ショウ・ビジネスやエンターテインメントは大好きだけど、あの世界の

"

キャリアで一番の功績を尋ねられると、ソレイは「業界を去ったこと」と答えている。

"

フェイクさは好きじゃない。自分が書いていたライムや、自分が打ち出していたイメージと、ずっと葛藤していたの。ポジティヴで啓蒙的なことをしても、受け入れてもらえないと思っていた。でも、私の心はそちらに引き寄せられていた」。

LADY LUCK

レディ・ラック

◆ ◆ ◆

NEVER FORGET（功績）:
弱冠17歳でデフ・ジャムと契約を結んだ。

WHO SHE IS（略歴）:
ニュージャージー州イングルウッド出身のレディ・ラック（シャネル・ジョーンズ）は、5歳という若さで初めてラップをした（ラップを書いたのは彼女の母親だ）。彼女の大叔母はヒップホップ界の先駆的レーベル、シュガー・ヒル・レコードを創立したシルヴィア・ロビンソンで、母親は同レーベルのラジオ・プロモーターだった。1990年代に将来有望な若手ラッパーとして注目を浴びたが、アルバム・リリースには至らなかった。しかし、レミー・マーとのラップ・バトルによって、ヒップホップ史にその名を残した。

LISTEN（必聴トラック）:
ＥＰＭＤのオペラ的クラブ・バンガー「Symphony 2000」に客演すると、他のラッパーはフローを変えない限り、このラップに太刀打ちできない、と自慢げにラップしている。

◆ ◆ ◆

レディ・ラックは弱冠17歳で、ヒップホップ界最大のレーベル、デフ・ジャム・レコーディングスと50万ドル以上の契約を交わした。契約書に署名するやいなや、彼女はニューヨークの弁護士事務所を出てバスに乗り込み、『Hard Knock Life』ツアーのニュージャージー公演に合流した。同ツアーには、ジェイ・Z、DMX、ジャ・ルール、メソッド・マン＆レッドマンと、人気絶頂の大物ラッパーが多数参加していた。

彼女がデフ・ジャムと契約した同年、シーグラムの子会社だったユニバーサル・ミュージック・グループ（既にデフ・ジャム株の60%を所有していた）は、ラッセル・シモンズとリオ・コーエンから残りの株式を買い取った（デフ・ジャムの創設者、リック・ルービンは1988年に同社を去っている）。1998年のデフ・ジャムは、1億7600万ドルの売上を記録し、最高利益を上げていたため、潤沢な資金があった。

レディ・ラックが大きなチャンスを摑んだのは、1999年2月のこと。ニューヨークのホット97に電話をかけたことがきっかけだった。エド・ラヴァーが司会を務めていた朝番組に、ラッパー志望のリスナーが生放送でバトルを繰り広げる『Check the Rhyme』というコーナーあり、彼女も参戦したのだ。ラックはその週に5回勝ち抜き、ラジオ局に招待された。当時、デフ・ジャムの社長に昇進したばかりのケヴィン・ライルズは、出勤途中にラジオで彼女のラップを耳にし、即座に契約を結びたいと思った。彼はホット97に電話をかけると、「ご両親をつれて俺のオフィスに直行するよう、その娘に伝えてくれ」と言った。「ケヴィン・ライルズは何でも用意してやるって言っていた。私は『フォクシー・ブラウンのCDが欲しいだけなんだけど……』って思ってたんだけどね」と、レディ・ラックは冗談めかして語っている。

ホット97のフリースタイルをきっかけに、デフ・ジャムを含む

人気レーベルが争奪戦を始めた。ニュージャージー州ティーネックでミックステープを売っていたラックは、スターの髪の毛を切っていた理容師たちと親しくなり、彼らから有名な顧客を紹介してもらっていた。理容師を通じて、彼女はバッド・ボーイ・レコードを訪れ、パフ・ダディの前でラップを披露した（一方、ライルズは彼女をデフ・ジャムに誘おうと、バレンタインデーにバラの花を贈った）。ラウド・レコードのオフィスでもラップした。別の理容師に連れていかれたロッカフェラ・レコードでは、散髪中のデイム・ダッシュ（同レーベルの共同設立者）から、「ジェイ・Zになりたいヤツらなら知ってるけど、レディ・ラックになりたいヤツなんていねえだろ？」と言われたという。「彼にヴィジョンがあれば、何百万人もの少女たちがいることを理解できたはず。今ではレディ・ラックみたいな女性ラッパーが、たくさん活躍してるでしょ」と彼女は当時を思い返している。

ラックは1999年3月にデフ・ジャムと契約を結び、その秋にはレコード契約を持つ17歳の天才ラッパーとして、ティーネック高校の最終学年をスタートした。新学期の初日には、彼女の客演した曲がラジオでかかっていた。メソッド・マン＆レッドマン、バスタ・ライムス、シャバーム・サディークも参加したファロア・モンチのシングル「Simon Says (Remix)」だ。また、将来有望なラッパー3人を紹介するソース誌のコラム『Diary of a New Jack（ニュージャック日記）』にも取り上げられた。1999年12月号の同コラムには、「正直な話、私は怖気づいてる。やりたいことはたくさんある。友達も自分の曲に参加させたいし。でもまずは、アルバムを完成させなくちゃ。もっと良いものができたのにって後悔するようなアルバムにはしたくないから」。

「ラックの凄さはリリックにある。それからあの競争心。彼女はラップの獅子の穴に放り込まれても、生き残って出てくるんだ」とライルズは語る。ニューヨーカー誌1999年10月号の記事で、彼はレディ・ラックの魅力をたとえ話で説明している。「例えばイヴの場合、彼氏が銃撃戦で倒れたら、彼女は彼の銃を拾って相手を撃ちにいく。リル・キムなら、相手の男とファックするだろう。ラー・ディガなら、その男を刺すだろう。ラックはその男と楽しい時間を過ごした後、バットでそいつの頭を殴るはずだ」。

これは、若干大げさな発言だった。「『ケヴィン！　私、誰の頭もバットで殴ったりしないんだけど！』なんて思った」とラックは語っている。「当時、ラックがみんなに愛されていたのは、男の子みたいなラップをしていたから。私は可愛いぽっちゃり系のボーイッシュ女子だったから、レーベル側は私をどう扱ったらいいのか分からなかった。私もどうしていいか分からなかった。新人だったし。だから、実入りのいい大学のインターンをしてる感じだった」。

数カ月にわたって、彼女は何人ものメンターと仕事をし、その中にはレーベルメイトのEPMDもいた（彼女はEPMDのシングル「Symphony 2000」に参加している）。ケヴィン・ライルズはプロジェクトのA&Rをしたいと思っていたが、社長の仕事に忙殺されていた。こ

THEY DIDN'T KNOW WHAT TO DO WITH me, 'cause I was an OVERWEIGHT PRETTY TOMBOY.

私は可愛いぽっちゃり系のボーイッシュ女子だったから、
レーベル側は私をどうしたらいいか分からなかった。

こで登場したのが、デフ・ジャムの重役をしていたDJイナフだ。「あの時は大変だった」とラックは振り返っている。

デフ・ジャムに在籍中、ラックはミッシー・エリオットとリル・モーとコラボしたが、アルバムがリリースされることはなかった。これにはいくつか理由がある。レコード会社は、華やかなイメージを維持するためにスタイリストやヘアメイクを必要とする女性ラッパーを、「金食い虫のディーヴァ」とみなすようになっていた（そもそも、レーベル幹部がこうしたイメージを強要していたのだが）。バギーな服に野球帽というスタイルのレディ・ラックは、セックスを売り物にしているわけでも、どこかのクルーのファースト・レディでもなかった。彼女にスタイリストのチームは必要なかったが、セックスを売り物にすることが業界のスタンダードとなると、彼女はこの期待に追い詰められた。そしてデフ・ジャムは、彼女を売る方法を見出すことができなかった。

換言すれば、ラックのタイミングが悪かったということだ。「みんなが彼女を愛していたが、彼女に合う曲がなかった」とライルズは言い、若き天才との契約に反省すべき点があったことを認めている。より多くの注意を払って、彼女を育成しなければならなかったのだ。「あの時に関して言えば、試みは上手くいかなかった。でも、その後も上手くいかないとは限らない。他の人でも上手くいかないってワケでもないし。でも、彼女については、他のことをやるのが一番だと思った」。

その後、2004年にレミー・マーとのラップ・バトルが勃発し、ラックの名前は歴史に残った。レミー・マーがレディ・ラックを探していると耳にしたラックは、ニューヨークで旋風を巻き起こしていた新人ラッパーとの一騎打ちに挑んだのだ。2人はニューヨークのファイト・クラブで、数ラウンドにわたる20分以上のラップ・バトルを繰り広げ、この対決は伝説となった。レミーが勝者となり、2万ドルの賞金を手にすると、その後もリマッチでラックに勝利した。ラックは健闘むなしく敗れたが、それでも本物のラップ・ヘッズならば、あの日の真の勝者がどちらか分かっているはずだ、と思っている。

「私はバトル・ラッパーじゃない」と、彼女は自らを有名にしたレッテルを否定する。「（でも）誰よりも上手くなりたいとは思っていた。周りの男子より上手くラップしないと、ラップしようと頑張ってる小さな女の子がバカにされちゃうからね」。

2018年、レディ・ラックはニッキー・ミナージュの「Barbie Dreams」のアンサーソング「Dreams」をリリースし、セクシュアルな示唆に富むミュージック・ヴィデオを公開した。ヴィデオの中で、ラックはニッキー・ミナージュのドッペルゲンガーとベッドインしている。ラックはイメージチェンジを図るために、バギー・ジーンズを脱ぎ捨て、ビキニを新たなセールスポイントとすると、自己改革を果たしたのだ。

LAURYN HILL

ローリン・ヒル

◆ ◆ ◆

NEVER FORGET（功績）：
『The Miseducation of Lauryn Hill』は、最優秀アルバム賞を含む5部門でグラミー賞を獲得し、女性ラッパーによる初のナンバーワン・アルバムとなった。

WHO SHE IS（略歴）：
ニュージャージー州サウスオレンジ育ちのローリン・ヒルは、6歳で両親のレコード・コレクションを漁り始めた。『Miseducation』をリリースする10年前、13歳のローリンはテレビ番組『Showtime at the Apollo』のアマチュア・ナイトに出演し、スモーキー・ロビンソンの「Who's Lovin' You」を歌った。チアリーディング、陸上競技、聖歌隊で活躍する優等生だったコロンビア・ハイスクール時代にプラーズ・ミシェルと出会い、タイム（Tyme）というトリオを結成。プラーズの従兄弟のワイクリフ・ジョンが、脱退したメンバーに代わって加入し、フージーズが誕生する（当初のグループ名は「トランズレーター・クルー（Tranzlator Crew）」）。ソロとしての活動期間は短いが、デビュー・アルバム『The Miseducation of Lauryn Hill』の1枚で、彼女は史上最高のラッパーの仲間入りを果たし、確固たる地位を築いた。

LISTEN（必聴トラック）：
R&Bのデュエット曲で歴代トップテンに入るローリン・ヒルとディアンジェロの「Nothing Even Matters」は、タイトルが示す通りのサウンドだ。至福の瞬間が歌われた、心地よくソウルフルな1曲である。

◆ ◆ ◆

ローリン・ヒルが1998年夏にリリースした「Doo Wop (That Thing)」は、若い女性に警告を発するシンプルな曲だ。ハーモニーをつけたイントロに乗せて、彼女はアラビア語（「真っすぐな道」を意味する「aṣ-Ṣirāṭ al-mustaqīm」）で歌いはじめた後、短い逸話を披露する。ある女性が男性に体を許したが、それっきり3週間、その男性からの連絡はない、という話だ。そこから彼女は、まるで論文の始まりのように、こう問いかける。「To begin, how you think you really gon' pretend?（そもそも、どうやって取り繕うと思ってるの？）」そして、男性には身勝手な振る舞いをやめるよう訴え、女性にはDV男とウィーヴ（付け毛）は避けるようラップしている。

史上最高にキャッチーな説教ソング「Doo Wop (That Thing)」で、ローリン・ヒルはビルボード誌ホット100チャート（この時点で、40年の歴史があった）で、女性ラッパーとして初めて首位を獲得した。歌とラップで優れた技量を持つ彼女は、ソロになる前に活動していたフージーズの中で、最もスキルと柔軟性のあるメンバーだった。セックスの代わりに、彼女が売っていたのは、スキルと啓蒙だ。リル・キムやフォクシー・ブラウンとは、大きく異なるアプローチである。

デビュー・アルバム『Blunted on Reality』から2年後、フージーズ（ヒル、ワイクリフ・ジョン、プラーズ・ミシェル）はセカンド・アルバム『The Score』で、世界的なスーパースターの座に躍り出た。カリブ音楽から強い影響を受けたブーン・バップ・フップが心地良いアルバムだ。グループ最大のヒットとなった「Fu-Gee La」で、ローリンはフックを歌い、「Find me in my Mitsubishi, eating sushi, bumping Fugees（私が乗ってる車は三菱、食べてるのは寿司、聴いてるのはフージーズ）」と華やかにラップしている。また、ナッピー・ヘッズをフィーチャーした超リリカルなリミックスでも、「I never fear the Ku Klux（クー・クラックス・クランなんて怖くない）／My own clan is acting up（私のクランが大暴れし

てるし）」と流石の言葉さばきでラップしている。

『The Score』は600万枚以上のセールスを記録し、最優秀ラップ・アルバム部門でグラミー賞を獲得した。これで、ローリン・ヒルがスターとなる準備は整った。彼女は明らかにラップの天才で、三拍子揃った大物（ラッパー／シンガー／俳優）になる可能性も秘めていた。この頃のローリンは、ウーピー・ゴールドバーグ主演の『天使にラヴ・ソングを2（Sister Act 2: Back in the Habit）』（1993年）で演じた「ゴスペルを歌う大胆不敵なクワイア（聖歌隊）のスター」として知られていた。あるいは、スティーブン・ソダーバーグ監督が大恐慌を描いた映画『わが街セントルイス（King of the Hill）』（1993年）に登場した10代のエレベーター・ガール、アレサ役でローリンを覚えている人もいるかもしれない。

　フージーズがリリースした2枚のシングルで、ローリンの幅広い才能が発揮されている。「Ready or Not」での彼女は、ダークなドラムビートに合わせて、アグレッシヴにラップを決めたと思うと、ソウルフルな歌声を聴かせている。「Killing Me Softly」のカヴァーでは、（オリジナル・ヴァージョンの）ロバータ・フラックと肩を並べるほどの伸びやかなヴォーカルを披露している。「クレイジーに聞こえると思うけど、ラップを歌みたいに扱って、歌をラップみたいに扱うことがあるの。それでも、全てはヒップホップというコンテクストの中でやっている」と、ローリンはソース誌に語っている。コロムビア・レコードの幹部（名指しすると、ソニー・ミュージックのトミー・モトーラ社長）は、ソウルとヒップホップを融合したローリンの音楽を却下した。どういうわけか、フージーズのストレートなヒップホップ・サウンドから逸脱していると考えていたのだ。

　しかし、『The Miseducation of Lauryn Hill』の素晴らしさは、このハイブリッドにある。次世代の歌うラッパーたちは、こぞって同アルバムに魅了された。ニッキー・ミナージュはローリン・ヒルを「女神」と呼び、ドレイクは2018年の女性向けアンセム「Nice For What」で「Ex-Factor」をサンプリングし、歌うようにラップしている。カーディ・Bは、シングル「Be Careful」で「Ex-Factor」を独自に解釈。ローリンの原曲のテーマだ

った失恋を利用すると、失望についてメロディアスにラップしている。「歌うようなラップ」の考案者といえば、カニエ・ウェストとドレイクを真っ先に思い浮かべる人も多いが、ジャ・ルール、ネリー、ローリン・ヒル、ミッシー・エリオットなど、先達による長い歴史がある。彼らはオートチューンが流行する遥か昔、人気ラッパーが歌うことなど滅多になかった時代から、ずっと歌ってきたのだ。クイーン・ラティファやソルト・ン・ペパなども歌うラッパーだったが、ローリンは全く性質の違う歌とラップという分野の両方で、トップクラスの実力を誇っていた。

　しかし、ローリンのソロ・デビュー・アルバム『The Miseducation of Lauryn Hill』からの初プロモ・シングルは、ストレートなラップ・レコード「Lost Ones」だった。なお、同曲はラッパー、恋人、あるいはラッパーの恋人を題材としており、ファンはこれをワイクリフに向けたディス・ソングだと認識した。続いてリリースされた「Doo Wop (That Thing)」は、スムーズな四重唱が印象的で、商業的にも成功を収めた。同曲のミュージック・ヴィデオでは、スクリーンが分割され、2人のローリンが登場する。左は1967年のニューヨークが舞台で、ストレートヘアのウィッグをつけたローリン。右は1998年のニューヨークが舞台で、トレードマークのドレッドヘア（ただし地毛ではない）のローリンだ。この曲は、時代を超越したテーマを語っている。1998年当時と同じように、数十年を経た現在でも、華やかで独善的な1曲だ。1996年、ローリンはAP通信にこう語っている。「愚かで、暴力的で、知性がないのが人気だけど、これは良くないと思う。本来の自分でいることをやめて、ネガティヴなことやリアルじゃないことを真似しはじめると、格好悪くなるし」。2015年、サンフランシスコ・ウィークリー紙のライターは、「リスペクタビリティの政治を実践し」、「コンサーン・トロール（心配を装った荒らし）が延々と続く歌」と「Doo Wop」を評している。

　もちろん、そんなに単純な話ではない。確かにローリンは説教臭いラップをしていたが、それと同時に、24歳という若さで救世主的な重荷を背負いながら、葛藤の

ある人生を送っていた。そして、稀に見るほどの率直さ
で自身の弱さをさらけ出し、その人生を歌とラップで
表現していた。ジョーン・モーガンは著書『She Begat
This: 20 Years of The Miseducation of Lauryn Hill』の
中で、「Doo Wop」についてこう記している。「単なる
上から目線の偽善者だとローリンをはねつけるのは、読
みが浅すぎる。ヒル自身が意図的だったか否かにかかわ
らず、自分はただの人間だとラップすることで、彼女は
複雑かつ美しく矛盾した存在でいられる自らの権利——
そして私たちの権利——を主張していたのだ」。

ローリンの私的な問題は、スキャンダルに包まれてや
って来た。彼女のドレッドヘアが地毛でないことが、後
に発覚した。また、彼女は失恋について語っていたが、
その相手がおそらくバンドメイトのワイクリフ・ジョン
であることを明かしていなかった。たった1枚のアルバ
ムで心の内を見せたローリンについて、人々は彼女の次
作を切望すると同時に、気まぐれな語り手だというイメ
ージも持った。

「これは彼女への批判というよりも、私たちのことを露
呈しているような気がする。こうやって私たちはカテゴ
リーを作って、都合のいい脚本を他人に割り当てている
の」と、モーガンは2018年にジェザベル（ウェブサイ
ト）のインタヴューで私に語った。ローリン自身も、
2009年のエッセンス誌によるインタヴューで、「私は自
分の美とセクシュアリティを恐れない、発展的な心を持
った若い女性だったから、それを不愉快に思う人たちも
いた。彼らは、『女性』と『強い』が連携することを理
解していなかった。『若い』と『賢い』、『ブラック』と
『神聖』が結びつくことも分かっていなかった」と2009
年に振り返っている。

「名盤」の誉れを受けるラップ・アルバムはごく限られ
ている。デビュー・アルバムとなれば尚更だ。ローリ
ンはラップ界（ソロ・アルバムへの期待値は、1994年
のナズのデビュー・アルバム『Illmatic』並みだった）
でも、音楽界のエリートのあいだでも天才的な存在だ
った。第一子（ボブ・マーリーの息子、ローハンとの
あいだに生まれた）を妊娠中にレコーディングされた
『Miseducation』で、ローリンは惨めな恋人、不倫相手、

母、教師と、複数の役割を演じた。「全ての女性は、愛
について多くを教えられる関係を経験すると思う」と彼
女は1998年、ヴァイブ誌に語っている。「私もそんな
恋愛をして、その経験を書くことがセラピーのようにな
った。こうした曲を書くことで、気持ちに折り合いをつ
けることができたの」。2013年、ナズはXXL誌に「こ
の若い女性と一緒に旅に出よう。俺たちが望むところま
で、彼女に連れて行ってもらおうって思った」と、ロー
リンのアルバムについて語っている。モス・デフやタリ
ブ・クウェリのようなラッパーが、社会意識の高い質実
剛健なラップを売り物にして大成功を収め、アンダーグ
ラウンドのスタイルをメインストリームにした一方で、
ジーン・グレイのような女性ラッパーは、そこまでの成
功を手にしてはいなかった。彼女たちは純粋な意味で評
判の高いリリシストで、カルト的人気も誇っていたが、
売りやすいアーティストではなかったのだ。

「才能のあるインディ系の女性ラッパーは常にいたけれ
ど、彼女たちがどれだけの注目を集められるか？　そ
こが問題になる」と、ヴァイブ誌の元編集者、エリザベ
ス・メンデス・ベリーは語る。「ラジオでかけてもらえ
る？　大物プロデューサーが一緒に仕事してくれる？
流行の尺度が何であれ、彼女たちがそれを利用すること
はできる？　クロスオーヴァーできる？　インディ系の
男性ラッパーなら可能だろうけど、インディ系の女性に

はなかなか難しい。というのも、女性ラッパーの典型は『素晴らしいラップをする普通の人』とは違うから。外科的に外見を強化した女戦士が、たまたま素晴らしいラップをしている。これが女性ラッパーの典型なの。こういう女性は『普通の人』じゃない。男性ラッパーは普通の人だけど」。

ローリンは称賛と同時に罰も受けた。妊娠をキャリアの妨げとみなす業界で、母親業に専念するために活動を休止し、時には引退するミュージシャンはたくさんいたが、妊娠・出産についてラップした者はいなかった。子どもを産むという決断がこれほど公になったラッパーは、これまでにいなかった。ローリンは、美しいラップの子守歌「Zion」の中で、そのプレッシャーを歌っている。カーディ・Bやニッキー・ミナージュのようなラッパーが、キャリアの全盛期に出産しながら、人気を維持していたことを考えると、ローリンの時代が奇妙に思えてくるだろう。カーディは妊娠のタイミングについて弁明を迫られたものの、カーディもニッキーも、母となった喜びを公にすることができた。

ローリンは、ファンから適度な距離を保ち続け、自身の恋愛について沈黙を貫いたが、それでも噂は消えなかった。『Miseducation』の収録曲は、バンドメイトのワイクリフ・ジーンとの関係の終焉を密かに歌っている、と多くのファンが思っていたのだ。特に、悲劇的な別離を嘆きながら、「I keep letting you back in（別れてもつい寄りを戻してしまう）／How can I explain myself?（自分にどう説明すればいいの？）」と歌う「Ex-Factor」で、その印象が根強く残っている。

ワイクリフは2012年に出版した回顧録の中で、「俺は結婚していて、ローリンと不倫関係にあった。でも、妊娠したのは俺の子だって、彼女が俺を騙したことが許せなかった。あれで俺たちの信頼が壊れ、お互いの心が離れていった」と記している。

あの曲（「Ex-Factor」）でローリンが語っている人物については、明かされないままだった。しかし、プラーズはローリング・ストーン誌にこう語っている。「あのアルバムは、聴く者の感情を鷲掴みにする。あの時期、彼女に起こっていたことについて、彼女が本音をさらけ出しているからだ」。

ローリン・ヒルが再びソロ・アルバムをリリースする可能性は低い。ファンがそれを認識すると、『Miseducation』はフォークロアのような作品となった。2001年夏にレコーディングされ、MTVのライヴ・レコーディング・シリーズの一環として2002年にリリースされた『MTV Unplugged No. 2.0』は、ソロ・アルバム後に発表された唯一の作品だが、アコースティック・ギターによる不安定な瞑想といった趣のパフォーマンスは、私を含めファンには理解されなかった。

ローリンを愛するがあまり、メインストリーム、ヒップホップ双方のファンは、セカンド・アルバムを出さないローリンの後継者を探そうと躍起になった。「5 O'Clock」で名声を博したノンシャラントや、2016年のミックステープ『Telefone』でデビューし、早くからローリンと比較されていたノーネームなどが後継者候補に挙げられた。ノーネームもローリン同様、カーディ・Bのようにセックス・アピールを売り物にする女性ラッパーの支配からヒップホップを救う役割を担っているかのように扱われた。「私がこの世代のローリン・ヒルだとか、私が他の女性がやらない音楽をやってるコンシャス・ラッパーだとか、そんなツイートをしている人たちをいまだに見かけるけど、そういう話は信じていない。私は何かに反対しようとは思わないし、別の何かを支持しようとも思っていないから」と、ノーネームは2018年にフェイダー誌で語っている。

ローリンは当初、単独のプロデューサー兼コンポーザーとしてアルバムのライナーノーツにクレジットされていたが、その後4人のプロデューサー（ラシーム・ピュー、ヴァーダ・ノーブルズ、テジュモンド・ニュートン、ジョハリ・ニュートン）が、適切なクレジットを与えられていないと彼女を訴え、大きなニュースになった。2001年、訴訟は和解に至った。『Miseducation』の楽曲制作に、ローリンはどれだけ関与したのか？　貢献度をめぐる混乱で、ローリンの評判は傷ついた。また、彼女はその後、自分のコンサートに遅刻するようになり、この遅刻癖も彼女の評判を傷つけただけでなく、ジョークのパンチラインとなった。「い

MISEDUCATION WAS A WORK CLOUDED IN FOLKLORE ONCE FANS REALIZED THAT THE ODDS OF LAURYN HILL RELEASING ANOTHER SOLO ALBUM WERE LOW.

ローリン・ヒルが再びソロ・アルバムをリリースする可能性は低い。ファンがそれを認識すると、『Miseducation』はフォークロアのような作品となった。

い加減だからショウに遅れているわけじゃない。ファンに対しては、愛とリスペクトしかないし。自分のエネルギーを時間に合わせることが難しいの。簡単には分類も収容もできない（エネルギーという）ものを、他の人たちにも与えられるようにしているのだから」と、彼女は2016年に述べている。ローリンならではの台詞だ。

ローリンの天才ぶりと同じくらい、破滅ぶりも人々の記憶に残るだろう。それでも、彼女のオーラは神秘的で、人々を崇拝させた。またそこには、ソロのスタジオ・アルバムを1枚しか聴けない私たちが抱える、若干の失望感も漂っていた。

VITA

ヴィータ

◆ ◆ ◆

NEVER FORGET（功績）:
ビルボード誌ホット100チャートで8位を獲得した「Put It On Me」をはじめ、ジャ・ルールのメロディックなアンセムに参加し、印象を残している。

WHO SHE IS（略歴）:
ニュージャージー州のプレインフィールド出身のヴィータ（ラヴィータ・レイナー）は10代の頃、クイーン・ラティファなどのショウで前座を務めていた。姉のキーマがR&Bトリオのトータルで活躍していたため、音楽業界のコネはあったが、ヴィータは俳優業を通じてラップに参入した。1998年の映画『BELLY 血の銃弾（Belly）』に出演後、プロデューサーのアーヴ・ゴッティとジャ・ルールに出会い、マーダー・インク・レコードの最盛期に同レーベルと契約した。

LISTEN（必聴トラック）:
「Down 4 U」のマーダー・インク・リミックスの中で、ヴィータは独特の幼い声で、「Vita thighs only divide（ヴィータの股が開くのは）／If you inside（あなたが入ってる時だけ）」と誓っている。

◆ ◆ ◆

1998年公開の映画『BELLY 血の銃弾（Belly）』は、いくつかの理由でヒップホップ界の伝説となった。雑なプロット、下手な演技（ナズ……）、超過した予算など、欠点も多いが、映像は見事だった。冒頭のシーンでは、ドラッグ・ディーラーの主人公トミーを演じるDMXと、パートナーのシンシアを演じるナズが、ニューヨークのストリップクラブの中を歩いている。ソウル・Ⅱ・ソウルの「Back to Life」のアカペラ・ヴァージョンがかかる中、光沢のあるサファイア色の照明を浴びる2人の体は、油絵の被写体のようだ。同映画を語る多くの人々が、真っ先に触れるシーンである。監督のハイプ・ウィリアムズは、長編映画デビュー作（そしてこれが唯一の映画となった）で、華やかなミュージック・ヴィデオの美学を極限まで取り入れた。そして世界は、この映画でヴィータに出会った。

ヴィータは21歳前後で、同映画のオーディションを3回受けた。2人の出会いは、ウィリアムズが監督し、ヴィータがエキストラとして出演したシアーズ（デパート）のコマーシャル撮影だ。その後、ウィリアムズは自身のマネジメント会社でヴィータと契約を結び、『BELLY』では彼女を16歳のキオンナ役に抜擢した。トミーはガールフレンドがいるにもかかわらず、そしてキオンナが未成年であるにもかかわらず、彼女とセックスする（キオンナの年齢は、映画の中で大きな問題となるべきだったが、『BELLY』の世界ではノーチェックだった）。「彼女が入って来た時、すぐに『この人だ』って反応になったのを覚えている」と、『BELLY』でキャスティング・ディレクターを務めたウィンサム・シンクレアは語る。「彼女は、ハイプが求めていたエネルギーを役柄に吹き込んでくれた」。

ヴィータは『BELLY』で映画デビューを飾っただけでなく、ラッパーとしてもデビューを果たした。ホット・トッティ名義（「私はラム酒を入れた熱いコーヒーだから。家族はバミューダ出身だし」と、彼女はMC名を説明している）で「Two Sides」をレコー

ディングし、同映画のサウンドトラックに収録されたの
だ。ヘリウムガスを少し吸ったような高い声で、彼女は
妻の視点と愛人の視点をラップしている。当初はマー
ダー・インクのコンピレーション・アルバム『Irv Gotti
Presents: The Murderers』にゲスト参加するだけの予定
だったヴィータだが、本格的にレーベル契約する運びと
なった。

　ヴィータは、ラッパーのジャ・ルールが所属するマー
ダー・インク・レコードの一員として、2000年代前半
を代表するヒット曲に参加した。当時は、ジャ・ルール
のメロディアスでギャングスタなラヴ・バラードがチャ
ートを席巻していた。ラジオでは、毎日のようにジャ・
ルールの曲が流れていた。ヴィータはジャ・ルール
の小柄で忠実な相棒として、「Holla Holla（Remix）」や
「Down 4 U」といった曲のヴィデオに出演している。2
人のコラボ曲で最大のヒットとなった「Put It On Me」
では、恋人への献身を語るジャ・ルールに寄り添い、ヴ
ィータも自身のヴァースで誠実さを語っている。ジャ・
ルールやアシャンティのような多才なアーティストが所
属するレーベルで、ヴィータも全く引けを取らなかった。
「私が書いた初めての曲は、2週間かけて作った『Two
Sides』。自分に曲を書く才能があることは知っていたけ
れど、マーダー・インクに入って、ちょっとハードコア
になった」とヴィータは語る。「曲作りにはある種の方
程式があったから、私はキャデラック・ターと曲を書い
た。彼は、キムにとってのビギーみたいな存在だった。
私たちはお互いに学び合っていたから、彼から一方的に
教えてもらうって感じではなかったけどね。それから私
は、マーダー・インクのアルバムでも曲を書いている。
ライターとの共作に抵抗はなかった。みんなに十分のお
金が行き渡るはずだと思っていたから」。

　ジャ・ルール、ヴィータ、チャーリー・ボルティモア
といったマーダー・インクの所属アーティストは、ラッ
プ・アニメの声優のように個性豊かだった。「メロディ
や、ジャのラップのリズムについて言えば、マーダー・
インクには、大勢の人が模倣する方程式があった。（トゥ
ゥ）パックも皆を惹きつける型を持っていたけれど、ジ
ャはそれをさらにレベルアップした感じ」とヴィータは

語る。彼女は小さな体と独特な声を持つ、クールな妹分
だった。「セックスを売りにしろってプレッシャーは感
じなかったし、セクシーでいなきゃいけないとも思って
いなかった。自分らしいことしかやってこなかったと思
う」と彼女は語っている。ヴィータがソロ・デビュー作
となる『La Dolce Vita』を制作中、ハイプ・ウィリア
ムズがヴィジュアル、アーヴ・ゴッティがプロダクショ
ンを担当することになっていたが、ハイプとアーヴは方
向性をめぐって衝突し、彼女曰く、アルバムは完成しな
かったという。

　マーダー・インクの共同設立者だったアーヴ・ゴッテ
ィと兄のクリス・ゴッティに連邦政府の捜査が入ると、
全員の計画は頓挫してしまった。ヴィータは裁判が始ま
る前にマーダー・インクを脱退し、ラップからも引退す
ると、俳優業と他のアーティストの育成に転向した。

SHOUTOUTS!
シャウトアウト！

M.I.A.

◆ ◆ ◆

NEVER FORGET（功績）：
2009年のグラミー賞でパフォーマンスしたM.I.A.は、妊娠9カ月の体を水玉模様のシアードレスに包んでいた。

WHO SHE IS（略歴）：
M.I.A.（マーヤー・アルルピラガーサム）は、2003年にリリースしたデビュー・シングル「Galang」で、カラフルなスタイルと、ジャンルをミックスする才能を武器に、音楽業界のドアを蹴破った。ドキュメンタリー作家のようなアプローチでラップに臨み、アメリカに住む有色人種の苦悩（「paranoid youth blazing through the hood [フッドを突き進むパラノイヤの若者]」）と、スリランカ生まれのタミール難民としての自身の経験（8歳で母とロンドンに移住）を関連づけた。『Arular』（2005年）、『AIM』（2016年）を含む5枚のアルバムをリリースしている。

LISTEN（必聴トラック）：
銃の撃鉄を起こす音や、レジの音がコーラスに入った「Paper Planes」は、セス・ローガン主演の映画『スモーキング・ハイ（Pineapple Express）』に起用され、ビルボード誌ホット100チャートで最高3位を記録するヒット・シングルとなった。

◆ ◆ ◆

LIL MAMA
リル・ママ

◆ ◆ ◆

NEVER FORGET（功績）：
VH1で放送されたTLCの伝記映画『CrazySexyCool』で、レフト・アイ役を熱演。アカデミー賞に値する演技だった。

WHO SHE IS（略歴）：
2006年の夏、DJウェブスターとヤング・Bが「Chicken Noodle Soup」をドロップすると、小規模なハーレム・ルネッサンスが起こった。ヴァイラル・ヒットとなったこのパーティ・ソングをきっかけに、ダンス・ラップ時代が到来する。2007年には、小柄でエネルギッシュなハーレム出身のリル・ママ（ニアーシャ・カークランド）が、シングル「Lip Gloss」とデビュー・アルバム『Voice of the Young People』をリリース。その後、ラップからテレビに進出し、「America's Best Dance Crew」の共同ホストや、リアリティ番組「Growing Up Hip-Hop」のキャストとして活躍。

LISTEN（必聴トラック）：
「Lip Gloss」は、キスしたくなる唇が好きな男子について語ったティーン・バップ。

◆ ◆ ◆

RAPSODY
ラプソディー

NEVER FORGET（功績）:
2017年の『Laila's Wisdom』で、グラミー賞の最優秀ラップ・アルバム部門にノミネートされた5人目の女性ラップ・アーティストとなった。

WHO SHE IS（略歴）:
ノースカロライナ出身のラプソディー（マーランナ・エヴァンス）を知ったきっかけは、ケンドリック・ラマーというラップ・ファンもいるだろう（『To Pimp a Butterfly』収録の「Complexion [A Zulu Love]」で、2人は肌の色についての考えを語り合っている）。しかしその前から、ラプソディーは知性溢れる勤勉なラッパーとして、プロデューサーのナインス・ワンダーが主宰するイッツ・ア・ワンダフル・ワールド・ミュージック・グループと契約し、数々のミックステープやEPをリリースしていた。過小評価されていたラプソディーだが、2018年にグラミー賞のノミネートを受けたことで、ようやく正当な評価を受ける。2016年にリリースされたサード・アルバムの『Eve』は、影響力のある黒人女性に捧げられた作品で、各曲のタイトルは、レジェンド（ニーナ・シモン、オプラ・ウィンフリーなど）にちなんでいる。

LISTEN（必聴トラック）:
メロウに沈思する「OooWee」（アンダーソン・パークをフィーチャー）で、ラプソディーはミレニアル世代の代弁者としての役割を引き受けている。

♦ ♦ ♦

DEJ LOAF
デージ・ローフ

♦ ♦ ♦

NEVER FORGET（功績）:
高校時代にローファーを履いていたことが、ラップネームの由来だ。

WHO SHE IS（略歴）:
デトロイトのイーストサイドで育ったデージ・ローフは、2014年のシングル「Try Me」で大ブレイクし、同年にはコロムビア・レコードと契約を結んだ。ストリート受けする魅力が際立っていたデージは、ゴージャスな毛皮を愛するそのファッションセンスで、ヴォーグ誌やエル誌にも取り上げられた。2020年時点でメジャー・デビュー・アルバムをリリースしていないが、シングルやミックステープをコンスタントに発表し、EPも2枚（2015年の『And See That's the Thing』と2018年の『Go Dej Go (Vol. 1)』）リリースしている。「私の声はずっと個性的だった。マイク（・ジャクソン）やホイットニー（・ヒューストン）のようなヴォーカルじゃないけど、私には独特のサウンドと声があるから、自分なりに凄くなれる気がしているし、成功する方法を見つけられると思っている」と、彼女は2016年に行われたフェイダー誌のインタヴューで語っている。

LISTEN（必聴トラック）:
「Try Me」は、甘美なメロディを持つ威嚇的なストリート・レコード。まるで、「ラグラッツ（Rugrats）」のトミー（赤ん坊）が喧嘩を売っているようだ。

♦ ♦ ♦

KHIa

キア

♦ ♦ ♦

NEVER FORGET（功績）:
VH1のリアリティ・シリーズ『Ego Trip's Miss
Rap Supreme』で、彼女は名曲「Respect
Me」（リスペクト・ミー）を初パフォーマンスし
た。

WHO SHE IS（略歴）:
キア（キア・チェンバース）は、14歳で家を飛
び出すと、ウェスト・タンパ・プロジェクトで暮
らし始め、高校時代に第2子となる娘を妊娠（名
前はキア）。最初はシンガーだったがラッパーに
転向し、タンパのクラブ・エクセスでバーテン
ダーをしながら、2002年のデビュー・アルバム
『Thug Misses』をレコーディングした。ジャネ
ット・ジャクソンの「So Excited」（2006年）
に抜擢されてラップを担当したことは、特筆に値
するだろう。

LISTEN（必聴トラック）:
もちろん「My Neck, My Back」だが、嫉妬
深い女性たちをディスる「Jealous Girls」もお
すすめ。ハードな808が印象的なダンス・トラ
ックだ。

♦ ♦ ♦

「My Neck, My Back (Lick It)」は、キアがラップ界にもたらした最大の貢献だ。これは、クンニリングスとアニリングスに関する史上最高（そしておそらく史上唯一）の楽曲である。ファースト・ヴァースに登場する指導的なフレーズが、この上なく素晴らしい。「First you gotta put your neck into it...（まずはしっかり首を使って……）」、「just lick it right and good（正しく、上手に舐めりゃいいの）」とキアはラップしている。

　同曲は、2002年にアルバム『Thug Misses』からのリード・シングルとしてリリースされたが、これに先立って、90年代後半にはリル・キムとフォクシー・ブラウンが性革命を起していた。リル・キムは、デビュー・アルバムの実質的な1曲目「Big Momma Thang」の冒頭で、「I used to be scared of the dick（昔はディックが怖かったんだけど）／Now I throw lips to the shit（今じゃがっつり咥えこんでる）」と公言していた。ラップにおけるオーラル・セックスに、輝かしい瞬間が訪れた。リル・キムが突破口となり、キアのようなラッパーが、さらにフリーキーな表現をする扉も開かれたのだ。「私たち、吸ったり舐めたり、男に尽くしまくってきたでしょ。どう喜ばせてもらいたいか、私からも言っとかなきゃと思って」。2006年、XXL誌用に私がインタヴューすると、彼女はそう語っていた。ビルボード誌のホット100チャートでは42位にとどまった「My Neck, My Back」だが、瞬く間にラップ史に残る名曲となった。「neck and back（首と背中）」と「my pussy and my crack（私のプッシーと割れ目）」を組み合わせた点も凄いが、「Lick it good（しっかり舐めて）」、「Get on your knees（ひざまずいて）」など、キアがまるで箇条書きで説明するかのように、自分の要求を気軽に挙げている点も見事だ。

　ダイアン・マーテルが監督した同曲のミュージック・ヴィデオ（アメリカ版）でのキアは、他の女性たちとパーティ（バーベキューやプールサイドなど）を楽しんでいるが、卑猥なシーンはない。「ヴィデオの中の私は、ペディキュアを塗って、ヘッドラップを巻いて、自然体のクイーンだった」とキアは私に語った。「お尻を丸出しにした女子が腰を振りまくったり、バフィ・ザ・ボディみたいなラップ・ヴィデオの常連モデルが出てきたりってのは、一切なかった」。

「My Neck」で、キアは真骨頂を発揮した。無遠慮で、淫らで、有無を言わせないのだ。しかし、「My Neck」以降のキアは、マイアミのトリーナとのビーフなど、音楽よりも舌戦で評判になった。「ビッチ、ヒットしたシングルの数、私よりも少ないくせに」とキアがトリーナに言ったこともあるが、これは事実と異なる。それでもキアには、「首と背中」という永遠のクラシックがある。

A SELECTION OF LEWD LYRICS

卑猥なリリックの数々

◆ ◆ ◆

**You can li-li-li-lick me
from my ass to my clit
Ru-ru-ru-rub up on my tits
while I nut on ya lips**

私のお尻からクリトリスまで舐めて
私が舐められてイクあいだ、
おっぱいもしっかり揉んどいて

**フォクシー・ブラウン
「What's Your Fantasy (Remix)」**

◆ ◆ ◆

**I like a dick with a little bit of curve
Hit this pussy with an uppercut**

ちょっと曲がってるディックが好き
その曲がったチン〇で、このプッシーをアッパーカット

**ミーガン・ジー・スタリオン
「Captain Hook」**

◆ ◆ ◆

**Put yo tongue in and out the back end
Put it in deep, watch this pussy start snappin**

後ろから舌を出し入れして
深く入れて、このプッシーが痙攣するのを見て

**キア
「Lick Me Dry」**

◆ ◆ ◆

**Hold on for a second while I lay on the floor
When I wrap this pussy
around your goddam chin**

ちょっと待って、床に寝そべるから
このプッシーで、あなたの顎を包み込むよ

**H.W.A.
「Eat This」**

◆ ◆ ◆

**Real bossy bitch,
five racks on my tits
Make him lick my clit,
then I get up and dip**

ガチでボス風吹かせる私、
おっぱいには5000ドル載せて
彼にクリを舐めさせたら、私は立ち上がってバイバーイ

**J.T./シティ・ガールズ
「Millionaire Dick」**

◆ ◆ ◆

**I know you like the way I bounce that, strip
that, flip back
Make the pussy drip back**

好きなんでしょ、私がお尻を弾ませて、服脱いで、
ひっくり返るのが
プッシーを滴らせるのが

**トリーナ
「Off Glass」**

TRINA

トリーナ

◆ ◆ ◆

NEVER FORGET（功績）：
ひとつのヴァースに、卑猥なリリックを詰め込む類い稀な能力。

WHO SHE IS（略歴）：
マイアミのリバティ・シティで育ったトリーナは、ラッパーのトリック・ダディと出会い、ダーティなデュエット「Nann Nigga」をレコーディングした。不動産業者を目指していた彼女だが、同曲で一躍脚光を浴びると、スリップ・ン・スライド・レコードと契約を締結。2019年には、6枚目のアルバム『The One』を自身が興したロックスター・ミュージック・グループからリリースした。

LISTEN（必聴トラック）：
「Pull Over」は、立派すぎて犯罪レベルのお尻を称賛する曲だ。

◆ ◆ ◆

トリーナというラッパーの最大の強みは、セックスとお金への執着と、その2つをテーマにしたラップが非常に上手いことだ。彼女は持ち歌の大半で、お金についてラップしている。お金を稼ぎ、奪い、コントロールする——お金とセックスはできないが、それ以外のことなら何でもやってのける——これも全ては自立のため、富と快楽を得るためなのだ。

トリーナは、1998年の「Nann Nigga」でラップ界にデビューした。これは同じマイアミ出身のトリック・ダディとのコラボ曲で、「私／俺のような人、他に知らないだろう」という内容である。まずはトリック・ダディが、自分のようにドラッグを売り、クラブで派手に金を使う男はいないとラップする。しかし、トリーナが次のヴァースを始め、自らの恥知らずな功績を並べ立てると、全てが吹き飛んでしまう。「You don't know nann ho（他に知らないでしょ）／Done been the places I been（私が行ったような場所に行き）／Who could spend the grands that I spend（私みたいに金を使える女）／Fuck 'bout five or six best friends（親友5、6人とファック」。さらに彼女は、「make you cum（あなたをイカせて）」、「deep throat a dick（ディックを喉の奥まで咥えこみ）」、「let another bitch straight lick the clit（他の女にクリを舐めさせる）」と卑猥なフレーズを連発する。これが、世に初めて出たトリーナのラップだった。

トリーナは10年間で5枚のアルバムをリリースし、経済的に成功する方法や、資本主義システムの中で男性を操る方法を女性に伝授した。彼女はファースト・アルバムを『Da Baddest Bitch』（2000年）と名づけると、あらゆる類のセックスを愛していると公言し、責任を持って男を騙すことを奨励し、甲斐性のない男性が消耗品であることを証明した。「I'm getting paid, yelling fuck a man!（私は金を稼いでる、ファック・ア・マン！って叫びながら）」という

1ラインで、彼女は男性を退けながら（男なんて知るか！）、男性を誘惑する（男をファック）という2つの意味を込めることに成功している。「みんなファックしてる。あなたのママだってファックして、あなたが生まれたんだから。恥ずかしがるようなことじゃないでしょ」と彼女はヴァイブ誌に語っている。しかし、ケリー・ローランドをフィーチャーした「Here We Go」など、憂鬱や別離を語る曲では、脆い一面を見せ、ダイアモンド・プリンスのトリーナにだって、たまには慰めが必要であることを印象づけた。

「1998年にデビューした時、ああいった強烈な声とモチベーションを必要としている女性がたくさんいるなんて、思ってもいなかった」とトリーナは語る。「私がデビューするまで、マイアミ出身の女性ラッパーは軽く見られていた」。

トリーナの故郷マイアミでは、ルーク・スカイウォーカーとしても知られるルーサー・キャンベルが、ダーティなラップのキングだった。クラブのオーナーだった彼は、ツー・ライヴ・クルーのブレーンでもあった。90年代、アメリカで最も卑猥なこのクルーは、ポルノぎりぎりのラップとヴィジュアルで、保守派とリベラル派の両方から目くじらを立てられていた。高校時代のトリーナは、ルークが経営するパック・ジャムに通っており、このクラブは無修正のどぎついラップ・ソングをかけることで知られていた。どれもマイアミ・ベースの基盤を作った音楽である。ここでは定期的にダンス・コンテストも開催されていた。

トリーナは15歳くらいの頃に、パック・ジャムで踊っていた友人に誘われて、シングル「It's Your Birthday」をレコーディングしているルークのスタジオを訪ねた。セッション中、彼女はルークが誕生日を祝うロールコールをしているパートで、自分の名前を言うことになった。また、同曲のミュージック・ヴィデオにも2秒ほど登場している。前髪を垂らし、黒いドレスを着た女性がトリーナだ。

トリーナはリバティ・シティでトリック・ダディに出会った。ここは黒人居住区で、2人が住んでいただけでなく、ルークの出身地でもあり、3人が通ったマイア

ミ・ノースウェスタン高校があった。トリーナの母親は地元ではよく知られた美容師で、地元ではみんながトリーナのことを知っていた。「高校時代の彼女はスターだった。O脚の綺麗な女の子だって、みんなから注目を浴びていた」と、スリップ・ン・スライド・レコードを設立したテッド・ルーカスは語っている。「彼女はいつも取り巻きを引き連れていた。彼女のお母さんはフィフティーンス・アヴェニューで美容院を経営していて、成功者の家系だったんだ」。

地元のストリップ・クラブは、文字通りマイアミ・ベースの温床となっていた。ローランドのTR-808、サステインしたキックドラム、サウンドシステムを破裂させるかのような重低音。そこに金と快楽の追求を加えたのがマイアミ・ベースだ。1990年に、ルークはスピン誌のインタヴューでこう語っている。「ニューヨークには知的なラップがある。マイアミには、楽しんで羽目を外せるラップがある。『オールドスクール万歳』みたいな戯言は、ニューヨークに任せているよ。俺たちは『万能のドルに万歳』なんだ」。

トリーナは、ルークのメッセージを理解していた。20代になった彼女は、人気ストリップクラブ、ロレックス（Rolexxx）で週に1000ドル稼いでいたが、自分はストリップに向いていないと悟り始めていた。一方、トリック・ダディは刑務所を出たり入ったりしながら、ラップ界での足掛かりを得ようとしていた。セカンド・アルバム『www.thug.com』のレコーディングを始めると、趣味でラップしていた旧友のトリーナに声をかけ、「Nann Nigga」に参加してもらった。2人がトラッシュトークを繰り広げるこのシングルで、トリック・ダディはトリーナに支配的な役割を与えた。

トリーナは1カ月をかけてヴァースを書き、トリック・ダディは過激さを増そうと、彼女のリリックの一部を書き換えた。同曲は、マイアミをはじめ全米でヒットした。トリーナが、リル・キムよりも生々しくセックスについてラップしていたからだ。「レコードを出してから2週間もしないうちに、客演してほしいって1万ドル払うヤツらが続出した」とテッド・ルーカスは語る。ルーカスが電話とEメールで何カ月もラヴコールを送った

WHEN I WAS INTRODUCED TO THE WORLD IN 1998, I DID NOT REALIZE THAT THERE WERE SO MANY WOMEN WHO NEEDED THAT RAW VOICE AND MOTIVATION.

1998年にデビューした時、ああいった強烈な声と
モチベーションを必要としている女性がたくさんいるなんて、
思ってもいなかった。

> **❝**
>
> トリーナが最高にバッドなビッチを自称した時、それが既に彼女の
> キャラだった。わざわざキャラを作る必要はなかった。あのキャラは、
> 母親から受け継いでいるんだ。あれが本当の姿だよ。
>
> **❞**

結果、トリーナはトリック・ダディとともにスリップ・ン・スライド・レコードと契約を結んだ。「Nann Nigga」はビルボード誌のラップ・シングルズ・チャートで第3位を獲得し、トリーナは過激なリリックの女王となった。彼女は曲の中で、セックスをしていることや、セックスを求めていることを語り、自分好みのセックスを説明していた。まるで、男性が書いた猥褻なリリックに対抗するかのような内容だった。トリーナは、女性による猥褻な性的表現を正当化した。また、セックスについての議論から恥を取り除くことで、黒人女性を解放した。「女性が自らの性的充足のための能動的な主体としてではなく、行為を受ける身体としてのみ想像される世界において、女性のエロティシズムを讃え、安全のみならず快楽を得る権利を讃える言葉は、それ自体が革命なのだ」と、ハンナ・ギオルギスはピッチフォーク（ウェブサイト）に記している。

　マイアミで開花したアップテンポでダーティな楽曲を独自に解釈し、トリーナは自らの音楽を生み出した。「JTマネーやツー・ライヴ・クルーなどは、男性の視点から卑猥なリリックをラップしていた」とルーカスは言う。「セックス・トーク、エロ話──それがマイアミだった。生々しくて赤裸々。トリーナは、他の女性が言わないことを言っていた。公に話していたんだ」。マイアミ・ベース・シーンでは、性的なラップをする人材が豊富だ。トリーナも、その流れを汲んでいた。「トリーナ

はアンケートからバトンを受け継ぎ、そこにストリートなエッジを持ち込んだ」とブラック・モブ・グループのアーネスト・フォックスは語る。フォックスのプロダクション・パートナーを務めるトニーも、「トリーナが最高にバッドなビッチを自称した時、それが既に彼女のキャラだった。わざわざキャラを作る必要はなかった。あのキャラは、母親から受け継いでいるんだ。あれが本当の姿だよ」と言い添えている。

「Nann」がリリースされたのは、ラップ業界が新たな富を生み出した時代だった。ヒップホップがメインストリームを乗っ取りつつあった頃で、（カントリー・ミュージックを除いて）全米で最も売れるジャンルの記録を塗り替えようとしていた。1999年、タイム誌は「ヒップホップ・ネーション」と題した特集で大きな話題を呼び、ヒップホップの台頭についての記事を掲載した。その記事の中で、クリストファー・ジョン・ファーリーは、「ヒップホップはおそらく、資本主義を公然と称賛する唯一の芸術形態だろう」と書いている。

　ラップには、拝金主義の歴史があるが（エリック・B.＆ラキムの「Paid in Full」然り）、その焦点は、お金を求めるところから、実際にお金を手にすることへと移った。ラッパーがミリオネアとなり、ヒップホップの経済力が飛躍的に向上すると、90年代半ばから後半にかけて、富を求めてやまないアスピレーショナル・ヒップホップが発展した。ライターのスコット・プールソン・ブ

ライアントがヴァイブ誌で予言していたように、この時代からヒップホップは「資本主義のゴールに向って猛烈にダッシュ」しはじめた（このスタイルを広めたのはショーン・"パフィ"・コムズで、彼はヒップホップの露骨な拝金主義時代を始めた人物だとされている）。1998年に、ジェイ・Ｚとジャーメイン・デュプリの「Money Ain't a Thing」がヒットすると、これがトレンドとなった。さらに1年後には、リル・ウェインが「ブリン・ブリン（Bling Bling）」という概念を生み出した。

　これは猛烈な物質主義で、貧しき者たちのカウンターカルチャーから脱却する動きだった。しかし見方を変えれば、ヒップホップが経済を支配することにより、黒人アーティストには手に入らないと思われて久しかったアメリカン・ドリームが、ようやく手の届く場所まで来たことを意味していた。トリーナが富を追求したのは、お金を手に入れる喜びだけでなく、豊かさに付随する利益や特権を手に入れたかったからだ。さらに重要なのは、彼女の曲を聴いて、女性たちがパワフルでリッチな気分になれたことだった。「Da Baddest Bitch」は、仕事の面接前に気分を上げてくれる音楽だ。「Shit, it pays to be the boss, ho（ったく、ボスになることに損はないよ）」という台詞は、どんなTEDトークよりもよっぽど効果がある。ジョーン・モーガンは『When Chickenheads Come Home to Roost』の中で、「トリッキン（trickin'）とは、明らかに性差別的な世界で優位に立つために、自分のルックス、女性らしさ、思わせぶりな態度を利用する女性の能力のことである」と記している。

　トリーナのデビュー前に、リル・キムはファースト・アルバム『Hard Core』で、「I'm drinkin' babies（赤ん坊の種／精子を飲んでる）」など、生々しい表現を連発していた。こうした言葉が、トリーナのような女性ラッパーを解放したのだ。「Da Baddest Bitch」だけでも、トリーナは「I'll make him eat it while my period on（生理中だって彼に舐めてもらうから）」、「I'd probably fuck ya daddy if ya mammy wasn't playa hating（あなたのママさえオッケーなら、あなたのパパともファックしちゃう）」、「If I had a chance to be a virgin again, I'd be fuckin' by the time I'm ten（もう一度処女に戻れたら、10歳までにはヤリまくってる）」とラップしている。

　ミーガン・ジー・スタリオンや、マイアミのシティ・ガールズといったアーティストにも、トリーナの影響がみられる。後者は大ヒット・シングル「Act Up」でこうラップしている。「If his money right, he can eat it like a Snicker（金がある男なら、私のプッシー、スニッカーみたいに食べていいよ）」。

HONORABLE MENTION
特別賞

Beyoncé

ビヨンセ

◆ ◆ ◆

2013年に「Bow Down」がティーザー・シングルとしてリリースされた時、ビヨンセが優れたラッパーであることを知らなかった人々も、彼女のラップの力量に気づいた。特に同曲の後半で、ラップの才が炸裂している。オペラ調の歌声をバックに、自信満々なリリックをラップする彼女のヴォーカルは、劇的にスローダウンされている。話すようにラップするスタイルや、ヒューストンらしいゆったりとしたラップ・スタイルを駆使するビヨンセが、「Formation」をはじめ、ミーガン・ジー・スタリオンの「Savage (Remix)」や、DJキャレドの「Shining」などでそのスキルを披露するたびに、アメリカは緊急事態のような大騒ぎとなった。

A BRIEF HISTORY OF WOMEN

歌の中でお金を要求する女性たち

◆◆◆

Fucks, no, I see half of that dough
Made you into a star,
pushing hundred-thousand-dollar cars.

ファック・ノー、半分は私の金
あなたを10万ドルの車に乗ってる
スターにしてやったんだから

フォクシー・ブラウン
「AIN'T NO NIGGA」1996年

◆◆◆

Creeping on the come up on the mission to get, paid
Haters want to stunt up
But they run up in my, face.

金を儲けるってミッションをこっそり遂行中
ヘイターたちはイキがってても
私に駆け寄ってくる

ミア・X
「MISSION 2 GET PAID」1995年

◆◆◆

I'ma throw shade if I can't get paid
Blow you up to your girl
like the Army grenade.

金を払ってくれないなら、公然とディスるよ
軍隊の手榴弾が爆発するみたいに、
あなたの彼女にこの関係もバラすし

リル・キム
「CRUSH ON YOU (REMIX)」1996年

◆◆◆

Fuck being broke for days
Ladies gots to get paid.

何日も金欠とか勘弁
女ってもの、金はもらわなきゃ

ギャングスタ・ブー
「WHERE DEM DOLLAS AT」1998年

◆◆◆

You ready? Huh, it's time to pay up
The capital S gonna spot.

準備はいい？　支払いの時間だよ
ソルト様のお出ましだからね

ソルト・ン・ペパ
「LET'S GET PAID」1988年

DEMANDING MONEY IN SONGS

♦♦♦

**Nothing in this world
that I like more than checks.**

この世には何もない
小切手よりも私が好きなもの

カーディ・B
「MONEY」 2019年

♦♦♦

**Betta come break me off a fee
Keep yo' girl on yo' bankroll.**

きちんと金、払ってね
しっかり私に支払い続けて

ラ・チャット
「BABY MAMA」 2001年

♦♦♦

**Fuck me, lay me, fuck you, pay me
This is what you made me,
where my money at?**

私とヤッたなら、このクソ野郎、金払えよ
こうなったのもあなたのせい、
私の金はどこ？

ニッキー・ミナージュ、ワイクリフ・ジョン
「SWEETEST GIRL REMIX」 2007年

♦♦♦

I don't lift a finger 'less I'm getting paid.

お金もらわない限り、指一本動かさないよ

サウィーティー
「TOO MANY」 2018年

♦♦♦

**Give me all your money
and give me all your residuals.**

あなたのお金、全部ちょうだい、
残余所得ってやつも全部よろしく

ニッキー・ミナージュ
「DANCE (A$$) (REMIX)」 2011年

La Chat

ラ・チャット

◆ ◆ ◆

NEVER FORGET（功績）:
プロジェクト・パットの「Chickenhead」で披露した彼女のヴァースは、ラチェット・ラップのトップ5に入る。

WHO SHE IS（略歴）:
メンフィスで育ったラ・チャット（チャスティティ・ダニエルズ）は、子どもの頃から詩を書いており、チカソー・ジュニアハイスクール時代は、兄の助けを借りてマーティン・ルーサー・キング・ジュニアについてのラップを書いた。ダンス・コンテストで数々の賞を獲得していた彼女は、後にスリー・6・マフィアが主宰するヒプノタイズ・マインズと契約を結んだが、同グループと不仲になり、インディ・アーティストとなった。

LISTEN（必聴トラック）:
一緒に子どもを作った元カノ／元カレについて不満をぶちまける「Baby Mama」では、スリー・6・マフィアとラップで罵り合う。「Man, this freak has got me stressin' in the court I must confessin'（裁判所で、このクソ女が俺にストレスかけてくる）」とラップするジューシー・Jに、「Need to try and pay yo' fees（養育費、しっかり払ってもらうよ）／Why you out here playin' these hoes?（女たち騙して、何やってんだよ？）」とラ・チャットが返している。

◆ ◆ ◆

俳優／作家のイッサ・レイは、かつてYouTubeで『Ratchetpiece Theater』というVlogシリーズを持ち、お気に入りの「ラチェット」なラップ・ソングを紹介していた。明け透けで、時におバカな南部のパーティ・ラップ。ストリップクラブにぴったりなテンポのビート。「この番組では、フッドの最高級品を称賛します。磨けばダイアモンドのように光るラフネックを見つけるための番組なのです」と、彼女は動画の中で説明している。

「これをラチェットと呼ぶ人もいるかもしれないけど、私はリアルと呼ぶ。ストリートと呼ぶ。ギャングスタと呼ぶ。作り話はゼロ。心地良い言葉で誤魔化したりはしない」とラ・チャットは語る。「私は貧しい人たちを代弁しようとしてる。特に苦闘している女性をね。全てが華やかな話ってワケにはいかない」。ラ・チャットは、華やかな話をするつもりはない。彼女には「Yeah, I Rob」という持ち歌があるが、内容はタイトルの通り（「うん、強盗するよ」）である。

90年代半ばから後半までは、ラップの主流がニューヨークとロサンゼルスに集中していたため、南部は独自に発展せざるを得なかった。しかし、ヒューストン（J・プリンス）、マイアミ（ルーク・キャンベル）、アトランタ（ジャーメイン・デュプリ）、ニューオーリンズ（マスター・P）といった主要都市のラッパーやCEOが、南部のムーヴメント（バウンス、スクリュー、クランク）も全国区の注目やセールスを獲得できることを証明すると、ラップの勢力図に変化が起こり、ラップの世界を根底から覆した。南部のムーヴメントは、東海岸の頑固なファンに他地域の影響力を認めさせ、富を分散させたのだ。

ラ・チャットがスリー・6・マフィアのジューシー・Jから電話を受け、ラップを依頼されたのは、14〜15歳の頃だ。当時の彼女はメンフィスのタレント・ショウの常連で、ジューシー・Jは、共

> これをラチェットと呼ぶ人もいるかもしれないけど、私はリアルと呼ぶ。ストリートと呼ぶ。

通の友人だったリル・ノイドから彼女の話を聞いたのだった。

ドラッグの世界で時間を無駄にするのはやめて、音楽ビジネスに参入しろ、とジューシー・Jはラ・チャットを説得した。これが正しい選択だったことは、すぐに明らかになった。スリー・6・マフィアは、自ら主宰するレーベル、ヒプノタイズ・マインズでレラティヴィティ・レコードと契約を結び、「Tear Da Club Up」などのパーティ・トラックでブレイクを果たした。ラ・チャットも正式にヒプノタイズ・マインズと契約すると、同レーベルからアルバム『Ultimate Revenge』を再リリースし、ポッセ・カットにも参加するようになった。プロジェクト・パット（ジューシー・Jの兄）とコラボした「Chickenhead」で、恋人の喧嘩のようにヴァースのやり取りをしようと提案したのはラ・チャットだ。お互いにライムを書き、それを比べあったという。コール・アンド・レスポンス調のコーラスは、2018年にカーディ・Bが「Bickenhead」で再利用している。

2000年代初頭に南部が主導権を握り、地域的な成功が破竹の大進撃へと変化すると、ノー・リミット・レコードやキャッシュ・マネー・レコードといったレーベルが、このゴールド・ラッシュを享受した。メンフィスでは、スリー・6・マフィアがパーティとホラーコアの王者となり、女性クルーのラ・チャットやギャングスタ・ブーは、ストリッパー、母親、ハスラーなど、南部に住む市井の女性の声を代弁した。

2001年のメジャー・デビュー・アルバム『Murder She Spoke』は、10万枚以上売れたにもかかわらず、ラ・チャットには一銭も入らなかったという。「私がもらうべきお金がどこにあるのか、誰にも分からなかった。ここから抜け出して、自分で金を稼がないとって思った」と彼女は語っている。ラ・チャットはスリー・6・マフィアとヒプノタイズ・マインズから離れると、メンフィスで活動する多くのラッパーと同じように、インディ・アーティストとなった。

AMIL

アミル

◆ ◆ ◆

NEVER FORGET（功績）:
ビヨンセがソロ・アーティストとして参加したごく初期の作品が、アミルのレコードだった。

WHO SHE IS（略歴）:
伝えられるところによれば、アミルは友人のリズ・レイトとモニークを通じてジェイ・Zに出会った（なお、3人はメジャー・コインズというグループ名を持っていたが、実質的な活動はしていなかった）。「Can I Get A...」で女性ラッパーを必要としたジェイ・Zは、アミルとリズをオーディションに呼び、その後のことは周知のとおり。アミルはシングル「Can I Get A...」でゲスト・ヴァースを担当しただけでなく、ジェイ・Zとデイモン・ダッシュがデフ・ジャム傘下で主宰していたロッカフェラ・レコードとの契約も獲得した。2000年にリリースした『A.M.I.L.: All Money Is Legal』が、アミル唯一のメジャー・アルバム。

LISTEN（必聴トラック）:
ジェイ・Zのクラブ・トラック「Do It Again (featuring Amil and Beanie Sigel)」でのアミルは、クラブで捕まえた男性が、ベッドでは期待外れだったとラップしている。

◆ ◆ ◆

1990年代にテレビを見ていた人ならば、ラッパーが出演するスプライトのCMを覚えているだろう。カンフー映画『五毒拳（Five Deadly Venoms）』をベースにした一連のコマーシャルの中で、イヴ（ブロンド・ビー）、ロクサーヌ・シャンテ（ブラック・ウィドウ）、アンジー・マルティネス（ファイアフライ）、ミア・X（レディバグ）、アミル（プレイング・マンティス）という5人の女性ラッパーが、マーシャル・アーツのキャラクターに扮してラップしている。ラッパーのクール・キースが悪役を演じ、伝説的なR&Bシンガーのミリー・ジャクソンが最後のシーンに登場すると、「彼女たちのリリック、凄いでしょ。分かった？」という台詞を決めていた。

今にして思えば荒唐無稽なCMではあるが、コカ・コーラ社が女性ラッパーの力を借りてスプライトを売ろうとしていたという事実は、大きな意味を持つ。またこのCMは、同時期に著名な女性ラッパーが5人いたことと、アミルが抜擢されるほど人気を博していたことも示していた。アミルは当時、ジェイ・Zとデイモン・ダッシュが設立し、一世を風靡したロッカフェラ・レコードと契約していた唯一の女性アーティストだった。アミルは、地球上で一番の大物ラッパーの名声を借りていたのだ。

アミルは独特な声の持ち主で、アニメのキャラクターがマイクを持ち、淫らな言葉でラップをしているかのような印象だった。「彼女の声は、とにかく個性的だった」と、アミルのデビュー・アルバム『All Money Is Legal』収録の「Get Down」をプロデュースしたジョン-ジョン・ロビンソンは語っている。「彼女は高くてソフトな声をしていたけれど、すごい知性的だった」。彼女が注目を集めたきっかけは、1998年にジェイ・Zがリリースした「Can I Get A...」だ。同曲は映画『ラッシュアワー（Rush Hour）』のサウンドトラックと、ジェイ・Zの『Vol. 2... Hard Knock Life』に収録さ

れている。

　なお、これは2人の男性が「自分は女性を惹きつけるほどリッチだろうか」と思案する曲だ。「If I was broke, would you want me?（俺が貧乏でも、好きになってくれるか？）」とジェイ・Zは尋ねる。理想は高く、期待は低く、といったスタンスのアミルは、「You ain't gotta be rich, but fuck that（リッチじゃなきゃダメってわけじゃないけど、それでもさ）／How we gon' get around on ya bus pass（バスの定期じゃ、一緒に出歩けないでしょ）」とラップしている。彼女は野心に興奮しながら、婚約指輪をもらうまでは両親に紹介しない、とも語っている。

　ロッカフェラ所属時代、アミルは数曲に客演し、同クルーを代表する女性ラッパーとなった。当時、ヒップホップはモンスター級の成功を収めており、全米で最も売れているミュージシャンはラッパーだった。どのラップ・クルーも、仲間を1人残らず自身のブティック・レーベルにスカウトし、仲間内で利益を最大化しようとしていた。こうしたクルーには、ヴィジュアル的にも音楽的にも際立つ女性が必ず1人いたが、クルーのリーダーやメンターよりも目立つことはなかった。「『Hard Knock Life』と『Volume 3』の成功で、（ジェイ・Z）は世界の頂点に立っていたから、彼がスカウトした人材ならば、彼のお墨付ってだけで本格的なチャンスを与えられた」とジャスト・ブレイズは語る。アミルのアルバムを手がけた彼は、ロッカフェラとの仕事を通じてプロデューサーとしての評判を高めた。「いいか、あの頃は大物を知ってるっていうだけで、その大物のいとこの妹のドッグウォーカーの医者の娘がレコード契約できるような時代だったんだ。それでも50万枚くらいは売れた。でも50万枚売ったところで、失敗だと思われていたんだ。え？　たった50万？　それじゃ契約を切られるかもなってね」。

　女性の場合、クルーに入っても、単なるお飾りか、クルーを忠実に支える女房役を押しつけられることが多かった。ハスラーから実業家へと転身したロッカフェラの男たちの中で、アミルは「Joanne the Scammer（詐欺師ジョアン）」的な役割を演じ、お金、サヴァイヴァル、男を騙すことについてラップしていた。「彼女は金目当てで男に近づいて、宝石を奪うためだけに男をその気にさせるようなタイプのラッパーだった」とジャスト・ブレイズは語る。

　アミルは自分で金を稼ぐことについてもラップしていた。『All Money Is Legal』からのリード・シングル「I Got That」のヴィデオでは、ビヨンセ（ソロになる3年前）と一緒にルネ・リザードのような高級店で爆買いしながら、「I don't need a man to（男にわざわざ）／Do for Amil what Amil can do（アミルができることをやってもらう必要はない）」とラップしている（イヴもこのヴィデオにカメオ出演している）。同アルバムには、ジェイ・Z、ビーニー・シーゲル、メンフィス・ブリークが参加した豪華なロッカフェラのポッセ・トラック「4 Da Fam」も収録されている。なお、ジャスト・ブレイズはアミルの仕事（当初はアミルがバスゲイトと共演したものの、後にジェイ・Zが気に入って乗っ取った「That's Right」）でジェイ・Zに認められ、重用されるようになった。

　ロッカフェラのアミル時代が到来したが、彼女はすぐさま音楽業界（クラブ、ツアー、駆け引き）に幻滅し、アルバムを1枚リリースしただけでレーベルを去った。「私はナンバーワンになるためなら何でもするようなアーティストじゃなかった。自分を大きく見せようとも思っていなかった。私は業界に反発した。自分が求めていたものじゃなかったから」と彼女はビルボード誌に語っている。ジェイ・Zは幾度か彼女に皮肉を言った。例えば、2001年のアルバム『The Blueprint』のイントロ「The Ruler's Back」では、「Fuckin' with me, you gotta drop a mill（俺みたいになりたいなら、100万ドルは必要／俺にふざけた真似したから、アミルはクビ）」と、アミルの名前を組み込んでラップしている。とはいえ、ジェイ・Zにディスられるのは栄誉なことである。アミルはあっさりと業界を去ってしまったが、彼女の声はロッカフェラのトラックと私たちの心の中に残り続けている。

SHawnna

ショーナ

NEVER FORGET（功績）:
2003年にリュダクリスの「Stand Up」に参加したことで、ビルボード誌ホット100で1位を獲得した女性ラッパー8人のうちの1人となった。

WHO SHE IS（略歴）:
ショーナ（ラショーナ・ガイ）は、シカゴのサウスサイドで生まれ育った。父はブルース・レジェンドのバディ・ガイ。友人のラティーファ・ハーランド・ヤングとインファマス・シンジケートというラップ・デュオを結成すると、シカゴの理容店を回ってデモテープを配り、「Jenny Jonez」という曲を地元でヒットさせた。なお、同グループは短期間だがレラティヴィティ・レコードと契約し、アルバムを1枚リリースしている。リリシスト・ラウンジ・ツアーでリュダクリスに出会い、ディスタービング・ダ・ピースに加入。2004年にはデビュー・ソロ・アルバム『Worth the Weight』、2006年には『Block Music』をリリースした。

LISTEN（必聴トラック）:
ショーナ最大のヒット・シングル「Gettin' Some」（この「some」は「head」を意味している。つまりオーラル・セックスをしてもらうこと）は、コーラスの中でトゥー・ショートの「Blowjob Betty」（1993年）の一節をサンプリングしている。

2000年にリリースされたリュダクリスのデビュー・シングル「What's Your Fantasy」で、ラップ界に迎えられたショーナ。フックのみの登場だったが、淫らな印象を鮮烈に残した。リュダクリスは3ヴァースを使って、ジョージア・ドームの中（「50ヤードライン」）、クラブの中（「DJブース」）、ビーチ（「黒い砂の上」）をはじめ、公衆トイレ、教室、図書館、ホワイトハウスと、自分がファックしてみたい場所を挙げている。アンクル・ルークの精神を受け継ぎ、赤裸々なセックスを語る傑作だ。

しかし、リミックスはオリジナルを遥かに凌駕している。リュダクリスはコーラスのみでラップし、ヴァースはショーナ、トリーナ、フォクシー・ブラウンにヴァースを譲っている。こうして、最高にダーティなポッセ・カットが誕生した。一番手のトリーナは、クリトリスを舐めてくれる男性を探しているとラップし、ショーナは「on top of the projects getting head（プロジェクトの屋上でクリを舐めてもらう）」ことを夢想している。そしてフォクシー・ブラウンは、「Ass in his face（彼の顔に尻を押しつけて）/Cock spread out（ディックも大きく開いてる）」と、普段よりもさらにどぎついライムをしている。「Cock spread out」の意味は不明だが、ナスティな響きであることは間違いない。彼女はまた、「you gotta su-suck the pussy（このプッシー、しっかり吸ってよ）/While I sit on your dick（ディックの上に座っててあげるから）」ともラップしているが、実際の話、こんな体勢は不可能だろう。

シカゴ出身の新人ラッパーだったショーナは、その淫らなイメージで名声を築いた2人の女性とコラボしただけでなく、「What's Your Fantasy」で、リル・キムやトリーナといったセクシュアルなラッパーの後継者に躍り出たのである。トラップ・ミュージック（南部で育ったハスラーたちのアンセム）の登場に加えて、この頃はクランク（リル・ジョン経由）の黎明期でもあり、人気のストリ

ップ・クラブでかかることを前提とした曲が急増していた。「当時は世紀の変わり目で、トップを取ろうとしている音楽が見え始めてきた時期だった」とソース誌の元編集長、キム・オソリオは語る。「ストリップクラブ・カルチャーが、ヒップホップで支配的な力を持とうとしていて、南部がそれを強く推し進めていた……リスペクトを得るためには、ストリップクラブでかかる音楽を作らなきゃならなかった」

リュダクリスのディスタービング・ダ・ピース・レーベルと契約したショーナは、「P-Poppin」（頭と腕で逆立ちをしながら尻を振るという、難しい技についての曲）など、リュダクリスの持ち歌の中でも特に卑猥なトラックにゲスト参加している。ショーナ自身は、人々が想像していたほどセックスばかりを前面に押し出すアーティストではなかったが、この業界では、ラップのスキルを持っていることと、セクシーであることは対極にあるものと考えられており、高度なスキルとセックス・アピールは共存しないとされていた。同世代のアーティストほどではないにせよ、ショーナはセックスについてラップし、セクシュアルな雰囲気を醸し出していた。とはいえ、彼女は昔ながらのリリシストでもあり、ステージ上で2本のマイクを使ってラップしていたことから、ショーティ・トゥー・マイクスとも呼ばれていた。

「彼女は史上最高にハードな女性MCだって、ずっと思っていた」とショーナの元マネージャー、ジョン・モノポリーは語る。彼女にはセックス・アピールがあったが、リリックの才能と素晴らしい声も持ち合わせていた。全てを兼ね備えていたんだ。彼女はおそらく、最も過小評価されているMCの1人だろう」。

ショーナ最大のヒット・シングル「Gettin' Some」は、オーラルセックスを題材にした数少ない伝説的な楽曲とされている。キアの「My Neck, My Back」、アキネリの「Put It In Your Mouth」ほどはどぎつくないが、モノポリーによれば、「絶対にラジオじゃかからないぞ、ダーティすぎる、なんて言われていた」という。この曲は彼女の知名度を上げたが、残念なことに、彼女の見事なスキルを世間に示すには至らなかった。

Remy Ma

レミー・マー

◆ ◆ ◆

NEVER FORGET（功績）：
金属探知機を通らずクラブに入っていたとラップ
している。

WHO SHE IS（略歴）：
レミー・マー（レミニス・スミス）は、ブロンク
スのキャッスル・ヒル・プロジェクトで育ち、ビ
ッグ・パンに師事していた。ファット・ジョーの
テラー・スクワッド・レーベルと契約中に、デビ
ュー・アルバム『There's Something About
Remy: Based on a True Story』（2005年）
をリリース。その後、VH1のリアリティ番組
『Love & Hip Hop New York』に出演し、昔
よりもソフトで賢いイメージを確立した。

LISTEN（必聴トラック）：
R&Bシンガーのニーヨとコラボした夢心地なシン
グル「Feel So Good」では、愛する恋人と
のお喋りや、脚を震わせるようなセックスを楽し
むレミーの穏やかな一面が表現されている。

◆ ◆ ◆

2014年に暴行罪で6年の刑期を終えて出所した後、レミー・マーの人生には、いくつかの選択肢があった。ひとつは、当時最大の人気を誇ったニッキー・ミナージュとコラボし、そこにリル・キム、フォクシー・ブラウン、トリーナ、イヴ、ミッシー・エリオットを加えて曲を作るという選択肢。人生は短いのだから、自分の力を善行に使おうという道である。あるいは、新しい敵を作る、という選択肢もあった。

ラップに復帰したレミーは、平和な道を歩んでいるように見えた。疎遠になっていたファット・ジョーと再会し、夫のパプース（レミーが服役中の2008年に結婚）とVH1のリアリティ番組『Love & Hip Hop』に出演して、自身のブランドを再構築した。全てがうまくいっていた。しかし2017年、レミー・マーは（リリックで）MMA（総合格闘技）のファイター・モードに入ると、ニッキー・ミナージュに標的を定めた。ニッキーが影響力を利用し、儲かりそうなビジネスからレミーを締め出しているという話が、いくつかの消息筋からレミーの耳に入ったためである。

「ShETHER」は、即座に最重要ヒップホップ・ソングの仲間入りを果たした。ナズのジェイ・Zに対する傑作ディス・トラック（「Ether」）に「She（彼女）」を付けたタイトルが、あまりにも秀逸だ。レミーには、ラップで敵を八つ裂きにしてきた歴史があるため、相手が男性、女性、赤ん坊であろうと、彼女がバトルを厭わないことをラップ・ファンは知っていた。ラップ・バトルでレディ・ラックを打ちのめしたこともあれば、「A pregnant bitch talk shit, I'ma destroy her fetus（妊娠中の女が生意気な口きいたら、そいつの胎児を破壊してやる）」とラップしたこともあるのだ。

「ShETHER」では、ニッキーの元カレや整形疑惑について痛烈にディスり、薬物使用の嫌疑にまで触れると、「ラップの女王」の座を奪い取った。このビーフは歓迎すべきことだった。女性ラッパー

2人による健全な競争が復活したということは、対決を面白いものにできるほど影響力のある女性が2人、ラップ界にいることを意味するからだ。同年、ジャドニック・メイヤードはフェイダー誌にこう記している。「ニッキー・ミナージュとレミー・マーによるラップ・バトルの素晴らしさは、ラップ界の女性が、自らの数字（SNSのフォロワー数やストリーミング回数など）と宣伝手段を駆使して、セールスを促進できるレベルまで到達したことが証明されている点である」。

それは、知性と個性のぶつかり合いだった。片方には、決してアンダードッグ（かませ犬）的な精神を失わず、

では、友人のリル・ウェインとドレイクをフィーチャーし（「No Frauds」）、レミーを激しくディスっている。「Heard your pussy on yuck, I guess you needed a Pap（あんたのプッシー、問題ありって聞いたよ、パップが必要なんじゃない？）」と、ミナージュは「Pap」でレミーの夫パブースと、パップスメア（子宮頸部細胞診）という二重の意味をかけている。とにかく、「ShETHER」には、レミーの長所が凝縮されていた。彼女は粘り強く、戦略的で、自らのルールに忠実だったのだ。

1999年のブロンクスでは、体重300キロとも言われていたラテン系ラッパー、ビッグ・パンが最大のスター

> **"**
>
> **女性ラッパー2人による健全な競争が復活したということは、対決を面白いものにできるほど影響力のある女性が2人、ラップ界にいることを意味した。**
>
> **"**

ラップを追求する純粋主義者（レミー）。もう片方には、ポップ・スター／起業家として大成功した元ミックステープ・アサシン（ニッキー）。このビーフによって、「女性ラッパー同士は競争を強いられる」という議論が蒸し返されたが、そもそもラップ・バトルを一般に広めたのは、「Roxanne's Revenge」を出した女性ラッパー、ロクサーヌ・シャンテだったという事実は、忘れられがちだ。

レミー・マーは「ShETHER」でミナージュを追い詰め、すぐに「Another One」と題した2曲目のディス・トラックをリリースした。一方、ミナージュは一気に3曲のシングルをリリースして応戦した。そのうちの1曲

だった。同地域からスターが生まれたのは、80年代のKRS・ワン以来だ。猛烈なスピードのライムで高く評価されていたパンは、ストリート向けのレコードではボクリーのようなヤレを見せる一方で、「Still Not a Player」（R&Bシンガーのジョーをフィーチャー）や「It's So Hard」（ドネル・ジョーンズをフィーチャー）のようなコマーシャル・シングルでは、スムーズなR&B的な感性を発揮した。また、彼は才能を聞き分ける耳の持ち主でもあった。

レミー・マーが初めてビッグ・パンのためにラップしたのは、1999年後半のことだった。パンのデビュー・

アルバム『Capital Punishment』がラジオでよくかかっていた頃である。レミーは母親に付き添われ、ブロンクスにあるパンの自宅でミーティングを持った。その後、レミーはパンのリクエストに応え、この時に披露したヴァースを再利用している。

「Ms. Martin」（ビッグ・パン名義の曲ではあるが、実質はレミーの曲だ）の冒頭で、パンはこう語っている。「Sometimes you gotta send a woman to do a man's job（時には、男の仕事に女を送り込まなきゃならないこともある）」。これは珍しいことだった。2000年4月にリリースされたビッグ・パンの遺作『Yeeeah Baby』収録の同曲で、史上最高峰のラッパーに数えられるパンが、後輩女性のレミーをより攻撃力の高い才能溢れる同胞として紹介し、偉大なラッパーになるだろうと断言しているのだ。この曲は、レミー・マーがニューヨーク屈指のハードなラッパーであると宣言するためだけに存在していた。

レミーはスタジオやミュージック・ヴィデオの撮影現場で、静かにビッグ・パンを観察しはじめ、それは2000年2月にパンが死去するまで続いた。彼女はラップの科学を学んでいたのだ。2017年、プロデューサーのショーン・Cは、コンプレックス誌にこう語っている。「ラッパーであることは、レミーにとって大きな意味を持っていた。最高のラッパーになることも、彼女にとっては重要だった。彼女は最高の女性ラッパーになろうと思っていたわけじゃない」。レミー・マー自身は2016年に「女性ラッパーっていう言葉自体が好きじゃない……ラッパーなら、単にラッパーでいいでしょ。医者の場合は、女医じゃなくて医者って言うんだし」とナイロン誌に語っている。

レミーがパンの友人／メンターだったファット・ジョーとタッグを組んだ時、クルー（ファット・ジョーのテラー・スクワッド）の女性の方が優れたMCであるという、ヒップホップ界では珍しい現象が起きた。レミーはその実力を遺憾なく発揮した。M.O.P.のスティックアップ・アンセム（強盗アンセム）「Ante Up (Remix)」

（2000年）では、金属探知機を出し抜くとラップし、「Whuteva」（2005年）や「Conceited」（2005年）といったラジオ・ヒットでは、ダーティでラフなラップを魅惑的に聴かせている。

ヒップホップの伝統を重んじるレミーは、サウスのラップが勢力を増大する中、ニューヨーク出身の50セントがライヴァルのジャ・ルールに負けじと、メロディアスなラップでプラチナ・セールスを達成していた頃に登場した。「誰もがダーティ・サウスのラップで盛り上がってる」とファット・ジョーは2004年、ヴァイブ誌に語っている。「俺たちもサウスやウェスト・コーストのラップが大好きだ。でも、ニューヨークはヒップホップ界でそのサウンドと存在感を失ってしまった。俺たちは今、股間を摑んでタフを気取ってた頃のヒップホップを復活させようとしているんだ」。レミーは「股間を摑んでタフさを気取るヒップホップ」と、ニューヨーク・ラップの維持に貢献したと言えるだろう。

しかし、デビュー・アルバム『There's Something About Remy: Based on a True Story』のプロモーションを巡ってファット・ジョーと対立したレミーは、苦境に立たされる。2人は関係を断ち、ファット・ジョーはレミーとの契約を打ち切った。しかし、彼女にはさらに深刻な問題が待ち受けていた。2008年、友人の腹部を撃った罪で有罪判決を受けたのだ。彼女が服役していた6年のあいだに、ニッキー・ミナージュは不戦勝で女王の座に就いた。そしてレミーは、前述の「ShETHER」の道へと進むことになる。

レミーは出所後、失った時間をすぐに取り戻した。ファット・ジョーと和解し、アルバム『Plata O Plomo』で再コラボを果たすと、同アルバム収録のシングル「All The Way Up」でグラミー賞にノミネートされた。新たな女性ラッパーが増え、新たなルールを擁するラップ・ゲームで見事復活を果たしたレミーだが、舐めた真似をすれば容赦はしないという、ハードコアな態度は保ったままである。

NICKI MINAJ

ニッキー・ミナージュ

◆ ◆ ◆

NEVER FORGET（功績）:
アレサ・フランクリンの記録を抜いて、ビルボードのホット100チャートに最多曲数を送り込んだ女性ミュージシャンとなった。

WHO SHE IS（略歴）:
ニッキー・ミナージュ（オニカ・マナージ）はトリニダードで生まれ、母が移住先のアメリカで生活基盤を整えるあいだ、祖母に育てられていた。5歳でクイーンズのジャマイカにいる母のもとに移住。その後ラッパーとなり、近所でフリースタイル・バトルを繰り広げていた。これまでに『Pink Friday』（2010年）、『The Pinkprint』（2014年）、『Queen』（2018年）と、3枚のアルバムをリリースしている。数字上の実績だけを見れば、間違いなくラップ界で最大の成功を収めている女性だ。

LISTEN（必聴トラック）:
2009年のミックステープ『Beam Me Up Scotty』収録の「Itty Bitty Piggy」で、ニッキーは自信に満ちた安定のラップを聴かせ、「It's like I singe-handedly annihilated, you know, every rap bitch in the building.（どうやら私、1人でこのビルにいるラップ・ビッチを全滅させたみたい）」と、自画自賛で曲を終えている。

◆ ◆ ◆

ニッキー・ミナージュは、カニエ・ウェストのシングル「Monster」（2010年）で披露したヴァースを持ち歌の中で6回以上も引用している。「Save Me」ではモンスターを自称し（「I'm a bitch, I'm a monster［私はビッチ、私はモンスター］」）、「Win Again」では「I am a monster / This is ambition（私はモンスター／これは野望）」、「Automatic」でも「I'm a monster on the floor.（私はダンスフロアのモンスター）」とラップした。「Massive Attack」でも、「We got Tom Toms over here bigger than a monster（私たちのタムタムは、モンスター以上にデカい）」と、モンスターという言葉を組み込んでいる。また、客演でも「Monster」に言及することを厭わず、ビヨンセの「Flawless (Remix)」では「モンスター・ニッキー」、シアラの「Livin' It Up」では「ネス湖のモンスター」をラップに登場させている。サブリミナル・メッセージとは正反対のアプローチだ。

ニッキーのキャリアにとって、「Monster」は大きな意味を持つ1曲だった。この曲がヒットしたのは、彼女が素晴らしいラップをした女性ラッパーだったという事実が大きい。その上、彼女はその精密なラップを駆使し、メジャーな曲で業界トップレベルの男性ラッパーを凌駕していた。リック・ロスは、同曲のオープニングで唐突にラップを始めるが、記憶には残らない（わずか10秒の出番だ）。次に登場するウェストは「サルコファガス（エジプト石棺）」という言葉をプッシーと絡めて印象的に使っている。ジェイ・Zは、自分のアキレス腱は愛だとラップするが、その奇妙な物言いは、リスナーを当惑させる。ニッキーは最後のヴァースを担当するが、ここが曲の白眉だ。終始ラップのピッチを見事に変えながら、彼女はリリック、フロウ、ウィット、デリバリーの全てで男性3人を圧倒している。

脳みそを食べるとラップする時、彼女は少し高い声を出し、声を震わせる。自分の金が偽物ではないと念を押す時には、オール・ダーティ・バスタードのように唸り声を上げて畳みかける。ニッキー・ミナージュはスターになれる。この曲のヴァースで、誰もがそ

れを認識したのだった。

　当初はリル・ウェインの妹的存在として、ウェイン率いるクルー／レーベル、ヤング・マネーに所属していたニッキーだが、すぐに兄貴分を追い越してしまった。彼女が音楽性が多彩だったことも一因だろう。「ずっと昔から、ラップ・スタイルを決めろって大勢の人に言われていた」とニッキーは2010年、フェイダー誌に語っている。「（私の）ラップ・スタイルは、私の個性を反映している。私、すっごく変だから」。

　また、ヴァイブ誌にはこんな言葉を残している。「ドレスアップして遊ぶのが好きなの。いろんな声を出して、表情を作っている時は、何も考えていない。思考は止まってしまう」。

　リル・キムとフォクシー・ブラウンの全盛期からニッキー・ミナージュ登場までのあいだ、ラップ・シーンで活躍する女性はほぼ皆無だった。この状況の中で、女性MCの絶滅をテーマにした数々のエッセイが発表され、ニッキー・ミナージュが女王の座に就く土台を作った。幅広い層から支持を得て、全盛期のリル・キムを超えるために、ニッキーはポップ寄りのラップをした。若者向けの明るい音楽をリリースすることで、ニッキーはセックスを露骨に語ることなく、そのハードルを越えることができた。あらゆるゲスト・ヴァースで圧倒的な存在感を示すことで、彼女は女性ラッパーの指標となり、次なるラップ界の大物となった。メロディックで多才な彼女は、ラップ界のベッツィ・ジョンソンだった。男性、女性、子どもと、幅広い層のファンを獲得することができたのだ。それと同時に、あちこちで摩擦を引き起こし、リル・キム、レミー・マー、カーディ・Bから自身のレーベルメイトに至るまで、あらゆるアーティストと揉めていた。彼女の音楽性は多彩だった。ダークな「Monster」と対極をなす超ガーリーなバラード「Super Bass」は、夏の趣のある陽気な1曲だ。鮮やかなピンクのチューインガムを唇で弾けさせるようなサウンドである。「He just gotta gimme that look（彼が思わせぶりに見つめてくれたら）／When he gimme that look, then the panties coming off（その気だって視線で教えてくれたら、パンティも脱げちゃう）」と、彼女は花火のよう

に賑やかなビートに合わせてラップしている。

　同曲は、デビュー・アルバム『Pink Friday』のリリースから数カ月後にリリースされ（同アルバムのデラックス・ヴァージョンに収録）、彼女にとって最大のヒットを記録した（ビルボード誌ホット100チャート第3位）ため、女性ラッパーとセールスの話題が出た時には、ニッキー・ミナージュの名前が真っ先に挙げられるようになった（ニッキー自身がこの話題を出すことも多かった）。しかし不思議なことに、2020年に客演したドージャ・キャットの「Say So（Remix）」とテカシ・シックスナインの「Trollz」の2曲が首位を獲得するまで、彼女にはナンバーワン・ヒットがなかった（もちろん、「Super Bass」はナンバーワンになるべき楽曲だった）。

　歌もラップもこなせるニッキーは、「才能と自立心があり、よく売れる」という、ローリン以降のMCが目指すべき理想形となった。彼女はまた、物議を醸す存在でもあった。

　ニッキーは2017年、Instagramに書き込んだ。「私が『勝ち組』女性ラッパーをポップ・カルチャーに復活させた。私たちも男子と同じように、ラップ・ゲームの主要プレイヤーだってことを、大企業に証明したの」。この声明は、「ニッキーが女性ラッパーをメインストリームにしたと自慢している」という誤解を解くために出されたものだった。しかし、自分の立場を守ろうとするあまり、ニッキーには他の女性ラッパーや潜在的なライヴァルから自らを切り離す癖がついてしまった。「ニッキーのようなラップをする女性ラッパーはいなかった」とレディ・ラックは語る。「彼女はミッシー・エリオットと他の何かを掛け合わせたような感じだった。服装もカラフルだったし。宮殿に入ったら、振り返ってみんなを見下す女って雰囲気。私がみんなのママよってね。『ファック・ユー・ビッチズ、売れてんのは私だけ』って感じ」（なお、ラックはニッキーが大好きだと念を押している）。

　ニッキーのさまざまな「キャラクター」は、芝居的な効果を出すだけでなく、目的も果たしていた。彼女は赤ん坊のような高い声を出したかと思うと、快活で遊び心たっぷりの低い声を出すなど、絶えず声色を変えてい

THIS WAS A RAPPING BETSEY JOHNSON WHO WAS MELODIC, VERSATILE, AND ABLE TO GATHER A BROAD RANGE OF FANS— men, WOMEN, AND CHILDREN.

メロディックで多才な彼女は、ラップ界の
ベッツィ・ジョンソンだった。男性、女性、子どもと、
幅広い層のファンを獲得することができたのだ。

た。また、クイーンズの訛り（「off」を「awf」と発音）でラップしていたが、ニューヨーク出身のラッパーにありがちなハードなスタイルとは距離を置いていた。アーティストとして自在に姿を変える彼女は、訛りをうまく抑えている。アヌパ・ミストリーはドレイクについて、「世界的な規模でコード・スイッチ（喋り方を切り替えること）できるポップ・スターになった」と書いていたが、ニッキーもドレイクと同じタイプのスターになることができたのだ。

ニッキーは地元クイーンズで、フッドスターズというグループに属し、評判を高めていた。ラッパーがレーベル契約を狙い、ミックステープを出していた時代である。ニッキーはミックステープ（2007年の「Playtime is Over」、2008年の「Sucka Free」、2009年の「Beam Me Up Scotty」）を立て続けにドロップすることで、名声の足がかりを作った。女性を失ったラップ界で、ミックステープという通過儀礼を経てヒーローとなったのだ。

フェンディという男性がMySpaceでニッキーを見つけ、自身のインディ・レーベル、ダーティ・マネーにスカウトした後、彼女は『The Come Up, Vol. 2』というストリートDVDに出演し、強い印象を残している。前髪を垂らしたヘアスタイルで、初々しく無邪気な顔をしたDVD中のニッキーは、ノトーリアス・B.I.G.の「Warning」をバックトラックに、他の女性を恫喝するラップを披露している。業界の誰もがこのライムを聴き、これがきっかけでリル・ウェインは『Beam Me Up Scotty』にゲスト参加した。ニッキーも、リル・ウェインのミックステープ『Da Drought 3』で共演した後、2009年にウェイン主宰のヤング・マネーに加わった。

ヤング・マネーの「BedRock」、アッシャーの「Lil Freak」、ロビン・シックの「Shakin' It 4 Daddy」、リュダクリスの「My Chick Bad」、マライア・キャリーの「Up Out My Face」などの曲で、ニッキーは激しい閃光を放っていた。彼女の露出度は一気に高まった。『フェイム（Fame）』の学校として知られるフィオレロ・H・ラガーディア・スクール・オブ・ミュージック＆パフォーミング・アーツを卒業したニッキーは、レディ・ガガのように、スーパースターのペルソナを体現す

る方法を知っていた。彼女は根っからの演劇少女なのだ。

ニッキーは、ラップ業界を女性が働ける場所に戻した。しかし、彼女にはあまりに大きな責務がのしかかり、失敗の余地もなかったため、リード・シングルの「Massive Attack」が不発に終わった時はショックを受けた。それでも、デビュー・アルバムの『Pink Friday』はチャートで首位を獲得。女性ラッパーのアルバムがナンバーワンになるのは、1999年のイヴのデビュー・アルバム以来だった。2012年にヴァイブ誌のカバーストーリー（特集記事）に登場した彼女は、こう語っている。「女性ラッパーはプッシーの話題なしにアルバムを作れない、なんて言っていた人たちに、証明してやろうって思っていたの。だから私は、セックスや自分の性器について語らなくても、アルバムをヒットさせることができることを示してやろうと徹底的に努力して、それを証明してみせた。批評家たちに自分を証明する時期は終わった。今後はもう、誰かに何かを証明する必要なんてない」。

ニッキーの音楽はファンの間で評価が見事に分かれ、この事実は興味深いケーススタディとなった。露骨なまでに大衆向けのサウンドとスタイル（エレクトロニック・ポップのビートと歌）が、「ラップ・スターのあるべきサウンド」という古めかしい信念と対立したのだ。特に大きなヒットとなった「Starships」は、波紋を呼んだ。2012年、ニッキーがホット97主催の大イヴェント「Summer Jam」に出演する数時間前、同局でパーソナリティを務めるピーター・ローゼンバーグは、「Starships」が「本当のヒップホップ」を代表していないという旨の発言した。彼の主張は愚かで誤っていたため、人々は一斉にローゼンバーグを非難した。ニッキーの音楽は、あらゆるジャンルをミックスしていたからだ。ニッキーを腐していたローゼンバーグは、「史上最高の女性MCになる可能性の持ち主」と即座に意見を変えた。

ニッキーはキャリア初期にリル・キムのスクワット（1996年に世間を賑わした）を再現したが、その後は自分の音楽とイメージでセックスを強調しなくなった。ユーモアとパロディを駆使し、可能性溢れる世界を他の女性ラッパーに開いてみせたのだ。「彼女が登場した

時、みんな彼女の音楽をセックスと結びつけようとしていた。でも、彼女がリリースしていた曲は、そんなものじゃなかった」とラッパーのリコ・ナスティは語る。「『Pink Friday』はそんなものじゃなかった。すごく斬新だった。他とは全然違っていたから、みんな夢中になったんだと思う」。しかし、ニッキーはセクシュアリティを完全に回避していたわけではない。2014年の「Anaconda」がその例だ。同曲のヴィデオの中で、ニッキーはトゥワーク（お尻を激しく動かすダンス）する女性の楽園を作り出し、黒人女性の尻とメリハリのある体のパワーを見せつけている。これは、白人のポップカルチャーが盗もうとしていたパワーだ。

このヴィデオは大きな話題となり、多数のエッセイを生み出したほか、ABCニュースでも「ニッキー・ミナージュのヴィデオ『Anaconda』は、フェミニズムに捧げる歌？」と取り上げられた。ニッキーは、自分を性的な対象として見せつけながら、自分の体をコントロールするという、究極の綱渡りをしていた。この2つは共存しうるが、そのためには自分自身を深く見つめ直す必要がある。自分流にセックスをアピールするという彼女の行動は、進歩の証だった。ニッキーに続く女性ラッパーは、新たな成功の道を目にした。それは、「個性」、「芝居」、「ジェイ・Zのように役員室に入って、ビジネスを仕切るという願望」を軸とした道だ。「ニッキーは、操り人形の域を飛び越えている」とライターのカレン・グッドは言う。彼女は「好きなことができる。セクシーになりたい。大きなお尻が欲しいってね。ニッキーとキムに、そこまで違いはない。2人とも『（セクシュアリティを）利用してやろう』と思っていた。それを奨励する男性クルーもいた。でも、女性たちは性的な力を得た一方で、自ら進んで性的な対象物になってしまった」。

ニッキーは奇抜さを売りにしていたかもしれないが、メインストリームでの成功を目指す女性ラッパーにとって、セックスアピールは依然として大切な要素だった。「これはヒップホップに限らず、音楽業界全体に言える」と語るのは、ヴァイブ誌の元編者エリザベス・メンデス・ベリーだ。「伝統的な美の概念に当てはまらない女性が、ポップの世界で大スターになるのは、極めて稀な

こと」なのである。

ニッキーは、攻撃や批判から守ってくれるファンを大勢抱えていた。特に賢明だったのは、ネット上で自分の意に沿う親衛隊を作り上げた点だ。彼女が成功したタイミングも良かった。2006年7月にTwitterがスタートすると、突如としてファンの世界で、新たな社会的アイデンティティと新たな言語が生まれた。普通の人々がフォロワーを持ち、ファン層がオンラインに移行して、スーパーファンやスタンとなった。ニッキーがスターになろうとしていた頃、Twitterも「熱狂的なファンが、自分の推しと敵について賛辞や批判を交わすことのできるコミュニティ」として開花した。マッシャブル（Mashable）のような技術系サイトは、2009年を「Twitterが世界を制覇した年」だと言明した。

ビヨンセはビーハイヴ、レディ・ガガはモンスター（ズ）、リアーナはネイヴィー、ジャスティン・ビーバーはビリーバー（ズ）と、オンラインのファン集団には名称がつけられた。いずれの集団も熱烈で、セレブを応援するネット上のファン世界のスリルと危険について、多くの記事が書かれるほどにワイルドだった。ニッキーのファンはバービー(ズ)／バーブ（ズ）だ。リル・キム（ニッキーが自分にきちんと敬意を払っていないと主張）、レミー・マー（「ShETHER」の頃）、カーディ・B（ミーゴスとのコラボ曲「MotorSport」をめぐり不仲説が流れたことに端を発する）など、他のラッパーと摩擦が起こった時、ニッキーは自身の親衛隊をいとも簡単に配備できた。彼女は、批判に対抗するためにバーブズをよく使っている。ヒップホップ界の女性は無防備だと感じることが多いため、バーブズを防御手段だと考えているのかもしれない。

ラップ界で2人の女性がトップに君臨するのは、2000年代半ば以来のことだ。舞台裏の緊張感は、新進気鋭のラッパー（カーディ）がヴェテランのスター（ニッキー）と衝突する絶好の機会を提供し、2018年のニューヨーク・ファッション・ウィークでは、乱闘騒ぎまで巻き起こした。ラップというスポーツに、女性が戻ってきたというわけだ。

NICKI MINAJ INVENTED COLOR
ニッキー・ミナージュの発明色

ヴァイオレット
2018年のニューヨーク・ファッション・ウィークで、ニッキーはパープルの色調で全身をまとめ、オンブレのウィッグと合わせた。

レッド
MTVヴィデオ・ミュージック・アワードでは、ローマ教皇のようなガウンを着用。ただし、カラーは白ではなく緋色だった。

イエロー
ニッキーは「No Frauds」のヴィデオで、ビッグバードのような黄色いファーのロングコートを着ている。

ピンク
2011年のレッドカーペットで首にかけていたチェーン。そこについていた鶏の脚は、ペプト・ビズモル（胃腸薬）と同じピンク色だった。

オレンジ
2010年のBETアワードでは、パパイヤ色のボブカット・ウィッグを着用。よりクールでホットになったキャロット・トップのようだった。

グリーン
さまざまなコスチュームを楽しんでいた頃のニッキーは、スライムグリーン、ライムグリーン、グラスグリーンと、グリーン系のウィッグを愛用していた。

Azealia Banks

アジーリア・バンクス

◆ ◆ ◆

NEVER FORGET（功績）:
有名人とのビーフの数で歴史に残る。

WHO SHE IS（略歴）:
3人姉妹の末っ子として、ハーレムで母親に育てられたアジーリア・バンクスは、パフォーミング・アーツの学校として名高いフィオレロ・H・ラガーディア高校に通った。MySpaceで何年もプロデューサーに売り込みを続けると、2011年にシングル「212」で大ブレイクを果たして勢いに乗り、アルバム『Broke with Expensive Taste』をリリース。ファッション関係者のあいだで高い人気を博したが、音楽のキャリアよりも物議を醸す言動ばかりが注目されるようになった。

LISTEN（必聴トラック）:
「1991」は、水中クラブのラップ・レイヴでかかりそうな曲だ。

◆ ◆ ◆

ニッキー・ミナージュによって、女性ラッパーが再び売れることが証明されると、女性ラッパーは突如トレンドとなり、レーベルは次なる大物を求めた。そこで2011年、そのラウドマウスでその座を摑もうとしたのが、ハーレム出身のアジーリア・バンクスだ。彼女はデビュー・シングルの「212」の冒頭で、「Hey, I can be the answer.（私が答えになれる）」と高らかに宣言している。

モノクロのミュージック・ヴィデオでは、リリックをラップするアジーリアの唇がクローズアップされている。ファッション・クイーンのようなルックスを持つ、20歳のクラブ・ヘッド。ラップと歌ができて、お洒落で少々変わり者という、ニッキーが設定したテンプレートにもフィットしている。アジーリアはかなりの変わり種で、才能にも恵まれていた。レコード上で「I guess that cunt getting' eaten（カント［女性器］、しゃぶりつかれるってことだね）」とラップしたアーティストは、彼女が初めてである。しかし、彼女の栄光は長続きせず、アジーリアのキャリアは女性ラッパーにとっての訓話となった。

バンクスは、初期のSNSサイトMySpaceを使い（Miss Bank$名義）、ディプロなどのプロデューサーにアプローチしてコラボを果たし、ビジネスに参入した。「1人でA&Rのストリート・チームをやって、インターネットで自分を宣伝していた」と彼女はMTVニュースに語っている。「Supplier」をはじめとする大胆な彼女の曲に目をつけたのが、アデルやM.I.A.の所属するイギリスのレーベル、XLレコーディングスだ。同レーベルのアーティスト育成契約を獲得したアジーリアだが、音楽性の違いからすぐに契約は解消された。

アジーリアは、プロデューサーのレイジー・ジェイが2009年にリリースしていた「Float My Boat」（2009年）のトラックでラップし、2011年に「212」としてリリースしたことで、アーティス

<blockquote>
**彼女はカール・ラガーフェルドの新ファッション・ライン立ち上げを祝う
ディナー・パーティでパフォーマンスしたほか、パリやニューヨークの
ファッション・ウィークに顔を出し、アレキサンダー・ワンを着て
METガラにも出席した。ランウェイでも、彼女の音楽が多用された。**
</blockquote>

トとして飛躍した。たった1曲のヒット・シングルと
EP『1991』（ダンス・ラップを掛け合わせた佳曲が満載）
で、一躍売れっ子となり、グウィネス・パルトロウの
ような思いがけないファンを得て（「アジーリア・バン
クス……ハマり中。凄い」とパルトロウは2011年12月
15日にツイートしている）、「口の悪い」ニュー・ラッ
プ・センセーションとして知られるようになった。世界
各国のファッション誌は、ニッキー・ミナージュをはじ
め、アジーリアなどのフレッシュな新人、オーストラリ
ア出身のイギー・アゼリアの価値を理解し、誌面に掲載
した。彼女たちが、ハイファッションを宣伝してくれる
と見込んだのだ。

2012年には、高級ブランドからの招待が相次いだ。
ファッション界のエリート勢は、ダウンタウンのクール
な雰囲気を備えたアジーリアに惹かれ、彼女を新しいラ
ップ・ミューズにしようと考えたのだ。彼女はカール・
ラガーフェルドの新ファッション・ライン立ち上げを祝
うディナー・パーティでパフォーマンスしたほか、パリ
やニューヨークのファッション・ウィークに顔を出し、
アレキサンダー・ワンを着てMETガラにも出席した。

ランウェイでも、彼女の音楽が多用された。「特にファ
ッション・デザイナーは、ストリートとシックを融合し
た彼女のスタイルに惹かれているようだ」とニューヨー
ク・タイムズ紙は報じている。ハイファッション・ブラ
ンドがラッパーに服を貸し出そうともしなかった頃とは
大違いである。

マシンドラムことプロデューサーのトラヴィス・スチ
ュワートは、人気若手シェフのダンテ・ゴンザレスから
彼女のデモを送られたことをきっかけに、2000年代後
半にアジーリアとコラボした。「何に驚いたかって、彼
女があまりにヴェテランっぽかったことだ。既に匠の域
に達していた」とスチュワートは語る。「多様性にも驚
かされた。彼女はインディ・ロック、ハウス・ミュージ
ック、ダンスホールのトラックでラップしていたんだ。
僕はニューヨークに5年ほど住んでいて、音楽をやって
る人のことはみんな知っていると思っていたけれど、彼
女はどこからともなく現れた」。

アジーリアは、1～2テイクでレコーディング・ブー
スを出入りし、歌とラップを簡単に切り替えていた。そ
れは特別な才能だった。「私の音楽をしっかり聴いてみ

れば、男性と交際したり、お金があったりなかったりする女の子の声が聞こえるはず。可愛くない、ラップが下手、ダンスが下手ってみんなに言われている女の子」と彼女は2012年、ヴァイブ誌に語っている。「若い黒人女性が、自分のために、自分だけの力で音楽をやってるの」。

2012年1月、彼女はインタースコープ・レーベルと新たにレコード契約を結んだ。しかしアジーリアによれば、デビュー・アルバム『Broke with Expensive Taste』の制作中に、音楽的な方向性と収録曲について、インタースコープの白人男性陣と衝突したという。また同年、彼女はミックステープ『Fantasea』をドロップした。今回もラップとダンスを両立させる彼女の才能が発揮され、ボール・カルチャー（ドラァグ・パフォーマンスが行われるドラマティックなショウ）のファンにもアピールする作りで、ドラマ的な要素も提供している。ミックステープのアートワークは、アクアマリン色の髪をした人魚姫だ。2014年、アジーリアはローリング・ストーン誌に対し、「レコード会社は頭脳ゲームをやっているような感じだった。私、陰謀論大好きだから、『私を洗脳しようとしてる！　クソどもが！』って思ってた」と語っている。彼女の要請を受けて、インタースコープは2014年7月にレコード契約を解除した。

長らく延期されていた『Broke with Expensive Taste』だが、アジーリアは同アルバムを2014年にプロスペクト・パーク・レコード（当時マネージャーだったジェノ・クワティネッツのレーベル）からリリース。2016年には、ミックステープ『Slay Z』をドロップした。評論家は、豪華絢爛なトラップ・ミュージックのパーティでかかるような彼女の音楽を称賛した。しかし、彼女は揉め事まみれになり、最も将来を期待される新人から、可能性を無駄にしたアーティストの一例となってしまった。

彼女がネット上で起こしたビーフ（時には一方的に喧嘩を吹っかけることも）は、実際の音楽よりも目立つようになり、大きな話題となったが、痛ましくもあった。アジーリアは、あらゆる相手に異議を唱えた。例えば、ラッセル・クロウ（クロウの自宅で行われたパーティで、彼から唾を吐かれたため）、ワン・ダイレクションのゼイン・マリク（彼を「黒人のふりをしている白人男子」と呼んだ）、イギー・アゼリア（白人であるイギーが文化を盗用していることを問題視）、T.I.（2人はイギーによる文化の盗用について議論を闘わせた）など。彼女はさらに政治（サラ・ペイリン）、テクノロジー（イーロン・マスク）の世界にも啖呵を切り、追い切れないほど多くのビーフを仕掛けたが、少なくとも、これで彼女の名前は誰もが知るところとなった。彼女が妥当な指摘をすることもあったが（例：アクション・ブロンソンは「ゴーストフェイス・キラーのブートレグ版」なのかも？）、人々の気分を害する発言が大半だった。彼女が精神疾患と闘い続けていることで、こうした論争はさらに混沌としたが、世間は彼女を大目に見ようとはしなかった。2017年、モーガン・ジャーキンスはピッチフォーク（ウェブサイト）にこう記している。「バンクスは、メインストリーム・ラップに参入を許された、お仕着せの新人女性ラッパーとしてではなく、既に自分の力で成功していたアーティストとして、シーンに登場した……あれがフェイクでもリアルでも、あの歯に衣着せぬキャラは、バンクスにとっては必要な鎧だったのだ」。

アジーリアの才能を信じるのは簡単だった——彼女は大胆で、クラブで踊れるエネルギッシュなダンス・ミュージックを作っていたのだから。彼女はニッキー以降に登場した新たなラップスターの走りとなった。スキャンダルに見舞われながらも、アジーリアはその才能で生き残った。しかし、音楽よりも突飛な行動が目立ち、リアルであろうとするがあまりに道を誤るアーティストの典型例となってしまった。それでも、彼女ほど人魚姫をあそこまでクールに見せたアーティストはいない。これは彼女の功績だ。

CARDI B

カーディ・B

◆ ◆ ◆

NEVER FORGET（功績）：
ビルボード誌ホット100チャートで、2回（その後3回、4回）のナンバーワン・ヒットを記録した初の女性ラッパー。また2019年には、デビュー・アルバムの『Invasion of Privacy』で、女性ラッパーとして初めて、グラミー賞の最優秀ラップ・アルバム賞を獲得した。

WHO SHE IS（略歴）：
母と妹とともに、ブロンクスで「ごく普通の」女の子として育ったカーディ・B（ベルカリス・アルマンザー）は、高校のタレント・ショウで活躍していた。トライベッカのアーミッシュ・マーケットでレジ係をしていたが、19歳でこの仕事を辞めると、ニューヨーク・ドールズや、マウント・ヴァーノンのスーズ・ランデヴーなど、ストリップクラブで金を稼ぎ始めた。SNSで有名人となった彼女は、すぐにリアリティ番組の仕事とラップのキャリアを手に入れた。

LISTEN（必聴トラック）：
プロジェクト・パットとラ・チャットの名曲をサンプルした「Bickenhead」で、カーディはさまざまな場所で「プッシーを突き出す」ことをラップしている。「Pop that pussy up in church（チャーチでプッシーをポップ）／Pop that pussy on a pole（ストリッパーポールでもプッシーをポップ）／Pop that pussy on the stove（コンロの上でもプッシーをポップ）」──ヴァラエティこそが、人生のスパイスなのだ。

◆ ◆ ◆

2013年6月、Instagramは写真だけでなく動画もアップロードできるという、シンプルながらも新しい機能を搭載した。同アプリのユーザーは、自分の生活を15秒の動画にしてフォロワーに届けることができるようになったが、ティーンに人気だった6秒動画のアプリVineにとっては、これが終わりの始まりとなった（Vineは3年後にサービスを終了した）。そして、カーディ・Bのような人物にとっては、これが人生を変える出来事となった。

当時のカーディは、ブロンクス出身のストリッパーで、ほぼ無名の存在だったが、Instagramを通じて一躍有名になった。カーディの動画は、即興で作った指南ヴィデオといった趣で、彼女は自らの人生経験に基づいて、男性、恋愛、お金に関する実践的なアドバイスを送っていた。「他の女にムカついて生きるなんて、イケてないよ」、「彼氏から電話がないなら……彼氏の浮気相手に電話してみな。もしもし、ちょっと?!って」と、彼女はカメラに向かって語りかけていた（叫んでいた、の方が適切な表現かもしれない）。

日々の気分、セクシュアリティ、金銭的な目標、豊尻や豊胸についてなど、彼女はあらゆることを赤裸々に話した。彼女の正直さは人々を惹きつけてやまず、ユーモアたっぷりの語り口は、ペースの速いSNSと見事にマッチしていた（彼女の動画はTumblrやTwitter、Vineにも広まった）。彼女はSNSをペルソナ作りのスペースだと考えていたのである。

カーディの個性は、「映え」ばかりを気にするユーザーの中で異彩を放ち、数百万人ものフォロワーを獲得するまでになった。2015年、VH1のリアリティ番組『Love & Hip Hop』がカーディをキャストに選出すると、彼女の魅力は瞬く間に伝染した。「ヘイ、アメリカ（アメリカ）、調子はどう？　あたしの名前はカーディ・B。SNSで要らんこと喋りまくってる、長い爪とデカい乳したうるさいダンサーとして知られてるよ」と彼女はテレビ初出演で挨拶している。

『Love & Hip Hop』初出演から、カーディが最もウィットに富ん

だラッパーになるまでの期間は、驚くほど短いものだった。彼女が出演したシーズンのテンポの良さと激しさは印象的で、番組の中で綿密に記録されている。カーディは、彗星のごとく現れると、猛烈な勢いでスター性を高めていった。レイウィヤ・ケイミアは、「SNSでの名声を実入りの良いキャリアに結びつけたのはカーディが初めてではないが、これほどまでに急速かつ大幅にレベルアップした人物を他に挙げるのは、極めて難しいだろう」とフェイダー誌に記している。

カーディがリリースする音楽も、(二流から一流へと)レベルアップした。2017年には、『Gangsta Bitch Music Vol. 1』、『Gangsta Bitch Music Vol. 2』という2本のミックステープをドロップ。後者に収録されている「Leave That Bitch Alone」というスキットでは、カーディが好きなレストランだと知りながら、「浮気相手の女たちをアウトバック(・ステーキハウス)に連れて行く」彼氏を叱責している(これは、Instagramの語りを曲にした2015年の「Cheap Ass Weave」の後にできたスキットだ)。こうした初期のミックステープで聞かれるカーディは、まだまだ発展途上中のラッパーだ。しかし人々は、カーディがネット上のアイコンからリアリティ番組のキャスト、さらにはスーパースターへと着実に成長する姿をリアルタイムで目撃した。ラッパーのパーディソン・フォンテインと手を組んだことで、彼女のラップは鋭さを増した。2人が出会ったのは、スーズ・ランデヴーというストリップクラブだ。フォンテインは、「彼女がInstagramの有名人で、当時から人気が高いことは、俺も知っていた。彼女には何かがあるはずだと思ったんだ」とGQ誌に語っている。

従来、ラッパーのあいだでは、ゴーストライターや他のソングライターを公然と利用することはご法度とされてきた。しかし、カーディは、助けが必要なことを素直に認め、フォンテインの指導を受け、リリックを共作した。「そう、共作だよ、ビッチ」と彼女はステージ上でも語ったことがある。

「別にどうでもいいよ。他のラッパーだって、ライターを雇ってる。雇ってないって言ってるヤツらもね。あいつら、嘘ついてるの。ほんとだよ。別にいいじゃん……

どっちにしろ、あたしは金を儲けるんだから」。そして彼女は、大金を手にしたのである。

翌年の夏には、驚きのヒットが生まれた。「Bodak Yellow」だ。同曲のハードでメタリックなビートは、いかにもニューヨークらしく、魅惑的で圧の強いカーディのスタイルとも一致する。リリックも、キャッチーなフレーズだらけだ。

この時点では、もう誰もカーディを避けて通ることはできなくなった。「Bodak Yellow」はビルボード誌のホット100チャートで首位を獲得。1998年のローリン・ヒルに続いて、カーディはフィーチャリング・ゲストなしでナンバーワン・ヒットを出した2人目の女性ラッパーとなった。Gイージーの「No Limit」、ミーゴスの「MotorSport」、ブルーノ・マーズの「Finesse (Remix)」にゲスト参加を経て、2018年4月にリリースされたデビュー・アルバム『Invasion of Privacy』は首位に輝いた。さらに、ラテン・トラップのシングル「I Like It」もホット100チャートの首位を獲得すると、カーディは同チャートでナンバーワン・ヒットを2曲持つ初めてかつ唯一の女性ラッパーとなった。

カーディはまた、ローリン・ヒルとミッシー・エリオットに次いで、グラミー賞の年間最優秀アルバム部門にノミネートされた3人目の女性ラッパーとなり、快挙を達成した。ニッキー・ミナージュは、ストリートとコマーシャルの微妙なラインをうまく使い分けていたラッパーだが、カーディはありのままの姿で勝負するラッパーだった。

「カーディはストリッパーで、『何? 私は文法もよく分かんないし、誰かのお手本になろうとも思ってないよ。とにかく欲しいのはお金だから』って感じだった」カレン・グッドは語る。「彼女は男性ばかりのクルーにも所属していなかった。ただ、自分の能力を最大限に発揮しているだけ。でも、彼女はストリップクラブという、男性優位の環境から登場した」。元ストリッパーとして、カーディはコントロールの本質を理解していた。だからこそ、黙っていれば他人にコントロールされてしまう音楽界を渡り歩くことができたのだろう。「キムがさんざん苦労してくれたおかげで、後続の女性たちは、キャ

リアを多少なりとも自分でコントロールできるようになった。彼女たちは自分を枠にはめることもなく、他人に自分のキャリアを任せることもない」とグッドは言う。

　歴史的に見ても、女性ラッパーが出世する方法はごく限られていた。ほとんどのチャンスは、業界の表と裏の両方で門番を務める男性によってもたらされた。女性ラッパーがスーパースターになるためには、男性の後ろ盾が必要だったののである。しかし、カーディが大ブレイクする頃には、世間の状況は彼女の有利に動いていた。カーディ以前の女性ラッパーに比べて、リアリティTVやSNSなど、有名になるための間口は大きく広がり、人気を測る尺度も増えていたのだ。また、ラジオからミックステープ、インターネットとストリーミングへの移行が進んだことで、スターになる道筋も変化していた。

　ストリートのミックステープ経済が、ニッキー・ミナージュの初期のキャリアを後押しした一方で、ストリーミングの爆発的な普及は、SNSの浸透と相まって、インターネット世代のラッパーに優位性を与えた。例えば、ソウルジャ・ボーイはYouTubeを通じて有名になり、ベルカリスはInstagramを通じてカーディ・Bとなった。ニューヨーカー誌のブリアナ・ヤンガーは、「YouTube、Twitter、SoundCloud、Instagramといったプラットフォームと、ストリーミング・サービスという疑似民主主義のおかげで、女性はオーディエンスと直接的な関係を築き、大きな成功を収めることができる」と2018年に記している。

　カーディは、大きなトレンドの一部だった。有名人だけでなく、一般市民や動物たちも、InstagramとTwitterをブランド拡大のために利用するというトレンドだ。彼女はSNS上でイメージを磨き上げていったが、最初からスターだった。2015年の時点で、彼女はストリップではなく、クラブでのホスト役や有料出演で生計を立てるようになっていた。地元の有名人となり、ネットでカルト的人気を誇った彼女だからこそ、与えられたチャンスだ。ここで彼女は、ストリップの世界から完全に引退し、ラップの道を志すようになる。
「カーディのような人がより多くの耳目を集めるためには、どんな選択肢が用意されていた？」と問いかける

> **人々は、カーディがネット上のアイコンからリアリティ番組のキャスト、さらにはスーパースターへと着実に成長する姿をリアルタイムで目撃した。**

のは、元ヴァイブ誌の編集者、エリザベス・メンデス・ベリーだ。「どんなフォーマットの中に自分を圧縮すれば、個性を最大化できる？って彼女は考えているの。Instagramの投稿や曲の中で、彼女はそれをやってのけている。ヒップホップの言葉って濃いし、あの生々しさこそ彼女にはぴったり。あんな風に喋る人はいないからね。彼女のラップを聴くと、『わあ、この女性は、自分の人生を最高の臨場感で、面白おかしく事細かに語ってくれる』って思う。彼女はラップするために生まれてきたようなもの」。

　カーディはラップをする動機も率直に語っている。また、目標はお金になるようなヒット曲を作ることだとも認めている。「私はお金が大好きな女。ストリッパーなホー。金目当てなんだよ」と彼女は初期のInstagram動画で語っている。「結局のところ、売れるものやんなきゃ……音楽に対する情熱はあるし、音楽は大好き。でも、お金とか、請求書の支払いに対しても、情熱を持ってんの」。
『Love & Hip Hop』に出演するラッパー志望者は、この番組をキャリアアップの近道として利用しようと試みる。駄曲を宣伝し、わずかな名声を得るために、くだらないネタを投下するのだ。しかし、そのほとんどが失敗に終わる。カーディ・Bは、この番組で最大のサクセスストーリーだ。SNSの人気者が、テレビとラップでさらに有名になったのである。カメラの前では、三角関係

に巻き込まれたり、刑務所に入っていた当時のボーイフレンドの名前をしきりに出したりと、ドラマを演じていた。

カーディにも、同番組の他の出演者と同じ運命を辿る可能性があった。しかし、彼女は他のキャストとは違っていた。2シーズンに出演後、彼女はこれまでで最も賢明な行動に出る。テレビの中でヒップホップについて語る代わりに、リアルな世界でヒップホップのキャリアを追求しようと、リアリティ番組を辞めたのだ。そして瞬く間に、テレビ界の人気者からラップ・スターへと転身した。彼女は男性ラッパーや大物プロデューサーの指導を何年も受けていたわけではない。最初はラップのやり方すら、ろくに分かっていなかった。アンダーグラウンドから頭角を現したわけでもなければ、人気のクルーと一緒にデビューしたわけでもない。その代わり、SNSを巧みに利用して、自分のイメージに合った成功を自力で摑み取る新しいお手本を示したのだ。

ニッキー、アジーリア、カーディの3人は、自分の魅力的なペルソナを構築し、人々を惹きつけることで成功を収める新世代の女性を生み出した。「レーベルは、女性ラッパーと契約しても、棚上げして、力を入れてはくれない」とカーディは2019年にツイートしている。「ビッチたちはずっとラップしてきた。才能だってあるのに、音楽業界は信じてくれなかった」。

SNSでは、しばしば喜劇的な要素が炸裂する。Vineは、人を笑わすことが目的だった。カーディも人を笑わせる表現力と見事な間を持ち、魅力を売る方法を心得ていた。彼女のインスタ動画には、エロティックなアドバイスが無数に登場し、Twitterのアカウントでは、常に真実が語られている。例を挙げてみよう。「終わった時、片方のツケマがいつのまにか取れてるみたいなセックス……今したいんだけど」。また、ラミネートベニアを施した歯でインタヴューに臨んだ時には、歯を見せびらかしながら、「（今は）腹立ってる時でも笑っちゃう」と冗談を言っていた。デビュー・アルバムの『Invasion of Privacy』の「Thru Your Phone」では、浮気常習犯の彼氏への腹いせに、「シリアルのボウルに、小さじ1杯の漂白剤混ぜたろか」と脅しをかけている。

デビュー・アルバムを名盤と認定する時、ラップ・ファンは完成度という指標に頼りがちだ。アルバムの長さが考慮される。駄曲がない。優れたプロダクション。ナズの『Illmatic』、ジェイ・Zの『Reasonable Doubt』、ローリン・ヒルの『The Miseducation of Lauryn Hill』などが名盤とされているが、女性ラッパーのアルバムが名盤のリストに入ることは、ほとんどない。『Invasion of Privacy』は、ここ数年のラップで最高のデビュー・アルバムであり、リル・キムの『Hard Core』やローリン・ヒルの『Miseducation』と肩を並べる。他の名作デビュー・アルバムに比べれば完成度は劣るが、非常に聴きやすい。ラップ界における激動の瞬間と、見事な自己実現を果たしたカーディ・Bを堪能できるのだ。

『Invasion of Privacy』が、新時代の幕を開けた。女性ラッパーが、成功をより具体的に感じられる時代である。カーディが、スターの座に就こうとしていたミーガン・ジー・スタリオンとコラボした「WAP」（女性器の濡れについて語った完璧なデュエット）は、女性支配の象徴的な1曲となった。2020年のパンデミック中に公開されたミュージック・ヴィデオでは、2人が明るい廊下を連れ立って歩き、オイルを塗った美尻を剝き出しにして、フルスプリットを披露する姿が映し出されている。ラップ界の頂点に立つ2人の女性が、敵対意識なく楽々とお互いのスキルをシンクロさせているだけでなく、黒人女性による際どいラップが堂々と称賛される舞台を作った先人たちの、数十年にわたる仕事の集大成としても、この曲は象徴的である。ソルト・ン・ペパ、リル・キム、トリーナ、フォクシー・ブラウンのように、カーディとミーガンもセクシーな世界の中心にいたが、男性のお膳立てに頼らず、女性によって女性が楽しめる音楽を作り、男性が独占していた性的対象へのまなざしや、セクシュアリティのイメージを取り戻した。

女性ラッパーの希少性について長年議論が続いた後、ニッキー・ミナージュが成功の青写真をアップデートし、カーディが才能ある女性ラッパーを倍増させ、自立した多数の女性が同時にラップ界を席巻できるという考えを復活させた。女性ラッパーが1人しかいないという時代は、もう二度と来ないだろう。

THE BOOK OF CARDI B: A FEW OF HER WISE QUOTABLES

カーディ・Bの名言集

If a girl have beef with me, she gon' have beef with me forever.

私に文句ある女は、
一生私に文句あると思うよ。

I don't need no punishment by Christ. I need all the blessings.

キリストの罰は要らない。祝福だけちょうだい。

I'm never gon' change. I'ma always be a ho.

私は一生変わらない。ずっとホーのまま。

Leave his texts on read, leave his balls on blue.

彼のテキストなら既読スルー、
ヤラせてあげずに彼のキン〇マはブルー。

I'm just a regular degular smegular girl from the Bronx.

私はブロンクス出身の
レギュラー・デギュラー・スメギュラーな女の子。

Dick-sucking contest, I'm winning.

チン〇しゃぶりコンテストなら、私の優勝。

I think us bad bitches is a gift from God.

私たちバッド・ビッチズは神からの贈り物。

Uncle Sam, I want to know what you doing with my fucking tax money.

アンクル・サム（アメリカ政府）、
あたしの税金で何してんのか知りたいんだけど？

Don't be a 'why her and not me' type-a bitch. Be a 'how can I get next to that bitch' type-a bitch.

「どうして私じゃなくあの女が？」って
いうようなビッチにはなっちゃダメ。
「あのビッチと肩を並べるには
どうしたらいい？」って思うビッチになりな。

THE FUTURE
女性ラッパーの未来

　ニッキー・ミナージュが2010年にデビュー・アルバム『Pink Friday』をリリースするまで、ヒップホップは女性にとって孤独な場所だった。彼女は瞬く間に男性ラッパーを凌駕し、10年間でいくつもの作品を世に送り出すと、女性ラッパーのためにシーンを整備した。

　女性ラッパーがシーンに再登場するには長い年月を要したが、カーディ・Bが登場し、デジタル時代における創意工夫のアートを完成させる。さまざまな個性とスキルを持ち、ネット上の知名度を見事に利用した20代の女性ラッパーのムーヴメントが起こったのは、カーディとニッキーの成功によるところが大きい。2019年は久々に女性ラッパーが数多く登場し、10年間で最高の当たり年となった。2019年の夏には、サウィーティーが「My Type」でビルボード誌のホット100チャート入りした7人目の女性ラッパーとなったほか、同年にはリゾ（魅惑的なポップ・ラップを作り、フルートも吹く巧者）、ミーガン・ジー・スタリオン（「ホット・ガール・サマー」というスローガンの生みの親）、シティ・ガールズ（ヤング・マイアミとJTによるマイアミのデュオ）などもデビューした。

　しかし、新世代の女性ラッパーがファンを力づけても、クロスオーヴァーな成功を収めたリゾは、J.J.ファッドと同じ批判に晒され、カーディ・Bの音楽はジャーメイン・デュプリから「ストリッパー・ラップ」と揶揄された。業界内で高い地位にいるのは、今も男性ばかりだ。ファン、インサイダー、メディアはセックスや競争ばかりを取り沙汰する。ヒップホップはいまだ女性蔑視的な要素の強いゲームだ。#MeTooムーヴメントがさまざまな業界で女性への性暴力やハラスメントを暴露し続ける中、ヒップホップの動きは鈍く、女性を無防備な立場に置くシステムはなかなか改善されない。

　それでも女性ラッパーのブームは2020年に入っても続き、ドージャ・キャット、ニッキー・ミナージュ、ミーガン・ジー・スタリオンが、黒人女性として初めてビルボード誌のホット100の1位から3位までを独占した。女性ラッパーの多くにとって、インターネットは自らの努力によって持続的なキャリアを実現できる場所となった。レコード会社に頼らなくても、オンラインで独自のコミュニティを築くことができたのだ。変わり者でも問題なかった。突如として、メジャーでもインディでも女性ラッパーが急増し、いまやヒップホップが女性過少の状態に戻るとは考えにくくなっている。少なくとも数人の女性ラッパーが、ラップ界で独自のポジションを占め続けるはずだ。

　新世代にシャウトアウトを送りたい。

Shoutouts!

Megan Thee Stallion
ミーガン・ジー・スタリオン

ミーガン・ジー・スタリオンに乗れないビートなどない。ピンプ・Cとスリー・6・マフィアに影響を受けたと公言するヒューストン育ちの彼女は、ヴェテランのように自信に満ちた的確なフリースタイルをする。メジャー・デビュー作となった2019年の『Fever』では、メンフィスのレジェンド、ジューシー・Jのバウンシーなトラックで威勢の良いラップを聴かせているが、名曲「Still Trippin'」のインストゥルメンタルに合わせて、テンポを落とした官能的なリリックを披露する一面も。ミーガンはいつだって「ホット・ガール・シット」なのだ。

（ハンナ・ギオルギス）

Quay Dash
キー・ダッシュ

陰鬱なピアノ、スムーズなシンセ。どんなトラックでラップしても、キー・ダッシュの効果は一貫している。鋭く、激しく、すごぶる賢いのだ。何が欲しいか、誰から欲しいかをはっきりと分かっている女性を崇めないわけにはいかないだろう。ニューヨーク出身の彼女がリリースした楽曲の数は少ないが、どれも十分に楽しめる。さらなるリリースに期待。

（レイウィヤ・ケイミア）

Saweetie
サウィーティー

2017年にヴァラルで大ヒットした「ICY GRL」以来、サウィーティーはそのクールなラップで、自称「プリティ・ビッチ・ミュージック」と、夢を追うスピリチュアル的要素のバランスを取っている。ベイエリア出身の彼女は、懐かしいサンプル（例：「My Type」、「Tap In」）をクイーンサイズのサウンドベッドとして使う才能に長けており、そこにゴージャスなラップを乗せているため、彼女の曲は女性ハスラーにぴったり。トリー・バーチのサンダルから出る白い爪先のごとく、最高にクールだ。

（アデル・プラトン）

Lizzo
リゾ

リゾは三拍子揃ったアーティストだ。ラップ、歌、フルートをこなしながら、トゥワークし、あらゆる体型（特に「シック・ビッチ（肉厚な女）」）を賛美する。この魅力は、ライヴで経験しなければ本当の意味で「理解」できない。似たようなサウンドやルックスのラッパーが多い中、リゾの個性は際立っている。女性アーティスト同士の比較は避けたいところだが、リリックはミッシー・エリオット的で、真のヒップホップというよりは、ポップ寄りだ。

（トレイシー・フォード）

Shoutouts!

シャウトアウト！

Doja Cat
ドージャ・キャット

ドージャ・キャットはユニコーンだ。多才な彼女は、途方もなくカラフルでセクシーなメタファーをちりばめる。ジャンルを超越したその奇抜なライムには、快活なリサ・フランク的な楽しさがあるのだ。愛、行為主体性、クンニリングスについて大胆に語るというのが、彼女の音楽的メッセージ。そこにユーモアと遊び心を加え、キャッチーなパンチラインの中に収めている。彼女はミームになりやすいインターネット時代の寵児だが、その音楽的才能は本物だ。

（ニッキー・マクグロスター）

Junglepussy
ジャングルプッシー

本書で紹介されている多くのアーティストと同じように、ジャングルプッシーが持つ才能の全てを表す称号は存在しない。ブルックリン女子らしい威勢の良さでラップされる、減らず口で自信満々なリリックから、その演技力と鮮やかなウィッグ（愉快で笑えるキャラ付き）に至るまで、観客を魅了する彼女の才能は、自信に満ちた存在感、絶妙なラップ・スタイル、「自分のプッシーは自分だけのもの」という長年の信念と直接結びついている。

（ジャドニック・メイヤード）

Tierra Whack
ティエラ・ワック

ティエラ・ワックの『Whack World』は、私たちの脳の中にある奇妙で不安な部分（そこでは、ふとした考えの中にドラマが存在する）を清めてくれるかのような作品だ。フィラデルフィアを拠点とする彼女が22歳でリリースした同アルバムは、収録曲の長さがどれも1分で、「全ての犬が天国に行く」といったフレーズを使いながら、明るい曲調で友人を失ったことをラップするなど、困難な現実と実存的な不条理のあいだの短い距離を行き来している。

内向的な性格を自認するワックだが、そのスタイルは豪快かつ多彩、鋭くも親しみやすい。狂気の面白さを受け入れ、頭の中で響く声を信じるよう、彼女は私たちに伝えている。

（プジャ・パテル）

Leikeli47
レケイリー47

アーティストのギミックは、時に批判や軽蔑を招くこともあるが、レケイリー47のカラフルな音楽を聴けば、リスナーは彼女が顔を隠していることなど忘れてしまう。ブルックリンの覆面MCは、自身の外見を二の次にしているが、洗練された楽しいライムから窺える自信は際立っている。破裂した風船ガムや派手なアクリル絵の具、フープイヤリングといったイメージがぴったりの声で、黒人女性を何よりも大切に思うラップを繰り広げる彼女は、ミッシー・エリオットの流れを汲んでいる。「Girl Blunt」から「Money」、「Attitude」は、イッサ・レイが選曲したプレイリストのようだ。個性溢れるレケイリー47の楽曲は、ラップがまだまだ思い切り楽しめるものであることを教えてくれる。

（ステイシー＝アン・エリス）

Flo Milli
フロー・ミリ

2000年の夏、フロー・ミリがドロップしたホットなデビュー・ミックステープのタイトルは、「Ho, Why Is You Here?（ホー、なんであんたがここにいんの？）」。大躍進のきっかけとなり、RCAとのレコード契約をもたらした「Beef FloMix」のファースト・ヴァースには、「I like cash（現金が大好物）」、「fuck the fame（名声なんてどーでもいい）」、「pussy put a spell on him（プッシーが彼を虜にした）」という台詞が登場。これが全てを物語っている。フロー・ミリがヴァイラルの力（動画アプリTikTok）を使ってヒップホップ業界でのし上がり、男性を真っ向からはねつけるラップをしているということは、彼女世代の女性が、新たな成功の青写真を見つけたことを示していると言えるだろう。
（クローヴァー・ホープ）

Young M.A.
ヤング・M.A.

デビュー・シングル「OOOUUU」で、ニューヨーク出身ラッパーとしては久々の有望新人となったヤング・M.A.は、冒頭のヴァースから女性とのオーラル・セックスについてカジュアルに言及している。2018年時点で、クィア女性のMCはそれなりに成功していたが（ヨー・マジェスティ、ブルック・キャンディ）、メインストリームのラップはいまだオープンな黒人レズビアンを受け入れてはいなかった。フェイダー誌は、「明確な前例もなく、ラップのメインストリームを切り開いただけでなく、あからさまな性行為を営む自分を描写した、初のオープンリー・ゲイ・ラッパー」とヤング・M.A.を形容している。2019年には、デビューアルバム『Herstory in the Making』がリリースされた。
（クローヴァー・ホープ）

Rico Nasty
リコ・ナスティ

アーティストがひしめく業界で、人と一線を画す個性は貴重だ。リコ・ナスティには明らかにその個性がある。破竹の勢いを誇る彼女は、そのリリックの全てで自身のあらゆる側面を堂々と晒している。ミックステープ7本とシングル「Smack a Bitch」をリリースしたリコ・ナスティは、その大胆さと比類ないスタイルで人々を惹きつける。
（エリカ・ラミレス）

Sydanie
シダニー

アメリカやイギリスのラップとは異なり、カナダのラップの文化的な個性は、いまだ理解しにくい。しかし個人として、カナダ（少なくともトロント）の最高峰に君臨するラッパーたちは、同市のハイブリッドなカルチャーを音楽に組み込んでいる。ジャマイカ系のシダニー（ラッパーであるだけでなく、母であり、コミュニティ・ワーカーでもある）は、カーディナル・オフィシャルやミチエ・ミーといったO.G.たちが作り出したテンプレートを改良した。アイデンティティが分岐する点（民族的、宗教的、性的なライン）と重なり合う点（海外からの移民、失業中のミレニアル世代など）について、若いカナダ人のあいだで意識が高まる中、シダニーは赤裸々かつ共感力とユーモアのある、倫理性の高い楽曲を提供している。
（アブナ・ミストリー）

Noname
ノーネーム

女性が名前もなくこの世界で生きていこうと決心するのは、ただならぬことだ。ンカゴ出身の若き詩人／ラッパーのノーネーム。彼女の素晴らしさは、観察されたいという気持ちと、見られたくないという気持ちのあいだにある緊張感という、難しい一線を優雅にまたいでいるところだ。「No name for people to call me small or colonize optimism（私のことを小さいと言ったり、希望を支配する人たちに、名乗る名前はない）／No name for inmate registries if they put me in prison（私が刑務所に入れられても、収容者として記録する名前はなし）」。今、多くの女性が望んでいるのは、このように少しだけ目立たない存在になることでは？
（ドリーン・セイント・フェリックス）

ACKNOWLEDGMENTS
謝辞

ロシェル・ベイカーに大きな感謝を。あなたの才能は贈り物。あなたと出会って、このプロジェクトでコラボできたこと、心からありがたく思っている。アートでその情熱を雄弁に物語るあなたは、素晴らしい宝物。

この本が単なるアイディアだった2018年から、ずっと私を導き、落ち込みがちな私に我慢強く付き合ってくれた編集者のサマンサ・ウィーナー、穏やかさと専門知識を提供してくれたアート・ディレクターのダイアン・ショーにも感謝。徹底的な調査をしてくれたリサーチャーのローラ・バラードにも謝辞を述べたい。

私と姉をこの世に送り出し、移民の夢を追ってガイアナからニューヨークへと移住した母に心からのお礼を。両親には、図書館を教えてくれたことに感謝。学ぶことを愛してやまない両親のおかげで、私は本と言葉の虜になり、空想の世界を旅することができた。

家の中でサム・クックやパーシー・スレッジをかけて、私がソウルやR&Bを愛する種を蒔いてくれた父にもありがとう。私の最悪の10代を辛抱強く見守ってくれた2番目の父、エリス。私をより良い人間にして、不作法なところも少し直してくれた、きょうだいのサマンサ、ナターシャ、ローシャン、ダスティン。私の若さを保ってくれる姪っ子、甥っ子。みんなにありがとう。

10代の頃、セヴンティーン誌とYM誌を読んでは、黒人の女の子を取り上げてほしいと切に願っていた。私はフィクションにのめり込み、活字を通じて現実の限界を学んだ。エッセンス誌やエボニー誌、ジェット誌といった黒人誌をより身近に感じ、そして私はヴァイブ誌に恋をした。

ヴァイブ誌は、表紙、ライター、アートワークに至るまで、音楽、カルチャー、私が愛する人々を取り上げていた。その精神は若く、その野心は強かった。プリント版とデジタル版、長年にわたってヴァイブ誌を支えてくれたスタッフの皆さんにも感謝している。ニューヨーク大学4年生の私をインターンとして雇ってくれたアンジー・ロメロ、ヒュン・キム、アンドリュー・サイモン。駆け出しの頃、私の提案を受け入れ、新しい場所に連れて行ってくれた編集者、ロンデル・コンウェイ、ノア・キャラハン＝ビーヴァー、エリック・パーカー、ベンジャミン・メドウズ＝イングラムにもお礼を。キーシャ・コールとタトゥーについて話したこと、「最高なんだけど！」と思いながら、ペネロペの取材のためにセントルイスに飛んだこと、一生忘れない。

ヴァイブ誌でフリーランスのファクトチェッカーとして私を雇い、私の粗削りなアイディアに耳を傾けてくれたローラ・チェコウェイ、同誌で当時編集長をしていたミミ・バルデスをはじめ、編集者のジョナサン・ヴァン・ミーター、ケヴィン・パウウェル、ダニエル・スミス、エミル・ウェルベキン、アラン・ライトにも感謝している。みんながブラック・ミュージックを守るために尽力してくれたこと、決して忘れない。

ブラック・メディアに携わる皆さんにも、ありがとう。

ニューヨーク大学教授のゲイリー・ベルスキー、ヴィヴィアン・オーバック＝スミス、パメラ・ニューカークのおかげで、私は本物のライターになれると思うことができた。ありがとうございました。

アムステルダム・ニュース紙とニューヨーク・ニューズデイ紙の編集スタッフは、ニュースルームの重要性を教えてくれた。彼らの教えがあれば、新聞の知恵と精神

は、決して失われることはないだろう。

デジタルな私を育ててくれたAllHipHop.comの上司や友人たち――チャック・クリーマー、グラウチー・グレッグ、ダヴ、ジェイク・ペイン、ジェイソン・ロドリゲスにも感謝。

「クローヴァー、インターネットの世界から抜け出せ」と言ってくれたベンジーノにも、ありがとう。私は抜け出さなかったけれど。

ヴァイブ誌のライター／編集者としての私のキャリアを育ててくれたジャーメイン・ホールとダットウィン・トーマスに、永遠のシャウトアウトを送ります。ヴァイブ誌のギャング、ラチェッツとロロデックスのみんなには、アイ・ラヴ・ユー。

熱い思いに気づいてくれたエリオット・ウィルソンとヴァネッサ・サッテン。XXL誌とビルボード誌のスタッフのみなさん。ジャック・アーウィン、アンスレム・サミュエル、B・ドット、ブレンダン・フレデリック、タイイア・スマート＝ヤング、ロブ・マークマン、カール・シェリーにはワッツアップ。

ジェゼベルのスタッフ全員にも感謝している。一番賢くて変わり者の自分でいられた場所。私にとってブログの母とも言えるエマ・カーマイケルとジュリアン・エスコビード・シェパードにもスペシャル・サンクス。

この本を紹介してくれたシア・セラーノには永遠のリスペクトを。本書の紹介文を書いてくれた素晴らしいライター陣にも感謝。ドリーン・セイント・フェリックス、ジャドニック・メイナード、ハンナ・ギオルギス、レイウィヤ・ケイミア、ステイシー＝アン・エリス、アデル・プレイトン、ニッキー・マクグロスター、プジャ・パテル（私がタイトルを考えている最中、見守ってくれてありがとう！）、アヌパ・ミストリー、そして私の親友、トレイシー・フォード。

私にフィードバックや編集メモをくれたみなさん、「私の本！」について悩みをぶちまけた投稿に耐えてくれた友人たち。ケイティ・ハインツ＝バンブラーノ、マイケル・アルセノー、ジア・トレンティーノ、トーマ

ス・ゴリアノポロス、カイル・ワグナー、クリオ・チャン、エステル・タン、ジョン・ケネディ、キマー・サーフィール、メーガン・レナルズ、アン・ブラナギン、アシュリー・リース。私の正気を保ち、笑わせ続けてくれたグループ・チャットのみんな（トラヴェル・クルー、ハイヴ、パン・パルズ）。ずっと私を愛し、スマートに私の意欲を掻き立ててくれたトラヴィス・ジョーンズにも多謝。

私に仕事とインスピレーションを与えてくれたビヨンセと、彼女がビヨンセであることに、ありがとうを言いたい。

インタヴューの協力をしてくれた広報担当者にも心からのお礼を。このプロジェクトに時間を割いてくれて、ありがとう。

最後に、本書に登場する全ての女性たちに、謝意を述べたい。彼女たちは、ゼロからカルチャーを作り、ヒップホップを発信し続けてくれた人々だ。正当な評価や報酬を得ることができなかった全てのMC、DJ、ブレイクダンサー、グラフィティ・アーティストのみなさん。この本の中で、あと100人名前を紹介したかった。インタヴューやフォローアップ、事実確認のために時間を作ってくれた皆さんにも感謝している。『Vibe's Hip-Hop Divas』、キャシー・イアンドリの『God Save the Queens』といった過去の本にも助けられた。

私は音楽ライターとして、15年以上にわたり主に男性と仕事をしてきたが、最高のラップ・ストーリーを語るのは女性だと早くから気づいていた。ドリーム・ハンプトン、ダニエル・スミス、キム・オソリオ、アリヤ・S・キング、ローラ・オグナイク、キエルナ・マヨ、アキバ・ソロモン、アヤナ・バード、エリカ・ケネディ、ジョーン・モーガン、エリザベス・メンデス・ベリー、ジュリア・ビヴァリー、カレン・R・グッドと、枚挙に暇がない。彼女たちの仕事と愛に恩義を感じている。女性の存在なくして、ヒップホップの歴史はあり得ないと確信させてくれたことに、心から感謝。

私の生命力の源であるヒップホップ・メディアに、どうもありがとう。大人しい女の子に話すきっかけを与えてくれたヒップホップに、心からの愛を込めて。

AUTHOR BIO
著者略歴

◆◆◆◆◆◆◆◆◆◆◆◆◆◆◆◆◆◆◆◆◆◆◆◆◆◆

クローヴァー・ホープ（Clover Hope）
ブルックリンを拠点に活動するライター／エディター。2005年、ニューヨーク大学を卒業。ヴァイブ誌でインターンを経験して以来、ミュージック・ジャーナリストとして活躍。ビルボード誌、XXL誌での仕事を経て、編集者としてヴァイブ誌に復帰。ヴォーグ誌、エル誌、ビルボード誌、ワイアード誌、ハーパーズ・バザー誌、W誌、ニューヨーク・タイムズ紙、ESPN・ザ・マガジン誌、XXL誌、GQ誌、コスモポリタン誌、エッセンス誌、ナイロン誌、ヴィレッジ・ヴォイス紙などに寄稿。また、何百人ものラッパーにインタヴューし、その記録や音声ファイルを保管しているほか、ビヨンセ、ジャネット・ジャクソン、リル・ウェイン、ニッキー・ミナージュ、アッシャー、リュダクリス、リック・ロスなどのカバーストーリー（特集記事）を執筆。また、ジェゼベル（ウェブサイト）の元編集者で、ニューヨーク大学でカルチャー・ライティングを教える。著書『シスタ・ラップ・バイブル』。

押野素子（Oshino Motoko）
翻訳家、東京都生まれ。米・ワシントンDC在住。青山学院大学国際政治経済学部、ハワード大学ジャーナリズム学部卒業。訳書に『ヒップホップ・ジェネレーション［新装版］』（ジェフ・チャン著、リットーミュージック）、『MARCH1』（ジョン・ルイス他著、岩波書店、全3巻）、『コンタクト・ハイ― 写真でたどるヒップホップ史』（ヴィッキー・トバック著、スペースシャワーネットワーク）、『フライデー・ブラック』（ナナ・クワメ・アジェイ＝ブレニヤー著、駒草出版）、『THE BEAUTIFUL ONES プリンス回顧録』（ダン・パイペンブリング編、DU BOOKS）、『私の名前を知って』（シャネル・ミラー著、河出書房新社）、『ディアンジェロ《ヴードゥー》がかけたグルーヴの呪文』（フェイス・A・ペニック著、DU BOOKS）など。著書に『禁断の英語塾』（スペースシャワーネットワーク）、『今日から使えるヒップホップ用語集』（スモール出版）など。

◆◆◆◆◆◆◆◆◆◆◆◆◆◆◆◆◆◆◆◆◆◆◆◆◆◆

Clover Hope:
THE MOTHERLODE
Copyright © 2021 Clover Hope
First published in the English language in 2021
By Abrams Image, an imprint of Harry N. Abrams, Incorporated,
New York ORIGINAL ENGLISH TITLE: THE MOTHERLODE
(All rights reserved in all countries by Harry N. Abrams, Inc.)

Text copyright © 2021 Clover Hope
Illustrations copyright © 2021 Rachelle Baker
Cover © 2021 Abrams

Japanese translation rights arranged with Harry N. Abrams, Inc.
through Japan UNI Agency, Inc., Tokyo

シスタ・ラップ・バイブル
ヒップホップを作った100人の女性

2022年2月18日　初版印刷
2022年2月28日　初版発行

著　者　クローヴァー・ホープ
訳　者　押野素子
日本語版デザイン　渡辺光子
発行者　小野寺優
発行所　株式会社河出書房新社
　　　　〒151-0051
　　　　東京都渋谷区千駄ヶ谷2-32-2
　　　　電話　03-3404-1201（営業）
　　　　　　　03-3404-8611（編集）
　　　　https://www.kawade.co.jp/
印刷・製本　図書印刷株式会社

Printed in Japan
ISBN978-4-309-25676-4